Emmanuel Augustin Dieudonné de Las Cases

Napoleon I. - Tagebuch von St. Helena

Zweiter Band

Salzwasser

Emmanuel Augustin Dieudonné de Las Cases

Napoleon I. - Tagebuch von St. Helena
Zweiter Band

1. Auflage | ISBN: 978-3-84608-085-6

Erscheinungsort: Paderborn, Deutschland

Erscheinungsjahr: 2015

Salzwasser Verlag GmbH, Paderborn.

Emmanuel Augustin Dieudonné de Las Cases

Napoleon I. - Tagebuch von St. Helena

Zweiter Band

Salzwasser

Sonntag, 1. September. Die Toiletten auf St. Helena.

Heute wie gewöhnlich des Sonntags kamen der Großmarschall und Gemahlin zu Tisch nach Longwood. Der Kaiser scherzte über die verschlissenen Toiletten der Damen und meinte, die Kleider sähen aus, als wären sie bei einem Trödler gekauft; von der Eleganz Leroi's, Depeaux' und Herbaults sei keine Spur mehr vorhanden. Die Damen baten um Nachsicht, die Herren erinnerten an die Zeit des Glanzes in den Tuilerien, wie teuer ihnen derselbe zu stehen gekommen wäre. Der Kaiser lachte und meinte, der angebliche Luxus in den Tuilerien sei nur ein Vorwand für die Wünsche der Damen gewesen. Der Kaiser wies dann auf seinen abgetragenen Anzug und sagte, er habe Marchand befohlen, ihm das Jagdkostüm, welches er anhatte, zu bringen so lange es nur irgend aushalten könne. Die Unterhaltung wurde eingestellt, der Kaiser war verstimmt und nervös.

Montag, 2. September. Der Feldzug von 1813.

„Dieser denkwürdige sächsische Feldzug", sagte der Kaiser, „bedeutet den Triumph des in der französischen Jugend steckenden militärischen Geistes, ihres Mutes; er förderte die Verschlagenheit der englischen Diplomatie zu Tage; gab Zeugnis für die Stimmung bei den Russen und die Schamlosigkeit des österreichischen Cabinets; er bezeichnet die Auflösung der politischen Gesellschaften, die Trennung der Völker unter ihren Souveränen, zugleich auch das Dahinschwinden der großen Mannestugenden: der Treue, der Loyalität, der Ehre. Die begangenen Perfidien, das muss man sagen, fielen den Fürsten nicht zur Last, auch den Soldaten nicht, auch den Völkern nicht. Sie zeigten sich allein bei Intriganten, die den Degen führten, bei politischen Stegreifrittern, die unter dem Vorwand, das Joch der Fremdherrschaft abschütteln zu wollen, nichts taten, als dass sie wissentlich ihre Landesherren rivalisierenden Cabineten auslieferten oder verkauften: Der König von Sachsen hat die Hälfte seines Staates eingebüßt, der König von Bayern ist zu wertvollen staatlichen Entäußerungen genötigt worden. Die edelsten Herzen, die reinsten Seelen bitten am meisten. Da ist der König von Sachsen, der ehrenhafteste Mann, der je ein Zepter führte, den man um schöne Provinzen beraubte, da ist der König von Dänemark, so vertragstreu wie keiner – ihm nimmt man die Krone! Dabei war die Rede vom Triumph der Moral – o über die Gerechtigkeit hienieden!

Zur Ehre der Menschheit, zur Ehre der Throne sogar, muss ich mich hinzuzufügen beeilen, das mitten in einem solchen Wust von Abscheulichkeiten kaum je der Tugenden mehr zu finden sein werden. Ich habe keinerlei Veranlassung gehabt, mich über die Fürsten, meine Verbündeten, zu beschweren. Der gute König von Sachsen blieb treu bis zur Selbstverleugnung, der König von Bayern war so loyal, mir anzuzeigen, dass er nicht mehr der Herr wäre. Der Edelsinn des Königs von Württemberg kam ganz besonders zu Tage, der Großherzog von Baden wich nur der Gewalt und erst im letzten Augenblick. Alle – ich schulde ihnen diese Gerechtigkeit – benachrichtigten mich bei Zeiten, auf dass ich mich gegen den Sturm schützen könnte. Aber bei den Subalternen welche Niederträchtigkeit! Die Sachsen, mit uns in Reih und Glied stehend, wenden sich gegen uns, um uns zu vernichten. Bei meinen Soldaten wurde das Wort „sächseln" (saxonner) Mode, um damit den Verrat der Desertierenden zu bezeichnen, die sich mit den Waffen gegen ihre Kameraden wenden. Um dem Jammer die Krone aufzusetzen, kommt auch noch ein Franzose, dem französisches Blut zu einer Krone verholfen hat, ein Sprössling Frankreichs, um uns den Todesstoß zu geben – großer Gott!

Das Schlimmste in meiner Lage aber war, dass ich klar die Stunde der Entscheidung kommen sah: Der Stern erbleichte, ich fühlte, wie mir die Zügel entschlüpften und konnte nichts tun. Nur ein Donnerschlag konnte uns retten, denn unterhandeln hieß jetzt soviel als sich dem Feinde ausliefern. Es blieb nichts übrig als zu kämpfen: Mit jedem Tage aber wurden die Chancen für uns geringer. Böse Absichten schlichen sich bei den unsrigen ein; Abspannung, Entmutigung zeigte sich bei vielen. Meine Unterfeldherren wurden mürrisch, ungeschickt und waren in Folge dessen unglücklich. Das waren nicht mehr die Männer von damals: Ich habe gehört, sie hätten behauptet, damals für die Republik, für das Vaterland gekämpft zu haben, jetzt aber sollten sie sich für einen einzelnen Menschen schlagen, für dessen unersättlichen Ehrgeiz usw.

Ausflüchte, nichts wie elende Ausflüchte! Man frage nur die große Menge der jungen tapferen Soldaten, ob ihnen jemals eine derartige Idee durch den Kopf gegangen ist, ob sie je etwas anderes vor Augen hatten als den Feind, und hinter sich die Ehre, den Ruhm, den Triumph Frankreichs! Wozu hinter dem Berge halten? Die Wahrheit ist, dass die Generäle nicht mehr mitspielen wollten, ich hatte sie zu vollgepfropft mit Ehren und Reichtümern; sie hatten am Becher der Freude und Lust geschlürft und wollten nur noch Ruhe, sie hätten dieselbe für jeden Preis erkauft. Das heilige Feuer war erloschen! Sie hätten Marschälle à la Louis XV sein mögen."

Ich will hier die einzelnen Ereignisse des sächsischen Feldzuges dem Werke des Herrn de Montereau, welches 1820 erschien, nacherzählen:

Am 2. Mai eröffnete Napoleon den Feldzug mit der Schlacht von Lützen, einem überraschenden Ereignis: Eine ganz neue Armee ohne Kavallerie stellt sich alten russischen und preußischen Truppen gegenüber, das Genie des Feldherrn, die tapferen Jünglinge, die er kommandiert, kommen für alles Fehlende auf. Ja! An Kavallerie fehlt es, aber die Infanteriemassen in Karrees formiert, sind flankiert von einer sehr zahlreichen Artillerie, sie gleichen beweglichen Festungen: 81 000 französische und rheinländische Fußsoldaten mit nur 4 000 Reitern schlagen 107 000 Russen und Preußen, die mehr als 20 000 Mann Kavallerie zur Verfügung hatten! Alexander und Friedrich Wilhelm waren auf dem Schlachtfeld, ihre berühmten Garden konnten nicht Stand halten gegen unsere jungen Rekruten. Die Schlacht[1] kostete dem Feinde 18 000 Mann, uns nur 12 000;

---

[1] Anmerkung des Herausgebers: Es ist in dem Bericht des Herrn de Montereau manches irrtümlich angegeben. Die von uns Groß-Görschen, von den Franzosen Lützen genannte Schlacht hatte folgenden Ausgang: Die Dörfer Kaja, Rahna und Klein-Görschen, ursprünglich von den Preußen besetzt, wurden von den Franzosen weggenommen, Groß-Görschen jedoch von den Preußen behauptet. Erst um 9 Uhr abends hörte der Donner der Kanonen auf, bei Kaja und Rahna deckten die Leichen förmlich den Boden. Die Preußen hatten 8 000, die Russen 2 000, die Franzosen gegen 15 000 Mann an Verwundeten und 800 Tote und Gefangene eingebüßt. Siegreich war der blutige Tag für Napoleon nur insofern, als die Verbündeten den Zweck ihres Losschlagens nicht erreicht hatten. Am 30. April hatte nämlich Napoleon bei Weißenfels die Saale überschritten; über Leipzig wollte er nach Dresden vorrücken, um durch einen Gewaltmarsch die Gelegenheit zu einem Entscheidungsschlag nach alter Art zu finden. Dasselbe zu tun aber hatten die Verbündeten beschlossen: Sie wollten mit ihren schnell formierten Truppen sich auf die Flanke des gegen Leipzig vordringenden Feindes werfen und hatten sich jene Ebene zum Schlachtfeld ausersehen, welche sich südlich von der Weißenfels-Leipziger Straße hinzieht, östlich vom Floßgraben, südlich vom Grunabach begrenzt, von den Dörfern Groß- und Klein-Görschen, Kaja und Rahna umgeben, von Wiesen, Wassergräben und Hohlwegen vielfach durchschnitten ist. Um 11 Uhr morgens formierten Blücher in erster, York und Berg in zweiter Linie ihre Kampfstellung zwischen den Dörfern Werben und Domsen, während Napoleon in Lützen eintraf; das Korps Macdonalds hatte Markranstädt, das Lauristons Günthersdorf besetzt. Weiter zurück hielt Ney mit vier Divisionen Kaja, Rahna, Groß- und Klein-Görschen besetzt; hinter ihm standen Bertrand bei Poferna, Marmont bei Weißenfels und Oudinot bei Naumburg. Es kam darauf an, Neys 24-30 000 Mann starkes Korps zu werfen, ehe der Kaiser im Stande war, seine gen Leipzig rückenden Kolonnen zurückzurufen und in die Schlacht zu führen. Die

unser Mangel an Kavallerie machte es unmöglich, den Sieg auszunutzen. Der moralische Erfolg aber war ein umso bedeutenderer, in der Armee kam der alte militärische Geist wieder zum Durchbruch, die öffentliche Meinung pries laut das Genie Napoleons. Die Alliierten zogen sich zurück und wagten keine neue Schlacht.[2] Am 9. hielt der siegreiche Napoleon seinen Einzug in Dresden, indem er den König von Sachsen in seine Hauptstadt, welche derselbe beim Anrücken der Verbündeten verlassen hatte, zurückführte.

Nochmals fielen bei Wurzen und Bautzen[3] – 21. und 22. Juni – die Würfel: Wiederum war der Kaiser, obwohl die Verbündeten sich das Schlachtfeld hatten aussuchen können, der Sieger: Hier war der klassische Boden, auf dem Friedrich einst seine Lorbeeren gepflückt hatte. Die Verbündeten hatten sich verschanzt und meinten wohl, sie zu vertreiben wäre ein Ding der Unmöglichkeit; allein die Feldherrnkunst Napoleons machte alles zunichte; Napoleon wusste beim Beginn der Schlacht schon, dass er der Sieger sein würde." Die Verbündeten verlieren wieder 18-20 000 Mann und ziehen sich in Unordnung zurück; ihr Rückzug geht durch die Lausitz, durch Schlesien: Bald stehen sie an der Oder. Sie bitten um Waffenstillstand, um über den Friedensabschluss zu verhandeln, Napoleon bewilligt denselben.

Der Waffenstillstand von Poischwitz, der von so großem Nachteil für uns war, kam also zum Abschluss. Die Frage ist viel diskutiert worden, ob Napoleon diese Waffenruhe gewähren, oder ob er die Feindseligkeiten fortsetzen sollte. Der siegreiche Kaiser machte Halt vor dem erschöpften Feinde – weshalb? Österreich, bisher schwankend, machte, bestochen durch unsere Siege, Miene, sich für uns zu entscheiden; es war wahrscheinlich, dass durch die großmütige Bewilligung eines Waffen-

---

Frage entschied sich zu Gunsten der Franzosen. (Pr. E. v. Würtemberg Memoiren III, General Löwenstern II, General Clausewitz VII, General Wolzogen, Memoiren usw.)

[2] Ein erheblicher Verlust traf den Kaiser: Der tapfere und treue Bessières, Herzog von Istrien, musste, wie der Kunstausdruck besagt, „ins Gras beißen." Der König von Sachsen ließ an der Stelle, an welcher er gefallen war, ein Denkmal errichten; es steht nicht weit von dem Gustav Adolphs und ist demselben ähnlich.

[3] General Clausewitz (VII, 246) berechnet die Stärke Napoleons bei Bautzen auf 120 000 Mann, Bernhardi spricht von 170 000; Odeleben, welcher den Feldzug in der Umgebung Napoleons mitmachte, schätzt die Armee Napoleons bei Bautzen auf etwa 180 000 Mann. (Major Freiherr von Odeleben: „Napoleon's Feldzug in Sachsen 1813") Thiers sogar bestätigt, dass bei Bautzen Napoleon 160-170 000 Mann gegen 100 000 Verbündete geführt habe; Marmont sogar (Mém. du Duc de Raguse) sagt, die Alliierten hätten in der Schlacht mit weniger als 100 000 Mann gegen 150 000 Mann gekämpft.

stillstandes diese Entscheidung beschleunigt und alsdann der Friede geschlossen würde, den der Kaiser ersehnte. Die Lage der Armee wirkte ebenfalls bestimmend. Man war in so großer Eile verfahren, dass Unordnung eingerissen war. Einzelne Abteilungen waren im Rücken vom Feinde bedroht; Napoleon gewann vor allem auch Zeit, seine Kavallerie zu vermehren, Verstärkungen an sich zu ziehen und seine Verbindungen mit Frankreich zu sichern. Leider aber erwies sich dieser Waffenstillstand vorteilhafter für den Feind als für uns; er dauerte, da er verlängert wurde, fast drei Monate. In dieser Zeit wurde uns Österreich abspenstig, die Russen zogen die erwarteten Verstärkungen an sich, die Preußen verdoppelten ihre Streitkräfte, die schwedische Armee stieß zu den Verbündeten, englisches Geld floss in leere Kriegskassen. Die geheimen politischen Gesellschaften begannen wieder ihre Tätigkeit, die ganze deutsche Nation wurde zur Erhebung aufgestachelt.[4]

Der auf Vermittlung Österreichs am 29. Juli in Prag zusammentretende Kongress war eigentlich nur eine Vereinigung Bevollmächtigter, von denen die Majorität, im Voraus einig, mit im Voraus fest gefassten Entschlüssen, zur Beratung erschien. Das vermittelnde Österreich war Frankreich ebenso feindlich gesonnen wie Russland, Preußen rc. und die Fortsetzung des Krieges eine vorher abgekartete Sache. Man fragt sich also: Wozu dieser Zusammentritt Bevollmächtigter?

Österreich, mit einem Rest von Schamgefühl, suchte nach einem Vorwand in den Beratungen, der ihm Gelegenheit zur Kriegserklärung geben könnte. Preußen und Russland aber glaubten, vor Europa sich den Schein der Friedensliebe geben zu sollen – daher dieser Kongress! Sie hatten alle drei unter sich schon vor Monaten einen Kongress abgehalten.

Es sind mit der Zeit beweiskräftige Dokumente in dieser Richtung zu Tage gefördert worden; man wird finden, dass der Waffenstillstand nur

---

[4] Es ist vielfach in Bezug auf den sächsischen Feldzug das Gerücht verbreitet, General Jomini habe verräterische Verbindungen mit dem Feinde gehabt, Napoleon selbst stellte, wie Montholon in seinem Werk mitteilt, diese Gerüchte mit folgenden Worten in Abrede: „Es ist nicht zulässig, den General Jomini zu beschuldigen, er habe dem Feinde das Geheimnis unseres Feldzug-Planes und die Lage verraten, in welcher sich das Korps Neys befand. Jomini wusste von den Plänen des Kaisers nichts. Die strategischen Dispositionen, die Ordres für die auszuführenden Bewegungen wurden stets einem jeden der Marschälle übersandt, sie sind jedoch nie an den General Jomini gelangt: Und hätte er sie gekannt, der Kaiser würde doch Anstand nehmen, ihn des Verbrechens zu zeihen, dessen man ihn anklagt." (Mémoires de Napoléon par le Général Comte Montholon. Bossanges frères Paris 1823)

der Deckmantel war, unter dem der Dreierbund geschlossen wurde, der Napoleon stürzen und ein Staatentriumvirat schaffen, welches unter dem Vorwand, Europa zu befreien, schwer auf ihm lasten sollte. Österreich spielte noch den Vermittler, als es bereits mit unseren Feinden unter einer Decke steckte!

Auf diesem Kongress taten sich besonders die Russen durch unhöfliche Formen, was ihnen sonst gar nicht eigen war, hervor – es waren nicht mehr die ängstlich um Waffenstillstand bittenden Herren, sondern Leute, die zu fühlen schienen, dass ihnen die Diktatur über die europäische Welt zustehe.

Am 10. August, d. h. nur 12 Tage nach Eröffnung der Verhandlungen, zogen sich Russen und Preußen geräuschvoll zurück, am Tage darauf erklärte uns Österreich den Krieg. Es ist wahrscheinlich, dass der Kaiser Franz vom Gang der Ereignisse und Geschäfte nichts wusste, er stand ja in ganz Europa im Ruf eines der mildesten, ehrlichsten, religiösesten Fürsten. Man darf die Schuld an dem tragischen Entschluss dem englischen Golde, der Verschlagenheit der russischen Diplomatie und der kriegerischen Stimmung der österreichischen Aristokratie zuschreiben. Hinzuzufügen ist, dass Napoleon gleich nach seinem Siege bei Lützen einen allgemeinen Kongress in Vorschlag gebracht hatte. Er hielt dies für das beste Mittel, um offen über die Bedingungen eines allgemeinen Friedens zu verhandeln, die Unabhängigkeit Frankreichs und zugleich neue Staatensysteme für Europa durchzuführen. Napoleons Lage war infolge der Niederlage von Vitoria, der Räumung Spaniens und der Stimmung in Frankreich vielfach verschlechtert; Österreich bot gegen die Rückgabe Illyriens, die Abtretung des Herzogtums Warschau und ähnliches uns seine Freundschaft an.

„Mein Entschluss", bemerkte der Kaiser, „stand fest, ich war zu keiner Konzession geneigt – der Waffensieg meine einzige Rettung. Ich war ja nichts als der Schlüssel zu einem ganz neuen, nur oberflächlich fundamentierten Gebäude, dessen Bestehen von einer jeden meiner Schlachten abhing. Wäre ich bei Marengo geschlagen worden, so hätte man damals schon 1814 und 1815 erlebt, mit weniger glorreichen Waffentaten wie Jena, Eylau, Austerlitz usw. wäre es dasselbe gewesen. Man hat mich des Ehrgeizes beschuldigt und doch war das, was ich tat, mir aufgedrängt und nicht meine freie Disposition, es war eine Folge der beständigen Koalitionen unserer Feinde und wir mussten, um nicht erschlagen zu werden, um uns schlagen!"

So beginnt denn der Tanz von Neuem! Die Franzosen mit 300 000 Mann, worunter 40 000 Mann Kavallerie, haben Sachsen auf der rechten Seite der Elbe besetzt, die Verbündeten mit 500 000 Mann, worunter 100 000 Mann Kavallerie, bedrohen von Berlin, von Schlesien und von Böhmen aus Dresden. Die Überlegenheit der Zahl macht keinen Eindruck auf Napoleon, und voller Kühnheit greift derselbe zur Offensive; er hat die Elblinie, die seinen Stützpunkt bildet, befestigen lassen, durch die Berge Böhmens seine rechte Flanke sichernd, sendet er einen Teil seiner Heeresmassen gegen Berlin, d. h. gegen Bernadotte, der eine aus Preußen und Schweden bestehende Armee kommandiert. Ein anderer Teil wird nach Schlesien gegen Blücher dirigiert, welcher Russen und Preußen in seinem Heere hat, ein dritter verbleibt in Dresden und Umgegend, um die große österreichische und russische Armee in Böhmen im Auge zu haben; ein vierter Teil bleibt als Reserve bei Zittau stehen und hat die Aufgabe: 1. in Böhmen einzudringen, sowie Erfolge gegen Blücher errungen sind. 2. die große Masse der Verbündeten dort festzuhalten, indem man sie glauben macht, sie würden im Rücken angegriffen werden, wenn sie nach den Ufern der Elbe hin debouchieren wollten. 3. endlich, um für gewisse Eventualitäten aufzukommen, seien es Angriffe auf Blücher, seien es Verteidigungsmaßregeln für Dresden, falls diese Stadt angegriffen würde.

Der Kaiser hatte inzwischen bereits mit Blücher zu tun und trieb ihn vor sich her, als er plötzlich zur Verteidigung von Dresden dort in Anspruch genommen wurde; 60 000 Franzosen hatten sich in und bei Dresden gegen 180 000 Verbündete zu wehren. Der Obergeneral Fürst Schwarzenberg hatte Dresden am 26. angegriffen, jedoch die Sache ohne Energie betrieben. Napoleon ist mit der Schnelligkeit des Blitzes da; es glückt ihm, 100 000 Franzosen aufzubringen und sie den 180 000 Alliierten gegenüberzustellen. Die Schlacht hebt an, Napoleons scharfer Blick führt zum Siege. Die feindliche Armee verliert 40 000 Mann; der Kaiser Alexander war auf dem Schlachtfeld zugegen; Moreau fiel, von einer der ersten Kugeln der kaiserlichen Garden getroffen.

Es war also wieder da, das uns so lange untreue Glück! Den Tag nach der Schlacht stellte sich ein Bevollmächtigter Österreichs ein, um Freundschaftsversicherungen zu überbringen – ach! es war ja des Glückes letztes Lächeln! Von nun an gab es für Napoleon nur noch eine Kette von Unglücksfällen. Wo er nicht ist, gibt es für uns Niederlagen. Unsere schlesische Armee verliert 25 000 Mann gegen Blücher, die, welche

Berlin angreift, wird vom Kronprinzen von Schweden[5] geschlagen. Endlich wurde beinah das ganze Korps Vandammes, welches nach Böhmen geschickt war, um dem Feinde in den Rücken zu fallen, vernichtet. Hierzu kam die plötzliche Erkrankung Napoleons, die man anfänglich glaubte, auf eine Vergiftung zurückführen zu sollen – so sind denn alle Früchte der glorreichen Schlacht bei Dresden verloren!

Mit dem Sinken der moralischen Kräfte im französischen Heere wuchsen das Selbstvertrauen und die Energie des Feindes. Vergebens sind alle Anstrengungen des großen Schlachtenlenkers, vergebens will er bald hier, bald dorthin. Überall weicht der Feind vor ihm zurück, kaum hat Napoleon den Rücken gewendet, so dringt der Feind siegreich vor und gewinnt immer mehr an Terrain; seine Armeen bilden einen Halbkreis, der sich immer enger um die Franzosen schließt. Im Königreich Westphalen bricht der Aufruhr aus, mehrere Zufuhren werden abgeschnitten, unsere Verbindungen mit Frankreich sind gefährdet.

So standen die Sachen, als der König von Bayern, der Führer des Rheinbundes, an den Kaiser schrieb, um ihm die vertrauliche Mitteilung zu machen, dass er nur noch sechs Wochen an dem Bündnisvertrage festhalten könne.

Napoleon, an der Elbe hart bedrängt, denn die Alliierten sind schon auf dem rechten Ufer, fasst den kühnen Entschluss, seine Stellung mit der des Feindes zu vertauschen, seine Linie zu durchbrechen, in seinem Rücken zu operieren und ihn zu zwingen, auf das linke Ufer zurückzukehren. Wenn er ihm dadurch seine Kommunikation mit Frankreich preisgibt, so lehnt er seinen Rücken jetzt an ein noch nicht vom Kriege mitgenommenes feindliches Gebiet (Brandenburg mit Berlin, Mecklenburg rc.), aus welchem seine Truppen ihren Unterhalt beziehen können. Kaum hat der Kaiser aus seinem kühnen Wagnis neue Hoffnungen geschöpft, als vom König von Württemberg die Nachricht eintraf, das die bayerische Armee sich mit der österreichischen vereint habe und an den Rhein marschiere, um Napoleon den Rückzug nach Frankreich zu verlegen. Nun blieb dem Kaiser nichts übrig als an seinen Rückzug zu denken. Auf der Ebene von Leipzig fummelt er, eine unvermeidliche Schlacht im Auge, seine Truppen; es sind 157 000 Mann mit 600 Geschützen; der Feind hat deren 1 000 zur Verfügung und zählt 350 000 Kombattanten. Am ersten Tage nach wütendem Kampf sind die Franzosen die Sieger:

---

[5] Anmerkung des Herausgebers: Nicht von Bernadotte, der untätig drein schaute, sondern von dem tapferen General von Bülow, der bei Großbeeren den Marschall Oudinot und bei Dennewitz den Marschall Ney aufs Haupt schlug.

Der Sieg wäre ein entscheidender gewesen, wenn eines der in Dresden zurückgelassenen Korps in die Schlacht mit eingegriffen hätte, wie es Napoleon gehofft hatte. General Merfeld, der von den Franzosen gefangen worden war, wurde zurückgeschickt in das Hauptquartier der Verbündeten, mit der Mitteilung, der Kaiser wäre bereit, Deutschland zu räumen. Allein der Feind begann am folgenden Morgen, da er bedeutende Verstärkungen an sich gezogen hatte, die Feindseligkeiten von neuem. Sein bedeutendes numerisches Übergewicht setzte ihn in den Stand, die im Kampf verwundeten Truppen – wie auf der Parade – durch frische ablösen zu lassen. Unglaubliche Unglücksfälle traten hinzu: Der Verrat erhebt sein Haupt in unseren Reihen – die Sachsen, unsere Verbündeten, brechen die Reihen, gehen zum Feinde über und überschütten uns mit den Geschossen ihrer Artillerie. Allein noch behaupten wir, dank der Ruhe und Energie des Kaisers, dank der Ausdauer und Tapferkeit der Truppen, das Schlachtfeld. Die beiden furchtbaren Tage kosteten dem Feinde 150 000 Mann seiner besten Truppen, 50 000 davon waren tot. Unsere Verluste beliefen sich auf noch nicht 50 000 Mann; ein dritter Schlachttag hätte sich also nicht ungünstig für uns angelassen, aber – es fehlte an Munition, nur 60 000 Patronen waren noch vorhanden, wir hatten 220 000 Schüsse in den beiden Tagen abgegeben. So war denn Napoleon gezwungen, den Befehl zum Rückzug zu geben; derselbe begann während der Nacht in der Richtung auf Leipzig; die Verbündeten aber dringen mit uns zugleich in die Stadt. Noch nicht genug damit – durch irgendein Versehen wird die Elsterbrücke, die einzige, über welche unser Rückzug gehen konnte, in die Luft gesprengt. Alles, was auf dem Leipziger Ufer zurückblieb, war verloren. Der übrige Teil zieht in Eile und Unordnung auf der Straße nach Mainz ab. In Hanau verlegen 25 000 Bayern den Rückweg, nur traurige Überreste kehren nach Frankreich zurück, dezimiert durch ansteckende Krankheiten.

So war die Schlacht bei Leipzig das Grab unseres Ruhmes, unseres großen, herrlichen Reiches!

Ich rekapituliere die Unglücksfälle:

Plötzliches Unwohlsein Napoleons. – Plötzliches Austreten des Bober. – Vertrauliche Mitteilungen des Königs von Bayern. – Nicht angelangter Marschbefehl für die in Dresden verbliebenen Korps. – Mangel an Munition nach den zwei Schlachttagen. – Die Elsterbrücke fliegt in die Luft.

Die Verrätereien:

Geheime Zettelungen Österreichs. – Verletzungen des Waffenstillstandes von Poischwitz. – Abfall der bayrischen Regierung. – Verrat der Sachsen rc.

Hier in Kürze auch einige Zeilen über den Gang der Ereignisse.

Nach der Schlacht bei Dresden beglückwünschte jemand den Kaiser wegen seiner Erfolge. „Das bedeutet noch nichts", bemerkte er. „aber Vandamme ist dem Feinde im Rücken, und dort erst liegen die eigentlichen Erfolge." Der Kaiser schickte sich an, persönlich an entscheidender Stelle einzugreifen, als er plötzlich nach eingenommener Mahlzeit ein heftiges Erbrechen bekam, sodass er nach Dresden zurückgeschafft werden musste. – Nun klappte nichts mehr; kleine Ursachen haben oft Großes im Gefolge.

Das plötzliche Steigen des Wassers im Bober in Schlesien war der Hauptgrund der Niederlage Macdonalds, die Überschwemmung ereilte seine Truppen mitten in ihren Bewegungen.

Der König von Bayern schrieb an Napoleon Ende September, dass er noch sechs Wochen, höchstens zwei Monate an seinem Bündnis festhalten könne, dass er genötigt sei, die ihm gemachten günstigen Anerbietungen ablehnen zu müssen. Daraufhin beschloss der Kaiser seine Operationen gegen Berlin, indem er glaubte, dass sechs Wochen genügen würden, die augenblicklichen Umstände anders zu gestalten. Leider aber waren in München die intrigierenden Politiker stärker als der König von Bayern, und Napoleon genötigt, in der bereits begonnenen Bewegung einzuhalten und den unvorteilhaften Kampf bei Leipzig anzunehmen.

Bei seinen Dispositionen in Bezug auf die Leipziger Schlacht hatte der Kaiser auf eine Diversion der in Dresden zurückgelassenen Korps gerechnet, ihre Mitwirkung hatte den Sieg entschieden, „allein wir waren so dicht umzingelt, dass des Kaisers Befehle Dresden nicht erreichen konnten."

Nach den beiden schrecklichen Leipziger Tagen stand unserm Rückzug nur eine einzige Brücke, welche über die Elster führte, zur Verfügung. Es war einem Offizier der Befehl erteilt worden, sie in die Luft zu sprengen, sobald der Feind zur Verfolgung unserer Nachhut vor derselben einträfe. Unglücklicherweise wird dem Offizier gesagt, der Kaiser wolle ihn sprechen: Er entspricht in Eile dem irrtümlichen Befehl. Währenddem setzt ein Pionierunteroffizier, der einen russischen Plänkler sieht, die Mine in Brand – dadurch war alles, was vom französischen Heere jenseits der

Brücke war, verloren. Es fiel unsere ganze Nachhut, das Gepäck, 200 Kanonen und 30 000 Gefangene in die Hände des Feindes.

Als das betreffende Bulletin in Paris eintraf, erklärten die Übelwollenden sofort, dasselbe enthalte eine Lüge; der Kaiser selbst habe das Sprengen der Brücke befohlen, um seine Person in Sicherheit zu bringen.

Von den Kniffen und Schlichen Österreichs war schon die Rede, zwischen seinen Worten und seinen Taten zeigten sich gewaltige Widersprüche. Es hatte unser Verderben dadurch herbeigeführt, dass es uns zum Waffenstillstand von Poischwitz überredete, was um so schimpflicher ist, da schon damals Österreich entschlossen war, uns mit Krieg zu überziehen, und da sein Cabinet einige Tage später, obwohl immer noch verbündet mit uns und die Vermittlerrolle spielend, Verpflichtungen gegen uns einging; die Rolle, welche es bei den Trachenberger Verhandlungen anfangs Juli spielte, ist heute allseitig bekannt. Aus Schamgefühl wurden diese Umstände etwa noch einen Monat nach Beginn der Feindseligkeiten geheim gehalten. Kaiser Franz gegenüber war nur von „eventuellen Vorsichtsmaßregeln" die Rede. Nur dadurch, dass Napoleon ihm als eine Geißel des Menschengeschlechtes hingestellt wurde, gelang es, seine Unterschrift zu gewinnen.[6]

In dem Plan, welchen Napoleon zu dem Feldzug entworfen hatte, gehörte es auch, dass die bayerische an der Donau aufgestellte Armee mit der italienischen in Illyrien gemeinschaftlich operieren und ihr Augenmerk auf Wien richten sollte. Der Führer der bayerischen Armee, weil er in geheimem Einvernehmen mit dem Feinde stand, aber tat gar nichts und behinderte dadurch den Vizekönig, gegen den sich die Hauptstreitkräfte der Österreicher wendeten. Der offenkundige Abfall der bayerischen Armee aber wurde, wie gesagt, eine der Hauptveranlassungen zu unserem Unglück.

Nichts aber gleicht dem empörenden Verhalten der Sachsen, die, obwohl unsere Waffenbrüder und Schicksalsgenossen, sich plötzlich im Augenblick der Gefahr wider uns wandten. Napoleon gab bei dieser Gelegenheit wieder ein Zeichen seines Edelmutes: Er hatte seiner Garde ein sächsisches Korps einverleibt, dasselbe beließ er seinem treuen Verbündeten, dem König von Sachsen, welchen er in Leipzig zurückließ, indem er ihn zugleich all seinen Verpflichtungen entband. Es befanden sich bekanntlich auch Bayern in der kaiserlichen Armee; der Kaiser ließ ihrem Führer Mitteilung machen: Bayern habe ihm illoyalerweise den Krieg erklärt; er habe dadurch das Recht, diese Truppe zu entwaffnen und sie als kriegs-

---

[6] Montvezant, VI, 262

gefangen zu behandeln, allein ein solcher Schritt wäre dem Zutrauen zuwider, welches seine Truppen in ihn, den Kaiser, setzen sollten. Er ließ ihnen Lebensmittel überweisen und schickte sie heim.

Über die Kapitulation von Dresden liegen Nachrichten eines verdienten Offiziers vor. Derselbe berechnet die Zahl der in den festen Plätzen, von denen wir getrennt waren, zurückgebliebenen Truppen auf 177 000 Mann. Der Kaiser hatte bei Leipzig nur 157 000 Mann – wie anders hätte sich alles gestaltet, wäre nur ein Teil jener 177 000 Mann in den Händen des Kaisers gewesen.

In den Vereinbarungen der Alliierten waren auch über die Kapitulationen der zahlreichen Garnisonen Abmachungen getroffen – es sollten dem Wortlaut nach „ehrenvolle" Kapitulationen sein. Allein es kam anders. Der Grund zur Ablehnung der in Dresden zwischen Marschall Saint-Cyr und den Generälen Tolstoi und von Klenau vereinbarten und unterfertigten Kapitulation war der, dass Fürst Schwarzenberg dieselbe nicht ratifizieren könne, weil Graf Lobau, Adjutant Napoleons, zugleich mit Saint-Cyr in Dresden festgehalten, wider die Kapitulation Einspruch erhob. Später wurde auch die Kapitulation von Danzig, abgeschlossen mit General Rapp, abgelehnt, und zwar unter dem seltsamen Vorwand, dass die Garnison von Dresden, kaum dass sie in Straßburg eingetroffen wäre, auch den Dienst wieder aufgenommen hätte, man könne also die Kapitulation Danzigs nicht annehmen, ohne sich derselben Gefahr wie in Bezug auf Dresden auszusetzen. Am 14. November kapitulierte die Garnison von Dresden, bestehend aus zwei Armeekorps, zusammen 40 000 Mann betragend.

Die Kapitulation bestimmte, dass die Räumung Dresdens in sechs Kolonnen innerhalb von sechs einander folgenden Tagen erfolgen sollte; als Bestimmungsort der Garnison war Straßburg festgesetzt worden. Die Räumung erfolgte demgemäß. Unsere sechste Kolonne aber hatte kaum einen Tagesmarsch hinter sich, als die Erklärung erfolgte, dass die Kapitulation durch den Generalissimus Fürst Schwarzenberg unter dem 19. November verworfen worden sei.

Als der Marschall Saint-Cyr sich hierüber beschwerte, wurde ihm angeboten, mit seinen Truppen nach Dresden zurückzukehren und sich in den Besitz aller Verteidigungsmittel zu setzen, die ihm vor der Kapitulation zur Verfügung gestanden hatten. So kam es, dass diese abgeschnittenen Truppen sich in die in Böhmen gelegenen, ihnen schließlich angewiesenen Cantonnements verfügen mussten, anstatt ihren Marsch rheinwärts fortzusetzen.

Der Marschall entsandte einen höheren Offizier an Napoleon, um denselben von den Vorfällen zu benachrichtigen, allein die Alliierten verzögerten unter allen möglichen Vorwänden dessen Weiterkommen. Erst am 18. Dezember traf der Bote in Paris ein. Die inzwischen eingetretenen Ereignisse machten alles Weitere unmöglich. So kam es auch, dass Napoleon der bekannten Erklärung von Frankfurt keinerlei Glauben schenkte: Die Kammer aber verschlimmerte die Lage noch durch ihr unpatriotisches Verhalten.

Dienstag, 3. September. Die Revolution.

Heute ist der Jahrestag eines erschütternden Ereignisses, jener Gefängnismorde in Paris, jener zweiten Bartholomäus-Nacht. Der Kaiser, der darauf zu sprechen kam, bemerkte:

„Es ist ein Flecken in der Geschichte Frankreichs. Das Ereignis unterscheidet sich nur dadurch von jener Mordnacht, dass ihm weniger Menschen zum Opfer fielen und dass es von der Regierung nicht gebilligt wurde, diese sogar bemüht war, die Verbrecher zu bestrafen. Die Morde wurden von der Kommune begangen, einer Rivalin der Gesetzmäßigkeit. Übrigens waren sie mehr ein Akt des Fanatismus als der tierischen Rohheit. Man hat gesehen, dass die Mordgesellen, diese sogenannten „Septembriseurs", einen der ihrigen niederschossen, weil er während der Exekutionen einen Diebstahl begangen hatte. Diese entsetzlichen Ereignisse lagen in der zwingenden Gewalt der Umstände und dem Geist der Zeit. Es ist eine politische Umwälzung unmöglich ohne Volkswut, kein Erfolg für das entfesselte Volk ohne Unordnung, ohne Opfer. Die Preußen rückten ins Land. Ehe man sich auf sie stürzte, wollte man Hand anlegen an ihre Helfershelfer in Paris. Wer weiß, ob das Ereignis nicht zum Wohle Frankreichs beitrug. Und wer weiß, ob die Fremden, als sie neuerdings wiederkehrten, je über Frankreich Herr geworden wären, wenn man jene Gräuel an ihren Freunden wiederholt hätte! Es ging nicht, denn jetzt gab es eine geregelte Regierung – was mich betrifft: Ich hätte kein König von Pöbels Gnaden sein mögen!

Es ist eine feststehende Tatsache: ohne „Terreur" keine Revolution! Nur Zeit und Erfolge gelangen dahin, sie zu läutern und zu veredeln, sie legitim zu machen. Was nützte es, wollte man denen, die die Hand am Ruder, die alle Ämter innehaben, sagen: Schert Euch fort. Sie würden sich verteidigen, das ist einleuchtend; deshalb muss man sie mit Schrecken erfüllen, muss ihnen mit der „Terreur" kommen, und das ist die Laternen-Justiz, das sind die Hinrichtungen, die das Volk vollzieht! „La Terreur" begann in Frankreich am 4. August, als die Feudalrechte beseitigt, der Adel abgeschafft wurde, und man die Trümmer dem Volke preisgab. Es hat sich dieselben geteilt, es hat sie nicht wieder verlieren wollen – es hat getötet. Die erste Zeit hat es die Revolution begriffen und sich für dieselbe interessiert. Bis dahin gab es noch Moral und religiöse Fügsamkeit beim Volke, und viele zweifelten daran, dass ohne König, ohne Feudallasten es überhaupt, wie gewöhnlich, eine Ernte geben könnte.

„Auf alle Fälle aber", fügte der Kaiser noch hinzu, „ist eine Revolution eines der schrecklichsten Übel, das der Himmel der Erde bescheren kann, sie wird der Generation, von welcher sie durchgeführt wird, zur Geißel; alle Vorteile, welche sie einbringt, wiegen die Wirrsale nicht auf, mit denen sie das Leben ihrer Urheber erfüllt. Sie bereichert die Armen, ohne sie zufriedenzustellen, sie macht die Reichen, die es nie vergessen werden, arm; sie wirft alles über den Haufen: In der ersten Zeit bringt sie allen Unglück, niemandem Glück. Das wahre soziale Glück liegt im friedlichen Verkehr, in der Harmonie des Wohlergehens bei einem jeden. In ruhigen Zeiten ist ein jeder in seiner Weise glücklich, der Schuhmacher in seiner engen Werkstatt ist so glücklich, wie ich auf meinem Throne, der Subalterne hat seinen Feind ebenso wie sein General. Revolutionen zerstören zunächst alles und ersetzen erst in der Zukunft."

Es wurde die Frage aufgeworfen, ob es wohl möglich gewesen wäre, die Französische Revolution in ihrer Entstehungsphase aufzuhalten. Der Kaiser meinte, dies wäre, wenn nicht unmöglich, doch sehr schwer zu erreichen gewesen. Vielleicht, meinte er, hätte man das Gewitter beschwören oder durch eine machiavellistische Tat ableiten können, indem man mit der einen Hand die Großen schlug, mit der andern dem Volke Konzessionen, indem man ihm die reformatorischen Zugeständnisse machte, welche die Zeit forderte und welche bereits in der sogenannten „Séance royale", das heißt in der Sitzung, an welcher der König teilnahm, erwähnt worden waren.

Sonntag, 8. September. Die Frauen. – Manuskript von der Insel Elba. Man kam auf das Alter der Frauen zu sprechen und ihren Widerwillen, es anzugeben. Der Kaiser hatte einige pikante Details bei der Hand. Er erzählte von einer Dame, die lieber einen großen Prozess verlor, als dass sie ihr Alter angab. Hätte sie ihr Taufzeugnis vorgewiesen, so hätte sie gewonnen – dazu aber konnte sie sich nicht entschließen. Es war von einer andern die Rede, die jemandem sehr gut war; sie war überzeugt, dass sie an der Seite des Herrn ihr Glück finden würde, sie konnte ihn aber nur heiraten, wenn sie ihr Taufzeugnis vorwies – sie zog es vor, auf die Heirat zu verzichten. Der Kaiser gedachte auch einer sehr hochstehenden Dame, welche, als sie heiratete, ihren Mann um wenigstens fünf oder sechs Jahre betrog, indem sie den Taufschein einer jüngeren Schwester produzierte, die schon lange tot war.

„Die arme Josephine", ergänzte der Kaiser, „setzte sich dadurch allen möglichen Unannehmlichkeiten aus, die Heirat hätte können für null und nichtig erklärt werden."

Es war später die Rede zwischen dem Kaiser und mir von einem seiner neueren Diktate, welches die letzten 25 Jahre der Geschichte Frankreichs umfasst, das ist also die Republik, das Konsulat und das Kaiserreich. Die Abhandlung ist unter dem Titel „Manuskript der Insel Elba" veröffentlicht worden. Sie ist so wenig bekannt, dass ich hier darauf zurückkommen möchte.

I. Kapitel (als Einleitung). Heinrich IV folgt auf Heinrich III ohne Interregnum. Er siegt über die Liga, kann seine Regierung jedoch nur wahren, indem er Stütze bei der Majorität der Nation sucht.

Heinrich IV wurde zu Saint Cloud an demselben Tage zum König ausgerufen, an welchem Heinrich III starb. Er wurde von allen protestantischen Gemeinden anerkannt und von einem Teil des katholischen Adels. Die „Heilige Liga", welche sich gegen Heinrich III aus Rache gegen die Protestanten und den Herzog von Guise gebildet hatte, beherrschte Paris und hatte 5/6 des Königreiches unter ihrer Fuchtel! Sie weigerte sich, Heinrich IV anzuerkennen, rief aber auch keinen andern zum König aus. Ihr Führer, der Herzog von Mayenne, hatte seine Machtvollkommenheit inne unter dem Titel: „Lieutenant général" des Königreichs. Die Thronbesteigung Heinrichs IV änderte in nichts die von der Liga beobachteten Formen: Eine jede Stadt war lokalen oder militärischen Autoritäten unterstellt. Zu keiner Zeit, selbst nicht am Tage nach seinem Einzug in Paris, erkannte Heinrich IV die Erlasse der Liga als zu Recht bestehend an, auch hat diese nie dahin gehende Ansprüche erhoben. Das Parlament von Paris war in zwei Parteien geteilt, die eine hielt zur Liga und hatte ihren Sitz in Paris, die andere, eine Anhängerin Heinrich IV, hatte sich in Tours zusammengefunden. Die Parlamente aber hatten nur mit Rechtssachen zu tun. Die Provinzen behielten ihre Organisation, ihre Vorrechte, sie hielten am alten Herkommen fest. Wir bemerkten soeben, dass die Liga keinen anderen Gebieter proklamierte, allein sie erkannte doch für kurze Zeit den Onkel Heinrichs, den Kardinal Bourbon, als König an, allein dieser lehnte es ab, den Feinden seines Stammes die Hand zu bieten. Heinrich hatte sich übrigens seiner Person bemächtigt; es ging keinerlei Regierungshandlung von ihm aus, und die Liga fügte sich nach wie vor unter die Autorität des Herzogs von Mayenne. Mithin lag zwischen Heinrich III und Heinrich IV keinerlei Interregnum. Die Liga aber war in verschiedene Fraktionen zerstückelt: Die Sorbonne hatte dahin entschieden, dass das Recht der Geburt bei einem der Kirche feindlichen Fürsten nicht auch das Recht auf die Krone in sich schlösse. Von Rom war die Erklärung abgegeben, dass Heinrich IV, da er ein Ketzer wäre, für immer alle Rechte verloren habe, dass er diese nicht einmal dann wiedererlangen könne, wenn er in den Schoß der Kirche zurückkehre. Heinrich IV, König von Navarra, gehörte dem reformierten Bekenntnis an; er wurde wahrend des Hugenotten-Massakers gezwungen, Margarethe von Valois zu heiraten und eidlich dem reformierten Bekenntnis zu entsagen. Sowie er sich jedoch vom Hofe entfernen konnte, und er sich auf dem linken Ufer der Loire unter den Bekennern seines alten Glaubens befand, erklärte er, sein damaliger Schwur wäre ihm aufgenötigt worden, auch kehrte er zu dem alten Bekenntnis zurück. Dadurch erschien er im Lichte eines verstockten Ketzers; die Majorität der Liga aber, das heißt die milder Denkenden, war der Meinung, es müsse die Aufforderung an Heinrich ergehen, in den Schoß der römischen Kirche zurückzukehren, es müsse Heinrich als König anerkannt werden, sobald er abermals sein Bekenntnis durch Eidschwur ablege und die bischöfliche Absolution erhalte.

Es wurden zugleich von der Liga die Generalstaaten nach Paris einberufen. Die Gesandten von Spanien beantragten, eine vierte Dynastie auf den Thron Frankreichs zu setzen, da Heinrich und Condé für Ketzer erklärt, alles Recht an die Krone verloren hatten, die männliche Linie der Capets mithin erloschen sei. Sie reklamierten die Erbfolgerechte für die Infantin, Tochter einer Schwester Heinrich II, Königs von Frankreich, als erste in der weiblichen Linie, und sagten, dass, wenn die Nation glaube, durch das Erlöschen der männlichen Linie die Verfügung über den Thron zu haben, sie darauf bestehen müssten, dass die Wahl auf die spanische Infantin fiele. Auch müsse Frankreich die Anstrengungen berücksichtigen, welche Philipp II zugunsten der Liga gemacht habe. Spanische Truppen befanden sich in Paris unter Befehl des Herzogs Mayenne: Die Infantin sollte einen französischen Prinzen heiraten; die Gesandten bezeichneten als solchen den Herzog von Guise, einen Sohn des bei Blois Ermordeten. Eine 50 000 Mann starke spanische Armee sollte vom Madrider Hofe in Paris unterhalten werden, welche alles aufbieten würde, dieser vierten Dynastie zum Siege zu verhelfen. Die Sechzehn unterstützten die Vorschläge, welche die Billigung Roms gefunden hatten, allein – es war vergeblich! Das Gefühl der französischen Nation lehnte sich dagegen auf, dass eine fremde Nation über den Thron Frankreichs verfüge. Der Teil des Parlamentes, der in Paris seinen Sitz hatte, wurde vorstellig bei dem „Luitenant général", dem Herzog von Mayenne: dass er doch über alten Fundamentalrechten der Monarchie und namentlich über dem Festhalten an den Bestimmungen des Salischen Gesetzes wachen möchte. Sollten die Bemühungen der spanischen Partei obsiegen, die Generalstaaten die Deszendenten von Hugo Capet für des Thrones verlustig erklären und eine vierte Dynastie aufgestellt werden, wenn diese Heinrich aus dem Lande gejagt hätte, von der Nation angenommen, von der Religion geweiht, von den europäischen Staaten anerkannt wäre, so wären unbedingt die Rechte der dritten Dynastie erloschen.

Heinrich siegte zwar über die Liga bei Arques und auf der Ebene von Ivry und belagerte Paris, sah aber die Unmöglichkeit ein, in Frankreich die Herrschaft zu führen, ohne sich der Partei des Volkes anzuschließen. Er war mit seiner nur aus Franzosen bestehenden Armee siegreich gewesen, wenn auch zu den seinigen ein kleiner Trupp Engländer gehörte. Die Heere der Liga bestanden dagegen fast ausschließlich aus Spaniern und Italienern. Heinrich berief nach Beauvais eine Versammlung der Häupter der verschiedenen religiösen Parteien, um darüber zu beraten, was das Beste zu tun wäre: Man riet ihm, seiner Religion abzuschwören und sich der Partei des Volkes anzuschließen. Heinrich leistete denn auch in St. Denis den Eid, erhielt die bischöfliche Absolution, die Hauptstadt öffnete ihm ihre Tore, und er wurde in ganz Frankreich als König anerkannt. Heinrich, seinem Eide treu, besetzte fast alle Staatsämter mit Anhängern der Liga; die Hugenotten, die ihn nie im Stich gelassen, die ihm zum Siege verholfen hatten, ließen ihre Klagen laut werden; sie beschuldigten den König der Undankbarkeit, auf der anderen Seite war man im Volke lange Zeit misstrauisch gegen die geheimen Absichten des Königs.

II. Kapitel. Die Republik, eingesetzt durch den Willen des Volkes, geheiligt durch die Religion, geweiht durch Siege, anerkannt von allen Staaten Europas.

Hugo Capet bestieg den französischen Thron aufgrund einer Parlamentswahl: Dieses Parlament bestand aus den Vornehmsten im Lande und den Bischöfen. Die Monarchie in Frankreich war nie eine absolute, das Eingreifen der Generalstaaten stets notwendig, sobald es sich um wichtige gesetzgeberische Maßnahmen handelte, um Steuern rc. Später haben sich die Parlamente als Generalstaaten im Kleinen, vom Hofe aus unterstützt, aufgespielt und die Rechte der Nation an sich gerissen. Ludwig XVI berief 1789 die Generalstaaten, und auf die Nation ging die Ausübung eines Teiles der Souveränität über. Die konstituierende Versammlung gab dem Staat eine neue Verfassung, welche durch die öffentliche Meinung in ganz Frankreich gebilligt wurde. Ludwig XVI nahm sie an und beschwor, sie aufrechterhalten zu wollen. Die gesetzgebende Versammlung suspendierte den König: Der Konvent, gebildet aus Deputierten aller beratenden Körperschaften im Staat, mit besonderer Vollmacht ausgestattet, erklärte die Monarchie für beseitigt und gründete die Republik. Alles, was zur monarchischen Partei gehörte, verließ Frankreich und rief fremde Armeen zur Hilfe. Österreich und Preußen schlossen den Vertrag zu Pillnitz. Österreichische und preußische Armeen, mit ihnen die der Prinzen, begannen den Krieg der ersten Koalition, um das französische Volk zur Unterwerfung zu zwingen. Die gesamte Nation eilte zu den Waffen. – Österreich und Preußen wurden besiegt. Dann traten Österreich, England und Russland zu einer zweiten Koalition zusammen. Sie wurde ebenso vernichtet wie die erste und – alle Staaten erkannten die Republik an, und zwar:

1. Die Republik Genua durch eine außerordentliche Gesandtschaft am 15. Juni 1792.

2. Die hohe Pforte durch Erklärung vom 27. März 1793.

3. Toscana in den Abmachungen vom 9. Februar 1795.

4. Holland durch das Traktat vom 16. Mai 1795.

5. Die Republik Venedig durch eine außerordentliche Gesandtschaft am 30. Dezember 1795.

6. Der König von Preußen im Baseler Frieden am 5. April 1795.

7. Der König von Spanien durch die Abmachungen zu Basel am 22. Juli 1795.

8. Hessen-Kassel, 28. Juli 1795.

9. Die Schweiz, 19. August 1795.

10. Dänemark gab seine Anerkennung zu wissen unter dem 18. August 1795.

11. Schweden durch Gesandtschaft, 23. April 1796.

12. Sardinien in den Abmachungen von Paris am 28. April 1796.

13. Amerika durch eine außerordentliche Gesandtschaft, 30. Dezember 1796.

14. Neapel, 10. Oktober 1796,

15. Parma, 5. November 1796.

16. Württemberg, 7. August 1796.

17. Baden, 22. August 1796.

18. Bayern, 24. Juli 1797.

19. Portugal, 19. August 1797.

20. Der Papst durch die Abmachungen zu Tolentino 19. Februar 1797.

21. Der Kaiser von Deutschland zu Campo Formio am 7. Oktober 1797.

22. Der Zar von Russland, 8. Oktober 1801.

23. Endlich auch der König von England im Frieden von Amiens, 27. März 1802.

Die Regierung der Republik entsandte und empfing die Gesandten aller Mächte; die Trikolore war überall bekannt und anerkannt, zu Lande und zu Wasser. Der Papst hatte als weltlicher Herrscher zu Tolentino mit der Republik, als Oberhaupt der katholischen Kirche, durch das am 18. April 1802 abgeschlossene Konkordat mit ihr rechtsgültig unterhandelt. Die meisten Bischöfe, die der realistischen Partei ins Ausland gefolgt waren, unterwarfen sich; diejenigen, welche der Partei ergeben blieben, verloren ihre Sitze. Die Republik, gestützt auf das Einvernehmen aller ihrer Bürger, mit ihren siegreichen Armeen von allen Fürsten und Königen anerkannt, war es auch vonseiten aller Religionen, namentlich auch der römisch-katholischen.

Wenn nach dem Tode Ludwig XVI alle Mächte der Welt die Republik anerkannten, so erkannte zugleich keine einen Nachfolger Ludwig XVI an. Das Schalten und Walten der dritten Dynastie war mit dem Jahre 1800 zu Ende, gerade so gut, wie das der ersten und das der zweiten. Die Titel und Rechte der Merowinger waren erloschen in den Titeln und Rechten der Capetinger, ebenso wie die Titel und Rechte der Capetinger in die Titel und Rechte der Republik übergingen. Eine jede legitime Regierung verwischte Rechte und Legitimität der vorhergehenden. Die Republik war eine Regierung de facto et de jure, legitim durch den Willen der Nation, geheiligt von der Kirche, getragen von der Anerkennung der ganzen Welt.

III. Kapitel. Die Revolution hat die französische Nation neu gestaltet: Sie hat die Gallier befreit von den Überlieferungen der Franken; sie hat eine neue Ordnung der Dinge, dem Wohlergehen, den Rechten des Volkes, der Aufklärung der Zeit entsprechend, geschaffen.

Die Französische Revolution ist nicht hervorgegangen aus dem Aufeinanderprallen der Interessen zweier Familien, die sich den Thron streitig machen, sie war vielmehr eine allgemeine Bewegung der großen Volksmasse gegen die Bevorrechtigten. Der Adel von Frankreich, wie von ganz Europa, datiert aus der Zeit der Überflutung der Tartaren, welche sich das römische Reich teilten. In Frankreich war der Adel durch Franken und Burgunder dargestellt, das übrige waren die Gallier. Das feudale Regierungssystem, welches eingeführt wurde, stellte das Prinzip auf: Jedes Stück Land habe einen Herrn. Alle politischen Rechte standen den Priestern und Edelleuten zu, die Bauern waren Sklaven, quasi ein Bestandteil der Scholle. Zivilisation und Aufklärung befreiten das Volk. Die neuen Zustände führten zur Blüte von Handel und Industrie. Der größere Teil von Land, Reichtum und Aufklärung wurde im 18. Jahrhundert ein Teilungsobjekt für das Volk. Der Adel blieb trotzdem noch eine bevorrechtigte Klasse, noch besaß er unter allerhand Bezeichnungen und unter den verschiedensten Formen alte Feudalrechte, brauchte keine der sozialen Belastungen zu tragen und bekleidete ausschließlich die einträglichsten Ämter.

Diese Missstände riefen den Protest des Bürgerstandes wach. Der Hauptzweck der Revolution war der, die Privilegien zu beseitigen, die Rechtsprechung der adeligen Grundbesitzer, die Feudalrechte überhaupt als einen Rest früherer Sklaverei des Volkes abzuschaffen, alle Bürger des Staates, alles Eigentum ohne Unterschied zu den Lasten des Staates heranzuziehen. Sie verkündete gleiches Recht und gleiche Rechte für alle. Ämter und Würden sollten einem jeden, der dazu befähigt war, zustehen. Das Königreich bestand aus Provinzen, welche mit der Krone zu verschiedenen Zeiten vereint worden waren. Sie hatten unter sich keine natürlichen Grenzen, sie waren ungleich in Bezug auf Flächeninhalt und Bevölkerung. Da gab es verschiedene Gebräuche, verschiedene Gesetze, die Steuern waren verschieden, deshalb gab es für jede eine besondere Zollgrenze. Frankreich war kein Staat im eigentlichen Sinne, es waren verschiedene kleine, Grenze an Grenze beieinanderliegende Staaten. Die Ereignisse vergangener Jahrhunderte, der Zufall hatte das alles so gefügt. Die Revolution, vom Grundsatz der Gleichheit unter den Individuen und den verschiedenen Territorien ausgehend, beseitigte alle diese kleinen Nationen und machte aus ihnen zusammen eine neue: Es gab keine Normandie, keine Bretagne, kein Burgund, keine Provence, kein Lothringen mehr – es gab nur e i n Frankreich, die Grenzen zwischen den Provinzen verschwanden: dieselben Gesetze fortan, dieselbe Verwaltung, dieselben Steuern! Die Opposition, welche der Hof, die Geistlichkeit, der Adel dem Gange der Ereignisse machten und der auswärtige Krieg veranlassten das Emigranten-Gesetz, die Sequestration der Güter der Emigrierten, welche dann, um für die Bedürfnisse des Krieges aufzukommen, verkauft werden mussten. Ein großer Teil des französischen Adels sammelte sich unter dem Banner der Prinzen aus dem Hause Bourbon und bildete eine Armee, welche neben der österreichischen, preußischen und englischen den Krieg gegen die Heimat führte. Diese im Überfluss aufgewachsenen Edelleute dienten als gemeine Soldaten; Strapazen und Flintenkugeln nahmen viele hinweg, viele auch starben im Elend in der Fremde. Der Krieg in der Vendée, der Krieg der Chouans, die Revolutionstribunale fegten den Adel hinweg – drei Viertel des französischen Adels ging zugrunde, alle Stellen im Zivil- wie im Militärdienst gingen in die Hände von Leuten des Bürgerstandes über; auch in kirchlichen Dingen kam es zu umfassenden Neuerungen. Die Diözesen von Vienne, Narbonne, Frejus, Sisteron, Rheims wurden durch 60 neue Diözesen ersetzt, deren Gebiet in dem neuen Konkordat durch neue Bullen festgesetzt wurde. Die Unterdrückung der Orden, der Verkauf der Klöster und des Grundeigentums des Klerus wurde genehmigt; der Klerus wurde vom Staate pensioniert; alles, was seit Chlodwig eine Folge der Ereignisse war, hörte auf. Alle Änderungen aber waren für das Volk vorteilhaft, sie vollzogen sich mit so großer Leichtigkeit und schienen so selbstverständlich, dass im Jahre 1800 auch nicht eine einzige Erinnerung, weder an alte provinziale Vorrechte, noch frühere Souveräne und Parlamente, noch alte Diözesen übrig war. Die Hälfte allen Grund und Bodens in Frankreich hatte die Besitzer gewechselt, Bauern und Bürger hatten sich damit bereichert. Die Fortschritte des Ackerbaus, der Industrie übertrafen alle Erwartungen: Frankreichs 30 Millionen Bewohner stellten nur noch eine einzige Klasse von Bürgern dar, welche nur ein Gesetz, nur eine Ordnung der Dinge kannte. Alle diese Änderungen entsprachen dem allgemeinen Wohlergehen, der Gerechtigkeit und den aufgeklärten Begriffen der Zeit.

IV. Kapitel. Das französische Volk errichtet den Kaiserthron, um den Neuerungen Bestand zu geben. Die vierte Dynastie folgt nicht unmittelbar der dritten, sondern der Republik. Napoleon wird vom Papst gesalbt, von den auswärtigen Mächten anerkannt. Napoleon hat Könige geschaffen, er hat Armeen von allen Mächten des Kontinents unter seinem Befehl gehabt.

Die fünf Mitglieder des Direktoriums waren uneinig. Die Feinde der Republik stahlen sich in ihre Beratungen und schmuggelten Männer in die Regierung, die den Rechten des Volkes feindlich waren. Diese Regierungsform erhielt den Staat in einer fortwährenden Gärung, und die großen Errungenschaften, erkämpft während der Revolution, kamen infrage. Einstimmig, vonseiten der ländlichen Bevölkerung sowohl wie der Städte, in der Mitte des Heeres wurde die Forderung laut, dass unter Innehaltung aller Grundsätze einer republikanischen Regierung das erbliche System wieder eingeführt werde. Der erste Konsul der Republik sollte laut Verfassung des Jahres VIII sein Amt zehn Jahre lang innehaben, der Wille des Volkes aber dehnte diesen Zeitraum auf Lebenszeit aus: Es erhob ihn alsdann auf den Thron und machte denselben in seiner Familie erblich. Damit waren die Prinzipien der Volkssouveränetät, waren Freiheit und Gleichheit, war die Beseitigung aller Feudalrechte, die Unwiderruflichkeit der Verkäufe des Nationaleigentums, war die Unabhängigkeit der Kulte für immer gesichert. Die Regierung Frankreichs unter dieser vierten Dynastie basierte auf den nämlichen Grundsätzen, welche die Republik aufgestellt hatte; es war eine gemäßigte, konstitutionelle Monarchie. Es war zwischen der Regierung dieser neuen Dynastie und der dritten derselbe Unterschied, wie zwischen dieser und der Republik. Die vierte Dynastie folgte auf die Republik, war aber eigentlich nur eine Modifizierung derselben.

Es ist nie ein Fürst mit legitimeren Rechten auf den Thron gesetzt worden als Napoleon. Hugo Capet erhielt den Thron aus den Händen einiger Bischöfe und einiger Großen des Landes. Der Kaiserthron wurde Napoleon übergeben durch den Willen aller Bürger und dreifach in feierlicher Form gesichert. Pius VII, das Oberhaupt der römisch-katholischen Kirche, zu welcher sich die Mehrheit des französischen Volkes bekannte, kam über die Alpen, um eigenhändig den Kaiser zu salben; er war umringt von allen Bischöfen Frankreichs, von allen Kardinälen der römischen Kirche und den Deputierten aller Kantone des Kaiserreiches. Die Fürsten Europas beeilten sich, den Kaiser anzuerkennen, alle sahen mit Freuden diese mit der Republik vollzogene Abänderung, welche Frankreich in Übereinstimmung brachte mit den Staaten des übrigen Europa. Die Gesandten der Kaiser von Österreich und Russland, die Gesandten Preußens, Spaniens, Portugals, der Türkei, Amerikas erschienen zur Beglückwünschung des Kaisers. England allein, das den

Vertrag von Amiens nicht innegehalten und von Neuem den Krieg begonnen hatte, schickte niemanden, aber auch England billigte die Vorgänge. Lord Whitworth schlug in den geheimen Abmachungen, welche unter Vermittlung des Grafen Malouet stattgefunden hatten, und dem Bruch des Friedens von Amiens vorangingen, im Namen seiner Regierung vor, Napoleon als König von Frankreich anzuerkennen, unter der Bedingung, dass er Malta herausgäbe. Der erste Konsul antwortete, wenn je das Wohlergehen Frankreichs es fordere, dass er den Thron bestiege, so könne dies allein durch den Willen des Volkes erfolgen. Als später im Jahre 1806 Lord Lauderdale sich in Paris einstellte, um über den Frieden zwischen dem König von England und dem Kaiser zu verhandeln, war er bei der kaiserlichen Regierung beglaubigt; darüber starb Fox, und die Unterhandlungen Lord Lauderdales scheiterten. Das englische Kabinett war in der Lage, den Krieg mit Preußen zu verhindern und die Schlacht bei Jena zu vermeiden.[7]

Als später im Jahre 1814 die Alliierten zu Chaumont ihr Ultimatum stellten, wurde dasselbe auch von Lord Castlereagh unterzeichnet, wodurch zugleich die Anerkennung des Kaiserreiches und der neuen Dynastie einen indirekten Ausdruck fand. Wenn Napoleon die Stipulationen des Kongresses zu Châtillon nicht annahm, so kam es daher, weil er glaubte, es stände ihm nicht zu, einen Teil seines Reiches, welches intakt zu erhalten er bei seiner Krönung geschworen hatte, wegzugeben.

Die Kurfürsten von Bayern, Württemberg und Sachsen hatte der Kaiser zu Königen befördert; die sächsischen, bayerischen, württembergischen, badischen und hessischen Truppen fochten im Feldzug von 1809 zu-

[7] Während des Aufenthaltes von Lord Lauderdale in Paris und seiner Unterhandlungen mit den Bevollmächtigten des Kaisers rüstete Preußen in fieberhafter Eile und nahm eine feindselige Haltung an. Lord Lauderdale schien dies Verhalten zu missbilligen, und den Kampf für einen zu ungleichen zu halten. Als er erfuhr, dass der Kaiser sich anschicke, das Oberkommando über die Armee zu übernehmen, frug er an, ob der Kaiser einwilligen würde, seinen Abgang zur Armee hinauszuschieben und sich mit Preußen zu vergleichen, wenn England die Basis der Unterhandlungen annehmen würde, das heißt das Uti possidetis für beide Teile, Hannover mit einbegriffen: England wollte, abgesehen von dieser Basis, Hannover wieder erwerben; darüber wurde Lord Lauderdale abberufen, denn Fox war gestorben. Der Kaiser reiste ab, und es kam zur Schlacht bei Jena. Napoleon hatte eine deutlich zu Tage tretende Abneigung gegen den Krieg mit Preußen; er wollte Preußen den Besitz von Hannover lassen und einen norddeutschen Bund anerkennen. Er sagte sich, dass Preußen, welches nie von Frankreich besiegt oder herabgesetzt war, keine den seinigen zuwiderlaufenden Interessen habe. Dass aber, wenn Preußen einmal besiegt worden sei, es auch vernichtet werden müsse.

sammen mit den französischen Truppen gegen Österreich. 1812 aber hatte der Kaiser von Österreich zu Paris ein Bündnis mit Napoleon geschlossen, und der Fürst von Schwarzenberg befehligte unter Napoleons Oberleitung das für den russischen Feldzug gestellte österreichische Kontingent: Durch Napoleons Vermittlung wurde derselbe Feldmarschall. Ein ähnlicher Bündnisvertrag wurde zu Berlin abgeschlossen, und die preußische Armee kämpfte in Russland Schulter an Schulter mit der französischen.

Die Wunden, welche die Revolution schlug, sind vom Kaiser geheilt worden: alle Emigrierten kehrten zurück, die Proskriptionslisten wurden vernichtet. Dem Kaiser wurde der schöne Ruhm zuteil, mehr als zwanzigtausend Familien eine Heimat, einen Herd zurückgegeben zu haben; das Vergangene wurde vergeben, vergessen. Diejenigen Familien, welche sich durch ihre den Bourbonen erwiesenen Dienste hervorgetan hatten, bekleideten wieder Stellungen bei Hofe, hatten hohe Ämter inne oder dienten in der Armee; es gab keine Aristokraten, keine Jakobiner mehr, eine Ordensauszeichnung für alle, für Soldaten und Geistliche, Künstler und Gelehrte – ein Zeichen der Gleichheit aller!

V. Kapitel. Das Blut der kaiserlichen Dynastie vermischt sich mit dem der souveränen Geschlechter Europas, mit denen Russlands, Preußens, Englands, Österreichs.

Das französische Kaiserhaus ging Ehebündnisse ein mit den Sprösslingen der souveränen Häuser Europas. Prinz Eugen Napoleon, Adoptivsohn des Kaisers, ehelichte die älteste Tochter des Königs von Bayern, die durch ihre Schönheit wie durch ihre Tugenden zu den edelsten Erscheinungen ihrer Zeit gehörte. Die am 14. Januar 1806 geschlossene Heirat war die Freude des bayerischen Volkes. Der Erbprinz von Baden, Schwager des Kaisers von Russland, führte Prinzessin Stephanie, Adoptivtochter Napoleons zum Altar. Die Vermählung fand statt in Paris am 7. April 1806. Prinz Hieronymus Napoleon heiratete am 22. August 1807 die älteste Tochter des Königs von Württemberg, eine Cousine des Kaisers von Russland, des Königs von England und des Königs von Preußen. Noch andere Ehebündnisse mit den souveränen Fürstenhäusern Deutschlands, auch mit dem Hause Hohenzollern sind zu verzeichnen, und diese Ehen waren alle gesegnet mit Prinzen und Prinzessinnen.

Als die Interessen Frankreichs und des Kaiserreiches Napoleon und seine Gemahlin Josephine veranlassten, den ihnen über alles teuren Ehebund zu lösen, suchten die ersten Souveräne Europas eine Verbindung mit Napoleon. Ohne religiöse Schwierigkeiten und ohne die durch weite Entfernung herbeigeführten Verzögerungen hätte wahrscheinlich eine russische Prinzessin den Thron Frankreichs bestiegen. Die Erzherzogin Marie Louise vollzog am 11. März 1810 in Wien und am 2. April desselben Jahres in Paris ihren Ehebund mit Kaiser Napoleon; derselbe war für Frankreich und Österreich eine gleich große Freude. Sowie Kaiser Franz in Wien erfuhr, dass die Rede von einer zweiten Heirat Napoleons wäre, gab er sein Erstaunen zu erkennen, dass man nicht an sein Haus gedacht habe. Es war damals nur die Rede von einer russischen oder einer sächsischen Prinzessin. Es kam zu einer Unterredung zwischen Kaiser Franz und dem Grafen Narbonne, dem Gouverneur von Triest, der sich gerade in Wien aufhielt. Das Wiener Kabinett gab daraufhin seinem Gesandten in Paris, dem Fürsten Schwarzenberg, Instruktionen. Im Februar 1810 fand eine geheime Unterredung von Vertrauenspersonen in den Tuilerien statt. Der Minister des Auswärtigen legte die Depeschen des Herzogs von Vicenza, unseres Gesandten am Petersburger Hofe, vor. Es ging daraus hervor, dass Kaiser Alexander sehr bereit war, seine Schwester, die Großfürstin Anna, Kaiser Napoleon zur Gattin zu geben. Aber es lag ihm auch am Herzen, dass dem griechisch-katholischen Kultus das Recht der Öffentlichkeit eingeräumt und eine griechische Kirche in Paris erbaut würde. Die Depeschen aus Wien berichteten über die Wünsche des dortigen Hofes. Es teilten sich die Anschauungen der Beratenden, die einen waren für dieses, die andern für jenes Projekt, die Mehrheit aber entschied sich für die Erzherzogin. Da Prinz Eugen es war, der in erster Linie diese Heirat vertrat, so wurde er auch beauftragt, als um 2 Uhr morgens der Kaiser die Beratung schloss, Fürst Schwarzenberg sogleich die nötigen Eröffnungen zu machen. Auch der Minister des Äußeren wurde sofort dahin angewiesen, mit dem Gesandten das Nähere zu verabreden, störende Nebendinge zu beseitigen und den nämlichen Kontrakt abzuschließen, welcher für Ludwig XVI und Marie Antoinette bestanden hatte. Noch an demselben Morgen war Eugen bei Schwarzenberg, und noch im Laufe des Tages fand die Unterzeichnung statt. Der Kurier, welcher die Nachricht nach Wien brachte, überraschte Kaiser Franz aufs Angenehmste; Kaiser Alexander aber glaubte sich hintergangen und hatte die Auffassung, als wären zwei Unterhandlungen auf einmal geführt worden. Das war irrtümlich: Die Unterhandlungen mit Wien kamen an demselben Tage zum Abschluss, an welchem sie begonnen hatten.[8]

---

[8] Es ist allgemein der Glaube verbreitet, dass die Heirat zwischen Marie Louise und Napoleon auf Grund eines geheimen Abkommens beim Wiener Frieden geschlossen

Nie ist die Geburt eines Prinzen mit größerem Jubel begrüßt worden als die des Königs von Rom – dieser Jubel verbreitete sich über ganz Europa. Es stellten sich zur Beglückwünschung in Paris ein: aus Russland der Minister des Innern, aus Österreich der Graf Clary, der dem Neugeborenen ein Diamant-Halsband überreichte, welches aus allen Orden der österreichischen Monarchie bestand. Bei der Taufe des Königs von Rom waren alle Bischöfe Frankreichs, Deputierte aller Departements zugegen, der feierliche Akt ging mit größtem Pomp vor sich. Kaiser Franz, Taufpate des kleinen Königs, war durch den Erzherzog Ferdinand, seinen Bruder, damals Großherzog von Würzburg, vertreten.

VI. Kapitel. Gelegentliche Bemerkungen über den Feldzug in Sachsen und Beweise dafür, dass das Bündnis von 1813 in seinen Zielen mit einer Wiedereinsetzung der Bourbonen nichts zu tun hatte.

Die Siege bei Lützen und Wurzen am 2. und 22. Mai 1813 hatten den Ruhm der französischen Waffen wieder hergestellt. Der König von Sachsen war als Triumphator in seine Hauptstadt zurückgekehrt, der Feind aus Hamburg vertrieben, ein Korps der großen Armee stand vor den Toren von Berlin, das kaiserliche Hauptquartier befand sich in Breslau. Den russischen und preußischen Armeen blieb nichts übrig als über die Weichsel zurückzugehen, als Österreich, welches sich einzumischen begann, den Rat an Frankreich erteilte, einen Waffenstillstand abzuschließen. Kaiser Napoleon kehrte nach Dresden zurück, Kaiser Franz verließ Wien und ging nach Böhmen, der Kaiser von Russland und der König von Preußen verfügten sich nach Schweidnitz. Es begannen Besprechungen: Graf Metternich schlug einen Kongress, der in Prag stattfinden sollte, vor. Der Vorschlag wurde angenommen: Es war nur Spiegelfechterei. Der Wiener Hof hatte bereits unter der Hand Abmachungen mit Russland und Preußen getroffen: Eine bestimmte Erklärung hatte Österreich noch bis zum Mai hinausgeschoben, da wandte sich das Glück der Waffen wiederum den Franzosen zu, und Österreich hielt in seinem weiteren Vorgehen inne. So sehr es sich auch angestrengt hatte, seine Armee war

---

worden sei. Das ist grundfalsch. Die Unterzeichnung des Wiener Friedens erfolgte am 15. Oktober 1809, die Ausfertigung des Heiratskontraktes in Paris am 7. Februar 1810. Es ist von dieser Vermählung, ehe die Depeschen des Grafen Narbonne vorgelegen haben, gar keine Rede gewesen. Die Heirat ist erst dann beschlossen, sie ist innerhalb von 24 Stunden unter den Berufenen beschlossen und das Protokoll unterzeichnet worden. Beisitzer dieser unter dem Präsidium des Kaisers stattfindenden Beratung waren: die Kronbeamten, die Minister, die Präsidenten des Senats und der Kammer sowie die Abteilungspräsidenten des Staatsrats, im Ganzen 25 Personen.

doch noch wenig zahlreich und mangelhaft organisiert, kaum feldfähig. Graf Metternich verlangte die illyrischen Provinzen, die Hälfte des Königreichs Italien, d. h. Venedig bis zum Mincio, ferner Polen und die Verzichtleistung Napoleons auf das Protektorat über Deutschland und die Gebiete der 32. Militärdivision. Solche Bedingungen waren wohl nur gestellt, um der Ablehnung sicher zu sein. Der Herzog von Vicenza aber erschien auf dem Kongress zu Prag. Die Wahl des russischen Bevollmächtigten, des Barons Anstetten, ließ im Voraus annehmen, dass es sich bei Russland nicht um den Frieden handle, sondern darum, dass Österreich Zeit gewinne, um seine Rüstungen zu vollenden. In der Tat ließ Baron Anstetten sich auf gar nichts ein; Österreich ließ seine Vermittlerrolle fallen und entschied sich, so wie es mit seiner Armee zustande gekommen war, zugunsten der Verbündeten. Dieser gänzliche Widerspruch zwischen Worten und Handlungen war eine Eigentümlichkeit der damaligen Politik des österreichischen Kabinetts. So hub denn von Neuem der Krieg an.

Dem großen Siege Napoleons bei Dresden am 27. August 1813 folgten auf dem Fuß die Unglücksfälle der Armeen Macdonalds in Schlesien und Vandammes in Böhmen. Allein noch war die französische Armee, die in den festen Plätzen Torgau, Wittenberg und Magdeburg einen Stützpunkt hatte, die überlegene. Dänemark hatte ein Schutz- und Trutzbündnis abgeschlossen, und seine Truppen verstärkten die Garnison von Hamburg. Im Oktober verließ Napoleon Dresden, um nach Magdeburg zu gehen, um den Feind zu täuschen und bei Wittenberg wieder über die Elbe zurückzugehen und auf Berlin zu marschieren. Schon waren verschiedene französische Korps bei Wittenberg angelangt, die Brücken des Feindes bei Dessau zerstört, als vom König von Württemberg die Nachricht eintraf, dass der König von Bayern plötzlich anderer Meinung geworden war, und dass seine Armee mit der österreichischen zusammen an den Ufern des Inn lagere, dass diese 80 000 Mann unter dem Befehl des Generals von Wrede ständen und sich nach dem Rhein hin in Bewegung gesetzt hätten. Er, der König von Württemberg, wäre in Berücksichtigung der Stärke dieser Armee genötigt, sein Kontingent mit derselben zu vereinigen, man könne darauf gefasst sein, dass demnächst Mainz von 100 000 Mann zerniert sein werde.

Kaiser Napoleon war dadurch eine Änderung seines Planes aufgenötigt worden, der ursprünglich dahin ging, den Feind zwischen Elbe und Saale zu drängen und unter dem Schutze der Festungen Torgau, Wittenberg und Magdeburg und dem Hamburgs den Kriegsschauplatz zwischen Elbe und Oder zu verlegen, wo die Franzosen die Festungen Glogau,

Küstrin und Stettin in Besitz hatten, je nach Umständen die festen Plätze an der Weichsel, wie Danzig, Thorn rc, entsetzen konnten.

Man hatte erwartet, Bayern werde, ehe es umsattelte, noch vierzehn Tage hingehen lassen. Die feindlichen Armeen stießen am 13. Oktober bei Leipzig aufeinander. Die französische Armee siegte, die österreichische unterlag; einer ihrer Generäle, Graf Meerfeld, wurde gefangen. Am 18., trotz der Schlappe, welche am 16. der Herzog von Ragusa erlitten hatte, waren wiederum alle Vorteile aufseiten der französischen Waffen, als unerwartet die gesamte sächsische Armee mit 60 Geschützen einen der wichtigsten Punkte in unserer Stellung räumte und zum Feinde überging, indem sie ihre Kanonen gegen unsere Linien richtete. Dieser Verrat veranlasste den Sieg der Verbündeten. Der Kaiser eilte mit der Hälfte seiner Garden herbei, warf Sachsen und Österreicher aus ihren Stellungen. Der 18. endete damit, dass der Feind zurückging und sich hinter dem Schlachtfeld, welches er den Franzosen überließ, neu formierte. In der folgenden Nacht begann die französische Armee ihre Bewegungen, um sich hinter die Elster zu ziehen und in direkte Verbindung mit Erfurt, von wo sie große Munitionstransporte, deren sie bedurfte, erwartete, zu treten. Der Verrat anderer, dem Rheinbunde angehörender Truppen, das irrtümliche Sprengen der Leipziger Brücke, waren die Folge, dass die französische Armee, obwohl siegreich, doch so erhebliche Verluste erlitt, als ob sie geschlagen worden wäre. Sie ging bei Weißenfels über die Saalebrücke zurück, um den Erfurter Munitionstrain zu erwarten – da trafen beunruhigende Nachrichten über die österreichisch-bayerische Armee ein, die in Eilmärschen den Main bereits erreicht hatte. Man musste ihr entgegengehen. Am 30. Oktober stieß die französische Armee mit der vor Hanau, zur Verlegung des Weges nach Frankfurt aufmarschierten feindlichen Armee zusammen. Letztere wurde vollständig geschlagen, und von Hanau, welches Graf Bertrand besetzte, verjagt. Der General Wrede wurde in der Schlacht verwundet. Die französische Armee setzte ihre rückwärtige Bewegung hinter den Rhein hin fort; am 2. November überschritt sie den Strom. Es kam abermals zu Verhandlungen: Baron St. Aignan verfügte sich nach Frankfurt und hatte Unterredungen mit Metternich, Nesselrode und Aberdeen; er kehrte mit folgenden Friedensvorschlägen nach Paris zurück: Der Kaiser verzichtet auf das Protektorat über den Rheinbund, verzichtet auf Polen und die Gebiete an der Elbe, Frankreich bleibt im Übrigen, innerhalb der Rhein- und Alpengrenze, Holland mit einbegriffen, unverändert, wie es ist. In Bezug auf Italien soll über eine Grenze in Unterhandlung getreten werden, welche Frankreich von den Gebietsteilen Österreichs trennt. Der Kaiser nahm die Basis dieser Vorschläge an. Der Frankfurter Kongress aber war ebenso wenig ernst gemeint, wie der von Prag; man rechnete auf die Ablehnung Frankreichs. Man bedurfte ja eines neuen Vorwandes, um die öffentliche Meinung zu bearbeiten, denn in dem Augenblicke, da der Feind seine friedlichen Vorschläge machte, verletzten seine Heere die Neutralität der Schweiz und überschritten deren Grenzen. Endlich aber warfen die Alliierten die Maske von der Stirn. Châtillon-sur-Seine in Burgund wurde als Sitzungsort für den Kongress bestimmt. Die Schlachten von Champaubert, Montmiraie und Montereau führten zur Vernichtung der Heere Blüchers und Wittgensteins. In Châtillon wurde nicht verhandelt, wohl aber präsentierten die Alliierten ein Ultimatum, dessen Bedingungen folgende waren:

1. Ganz Italien, Belgien, Holland, die Rheingegend sollen von den Franzosen geräumt weiden. 2. Frankreich tritt in seine Umgrenzung von vor 1792 zurück. Dieses Ultimatum verwarf der Kaiser, erklärte sich aber bereit, Italien und Holland den Umständen zu opfern, lehnte es zugleich ab, die Alpen und die Rheingrenze aufzugeben, wollte auch von einer Räumung Belgiens, namentlich Antwerpens, nichts wissen.

Der Verrat in den Reihen der Franzosen führte trotz der Siege von Arcis-sur-Aube und St. Diziers den Triumph der Verbündeten herbei. Bis dahin hatten sie sich nie um interne Angelegenheiten Frankreichs gekümmert, wie man aus dem Ultimatum von Châtillon ersehen kann, welches von England, Österreich, Russland und Preußen unterzeichnet war. Mehrere heimgekehrte Emigranten aber, welche in den Reihen der österreichischen, russischen oder preußischen Heere gedient hatten, erinnerten sich beim Anblick ihrer früheren Waffengefährten auch ihrer alten Wünsche und Bestrebungen: Die einen schmückten sich mit der weißen Kokarde, die anderen mit dem Ludwigskreuz; die verbündeten Souveräne aber wollten von diesen Demonstrationen zunächst nichts wissen. Wellington in Bordeaux war es, der am lautesten diese Emigranten, obwohl er sie im Geheimen förderte, verleugnete, er wollte die Zeichen des Hauses Bourbon nicht sehen. Es ist in keiner der bisherigen politischen Besprechungen, vom Kongress zu Kalisch bis zu dem von Châtillon, die Rede von den Bourbonen.

Aus den Kapiteln VII, VIII und IX ist zu ersehen, dass die Bourbonen bei ihrer Rückkehr eine fünfte Dynastie hätten begründen müssen, aber die dritte nicht fortsetzen konnten, die Umstände wurden dadurch unnötig verwickelt.

Das X. Kapitel endlich schließt ab mit einem in wenigen Strichen gezeichneten Bilde der Hunderttage; es fehlt der Darstellung nicht an leidenschaftlicher Färbung, und doch ist sie knapp und wahr. Ich habe aus Gründen, welche ich für mich behalte, diese schönen Kapitel hier fortgelassen. Sie werden einst als ein wichtiges historisches Dokument gelten.

Mittwoch, 11. September. Die französischen Feldzeichen und ihre Verteidiger.

Der Kaiser, der schon seit längerer Zeit leidend ist, erzählte mir heute von der vielen Mühe, die er bei Beginn des Konsulates auf die Beseitigung der in allen Zweigen der Verwaltung auftretenden Missbräuche hatte verwenden müssen. Auch in der Armee habe es viel zu erneuern und zu verbessern gegeben, namentlich auch bei den Offizieren, von denen einige untauglich für ihre Posten gewesen wären. Ich erlaubte mir darauf, dem Kaiser folgenden kleinen Vorfall zu erzählen. Es war einer der unsrigen – d. h. also ein unzufriedener Emigrant – in einem der kleinen zwischen Versailles und Paris verkehrenden Wagen mit einem Sergeanten der Garde zusammengekommen. Dieser klagte, dass jetzt alles anders würde: Einer, der avancieren wolle, müsse fortan lesen und schreiben können. Der Kaiser fiel mir schnell ins Wort und bemerkte:

„Was hätte wohl jener Sergeant gesagt, als ich die unseren Adlern zum Schutz gestellten Posten schuf; er hätte sich wohl mit meinen Neuerungen ausgesöhnt. Es waren zwei Unteroffiziere bei jedem Regiment neben den Fahnenträger gestellt. Um zu vermeiden, dass sie in der Hitze des Handgemenges die Sicherung der Fahne aus den Augen verlieren möchten, hatten sie weder Säbel noch Degen, dafür aber führten sie mehrere Pistolen bei sich, um den Feind niederzuschießen, der etwa nach dem Heiligtum die Hand ausstrecken möchte. Um diesen Posten zu erlangen, war es nötig, dass der Betreffende weder lesen noch schreiben konnte; dies geschah deshalb, weil der Soldat, der lesen und schreiben kann und einigen Unterricht genossen hat, stets avanciert, wer diese Fertigkeiten nicht besitzt, kann nur durch heldenmütige Taten vorwärtskommen."

Der Kaiser kam dann auf seine Beziehungen zu den Soldaten zu sprechen und erwähnte, dass er oft von ihnen geduzt worden wäre. Der Soldat habe in ihm seinen Beschützer, seinen Rächer gesehen.

Sonnabend, 14. September. Rückkehr von der Insel Elba.

Ich möchte hier alles zusammenstellen, was ich aus vereinzelten Mitteilungen des Kaisers über seinen Aufenthalt auf Elba und seine Rückkehr hörte.

Napoleon erfuhr auf Elba, wo er sich aufgrund abgeschlossener Verträge befand, dass auf dem Wiener Kongress die Rede davon gewesen war, ihn von Europa in einen anderen Weltteil zu deportieren. Außerdem waren in Bezug auf ihn die Stipulationen von Fontainebleau nicht innegehalten worden. Die Zeitungen berichteten über die Meinung in Frankreich: Der Entschluss des Kaisers reift, er hält ihn jedoch geheim bis zum letzten Augenblick; dass der General Drouot acht Tage vor der Abreise von derselben gewusst und einer Dame Mitteilung gemacht habe, ist eine unhaltbare Anekdote. Erst als die Soldaten an Bord waren und in See stachen, tauchten Vermutungen auf: Diese 1 000 bis 1 200 Mann sollten von einem Reich von 30 Millionen Bewohnern wieder Besitz ergreifen!

Auf dem Schiffe, auf welchem Napoleon selbst sich befand, waren 500 bis 600 Mann. Man begegnete einer französischen Kriegsbrigg, welche angesprochen wurde. Der Kapitän des Schiffes, auf welchem Napoleon war, gab den Rat, die Brigg wegzunehmen; der Kaiser lehnte ab: wozu seine Lage noch verwickelter machen? Was hätte der Erfolg eingetragen? Welchen Schaden hätte der Misserfolg für ihn gehabt?

Als man landete, wurden etwa 20 Mann, die nach Antibes geschickt waren, um die Garnison zum Übertritt aufzufordern, gefangen genommen; das war jedoch kein Hindernis.

Im Golf von Juan, einige Stunden vor Einbruch der Nacht, landete die Expedition und bezog ein Bivouac. Dem Kaiser wurde ein Reitknecht zugeführt, der, ursprünglich dem Hofstaat der Kaiserin Josephine angehörend, jetzt beim Prinzen von Monaco in Dienst stand. Der Mann kam von Paris und berichtete, überall werde man Freude haben, den Kaiser wiederzusehen, von Paris bis Avignon habe er von nichts weiter gehört als dem Bedauern, welches man empfinde, dass man den Kaiser verloren hätte. Er sagte, wenn der Kaiser einmal über die Provence hinaus wäre, so würde er auf seinem Wege die ganze Bevölkerung bereitfinden, sich ihm anzuschließen. Das war genau so, wie der Kaiser voraussetzte.

Als gegen 1 oder 2 Uhr der Mond aufging, wurde das Bivouac aufgehoben und man marschierte auf Grasse; dort glaubte man auf eine Straße zu gelangen, deren Bau Napoleon vor Jahren angeordnet hatte, sie war jedoch nicht vorhanden. Man musste sich entschließen, sich durch schwierige Defileen zu drängen, die noch voller Schnee lagen, weshalb Napoleon seine Epiquage und 2 Kanonen in Grasse unter dem Schutz der Stadtbehörde zurücklassen musste. Diese Behörde war zwar eine durchaus royalistisch gesonnene, hatte aber beim Erscheinen des Kaisers sofort den Mantel gedreht. Hinter Grasse wurde, um zu frühstücken, haltgemacht. Bald stand die ganze Bevölkerung um das Lager herum, und Napoleon mischte sich unter dieselbe mit den nämlichen Fragen und Bemerkungen, die ihm eigen waren, wenn in den Tuilerien Cercle abgehalten wurde. Hier beschwerte sich einer darüber, dass er seine Pension noch nicht erhalten habe, ein anderer bat, man möchte doch die seinige etwas erhöhen; der eine hatte sein Ehrenlegionskreuz verloren, der andere klagte über schlechtes Avancement. Eine Unmenge von in aller Eile abgefassten Petitionen wurde dem Kaiser überreicht, als ob er, von Paris kommend, eine Tournee durch die Departements mache.

Einige treue Anhänger flüsterten ihm ins Ohr, dass die städtischen Behörden seine versteckten Gegner wären, aber dass „die kleinen Leute" durch die Bank ihm zugetan wären und nur warteten, bis er weiter gezogen wäre, um mit jenen abzurechnen.

„Tut das nicht", ermahnte sie der Kaiser, „lasst ihnen die Qual, die Zeugen unserer Triumphe zu werden, dann trifft uns kein Vorwurf. Seid ruhig! Benehmt Euch klug!"

Nun ging es mit der Schnelligkeit des Blitzes vorwärts. „Der Sieg", sagte der Kaiser, „lag in der Geschwindigkeit, mit der ich vorwärtskam. Als ich in Grenoble war, war auch Frankreich mein! Bis dorthin waren es 100 Meilen; ich und meine alten Grognards[9] legten sie in fünf Tagen zurück, dabei waren die Wege schrecklich, das Wetter abscheulich ... Ich war in Paris! Der Herr Graf von Artois, telegrafisch benachrichtigt, hatte kurz vor meinem Eintreffen den Tuilerien den Rücken gedreht."

Er sei, so erzählt er, mit einem Beritt Gendarmen für seine persönliche Sicherheit ausgekommen – es wäre alles genau so eingetroffen, wie er es sich vorher gedacht habe: „Der Sieg eilte vorwärts im Sturmschritt: Von Turm zu Turm flog der Adler, bis er auf den Türmen von Notre Dame saß."[10]

---

[9] Bezeichnung für seine Garden.
[10] Anmerkung des Herausgebers: Hier die Taten jenes staunenswerten Ereignisses, von dem kein Beispiel in der Geschichte vorliegt, jenes Adlerfluges, dessen Rauschen wir noch in der Luft zu vernehmen meinen:
1. März Landung im Golf von Juan (Cannes).
2.   „   Einzug in Grasse.

„Ich kann jedoch", fügte er hinzu, „nicht leugnen, dass mich zuweilen eine fieberhafte Unruhe überfiel."

Je weiter der Kaiser auf seinem Wege nach Paris vorwärtskam, desto lauter jubelten ihm die Bewohner der Ortschaften entgegen, Soldaten bekam er zunächst nicht zu sehen, man hatte sie sorgfältig vom Wege entfernt, welchen er einschlug. Erst zwischen Mure und Vizille, fünf oder sechs Meilen von Grenoble, fünf Tage nach der Landung, stieß man auf ein geschlossenes Bataillon; der dasselbe kommandierende Offizier wies jedes Parlamentieren von der Hand. Ohne Zaudern ging der Kaiser ganz allein vor, hinter ihm in einiger Entfernung folgten etwa 100 seiner Garden, die Gewehre mit dem Kolben nach oben. Beim Anblick Napoleons, der im historischen grauen Rock, den kleinen Hut auf dem Kopf, so ruhig vor sie hintrat, verharrten einen Moment die Soldaten in starrem Erstaunen. Der Kaiser trat an einen Veteranen, der, den Arm mit Chevrons bedeckt, gerade vor ihm in Reih und Glied stand, fasste ihn am Schnurrbart und frug ihn, ob er das Herz habe, seinen Kaiser totzuschießen. Der Alte, dem die Augen feucht wurden, stieß den Ladestock in die Flinte, um zu zeigen, dass er sie nicht geladen hatte und sagte:

„Überzeuge Dich, dass ich Dir keinen Schaden tun konnte! Die andern machten es ebenso wie ich!"

Nun brachen die schallenden Rufe „es lebe der Kaiser" von den Lippen aller.

Napoleon kommandierte selber die Evolutionen, und, verstärkt durch dieses Bataillon, zog die noch kleine Schar des Eroberers weiter. Kurz vor Grenoble kam ihm der Oberst und Regimentskommandeur Labédoyère entgegen, um sich und sein Regiment dem Kaiser zur Verfügung

---

3.   „   Nachtquartier in Barême.
4.   „   Zu Mittag in Digne, zur Nacht in Maligeon.
5.   „   Nachtruhe in Gap.
6.   „   Nachtruhe in Corps. Jenseits des Ortes die Ansprache Napoleons an das 5. Regiment; bald darauf tritt Oberst Labédoyère mit dem 7. Regiment zu ihm über.
7.   „   In Grenoble: kurzer Aufenthalt.
9.   „   Nachtruhe in Bourgoin.
10.   „   In Lyon; drei Tage Aufenthalt.
13.   „   Nachtruhe in Mâcon: Neys berühmte Proklamation.
14.   „   Nachtruhe in Châlons.
15.   „   Nachtruhe in Autun.
16.   „   Nachtruhe in Avalon.
17. März Kurzer Aufenthalt in Auxerres; Übertritt Neys, des „Brave des Braves", Fürsten von der Moskwa.
20.   „   Ankunft in Fontainebleau um 4 Uhr morgens, um 9 Uhr in den Tuilerien.

zu stellen: „Damit", sagte der Kaiser, „hatte ich so gut wie gewonnenes Spiel."

Die Bauern der Dauphiné, die längs der Wege in dichter Masse standen, waren ganz außer sich von Enthusiasmus und Freude; strauchelte hier und da ein Bataillon, so wurde es bald hingerissen von dem brausenden Meer der Stimmen ringsum, dem schallenden: „Vive l´Empereur."

An einer Stelle kam es zu einem wahrhaft rührenden Auftritt, es war in einem kleinen engen Tal, die Bürgermeister, Geistlichen und Honoratioren der umliegenden Ortschaften standen da den Weg versperrend, als plötzlich ein Grenadier der Kaisergarde, der seit der Ausschiffung verschwunden war, herbeigestürzt kam und sich vor dem Kaiser auf die Knie warf, neben ihm stand ein etwa neunzigjähriger Greis, den er herbeigeschleppt hatte, um ihm den Kaiser – seinen Kaiser – zu zeigen. Der Kaiser hat später Befehl gegeben, die Szene bildlich darzustellen.

In der Nacht gelangte Napoleon vor die Mauern Grenobles, man hatte keine Zeit gehabt, die Brücken zu zerstören oder in Bezug auf den Widerstand der Garnison Vorkehrungen zu treffen. Die Tore der Stadt aber waren geschlossen, und der Stadtkommandant, ein Oberst, weigerte sich, dieselben zu öffnen.

„Was diese alles über den Haufen werfende Bewegung besonders charakterisiert", bemerkte der Kaiser, „ist der Umstand, dass es den Soldaten an einer gewissen Disziplin, einem gewissen Gehorsam ihren Offizieren gegenüber durchaus nicht fehlte, allein sie beobachteten dabei eine solche Trägheit, dass man hätte glauben können, diese wäre ein ihnen zustehendes Recht."

Das erste Bataillon machte alle Bewegungen, die kommandiert wurden, allein vom Laden der Gewehre nahm es Abstand – schießen wollte es nicht.

Die ganze Garnison von Grenoble erschien auf den Wällen und schrie „es lebe der Kaiser." Die Soldaten draußen schüttelten sich mit den Soldaten drinnen durch die Torgitter die Hände. Die Tore aber wurden nicht geöffnet: So war es von den Vorgesetzten befohlen worden. Es blieb dem Kaiser nichts übrig, als die Tore einschlagen zu lassen: Dies geschah denn auch, obwohl zehn Geschütze von den Wällen herab ein Wort mitzureden drohten. Um die Seltsamkeit der Umstände noch zu steigern, erklärten die Offiziere des ersten Bataillons, welche der Kaiser frug, ob er auf sie zählen könne: Ja, ihre Soldaten hätten sie im Stich gelassen, und sie würden ihre Soldaten nicht verlassen.

Es gab wohl keine Schlacht im Leben des Kaisers, in welcher ihn mehr Gefahren bedroht hätten, als bei seinem Erscheinen vor Grenoble. Die Soldaten stürzten sich auf ihn unter allen Anzeichen der Aufregung und Wut, man hätte glauben können, sie wollten ihn in Stücke reißen; es waren nur Ausbrüche ihrer Zuneigung, ihrer Freude, den Kaiser wiederzusehen. Man zog ihn vom Pferde; kaum hatte er sich im Wirtshause, in welches man ihn geschafft hatte, ein wenig erholt, als ein verstärkter Tumult von der Straße her vernehmbar wird. Die Einwohner schleppen die Flügel der Stadttore, da man dem Kaiser die Schlüssel derselben verweigert hatte, herbei.

„In Grenoble", sagte der Kaiser „schwoll ich zu einer Macht auf. Ich hätte von dort aus, wäre es notwendig gewesen, den Krieg beginnen können."

Der Kaiser bereute in Grenoble, dass er seine Proklamation auf Elba nicht hatte drucken lassen; er hätte ja befürchten müssen, dadurch seine Geheimnisse zu verraten. Er hatte die Proklamation erst an Bord des Schiffes diktiert, und wer nur irgend schreiben konnte, war beim Abschreiben verwendet worden, ja unterwegs noch wurden so viele wie irgend möglich angefertigt, denn die Nachfrage war groß, obwohl die Schrift oft recht unleserlich geschrieben war.

Die Bevölkerung hatte in den letzten zwanzig Jahren doch an Aufklärung gewonnen, und so sehr sie sich freute, den Kaiser wiederzusehen, so sehr war sie im Unklaren über seine eigentlichen Absichten, welche sie gern seinen Proklamationen entnommen hätte; besonders erfreut aber war sie, denselben entnehmen zu können, dass er keine fremden Truppen bei sich hatte – hieß es doch, er habe Neapolitaner, Österreicher, sogar Türken um sich!

Während des drei- oder viertägigen Aufenthaltes in Lyon standen vor seinem Hotel den ganzen Tag über an 20 000 Menschen, deren Zurufe kein Ende nahmen. Napoleon war der Souverän, der kurze Zeit abwesend gewesen war, begrüßt von der altgewohnten Loyalität seiner Untertanen. Sogar die berittenen Nationalgarden von Lyon, bis daher seine erbitterten Feinde, ersuchten um die Vergünstigung, dem Kaiser als Leibwache dienen zu dürfen. Ihnen aber bemerkte Napoleon:

„Meine Herren! Ich danke Ihnen für Ihr Anerbieten. Ihr Verhalten dem Grafen Artois gegenüber belehrte mich über das, was Sie tun würden, wenn mich das Glück verlässt; ich will Sie nicht einer abermaligen Prüfung aussetzen."

Der Graf Artois hatte unter all diesen, den besten Familien angehörigen Herren, wie verlautete, nur einen einzigen gefunden, der sich bereit erklärte, ihm nach Paris zu folgen. Diesem Einzigen, der treu befunden war, ließ der Kaiser später das Kreuz der Ehrenlegion überreichen.

Von Lyon gingen bereits Regierungsakte des wiederhergestellten Kaiserreiches aus; nicht das Geringste merkte man von der gewaltigen Krise, in der man sich noch befand; mit der größten Ruhe, der größten Sicherheit trat der Kaiser in der Öffentlichkeit auf. Sowie er Lyon wieder verlassen hatte, ließ er an Ney schreiben, derselbe stand mit seiner Armee bei Lons-le-Saunier: Er möchte sich mit seinen Truppen in Marsch setzen und zu ihm stoßen. Ney, inmitten der allgemeinen um ihn her herrschenden Verwirrung und Ratlosigkeit, von seinen Soldaten im Stich gelassen, unter dem Eindruck der Proklamationen Napoleons und der an ihn gerichteten Adressen der Dauphiné, unterrichtet vom Übertritt der Lyoner Garnison – Ney, der Sohn der Revolution, gab sich dem rauschenden Strome hin und erließ seinen berühmt gewordenen Tagesbefehl. Lebhaft erinnert an die Ereignisse von Fontainebleau, schrieb er an den Kaiser, dass alles, was er soeben getan, im Interesse des Vaterlandes geschehen wäre, und im Gefühl, das Vertrauen des Kaisers eingebüßt zu haben, stehe er im Begriff sich ins Privatleben zurückzuziehen. Der Kaiser ließ ihm sagen, er möchte nur zu ihm kommen, er werde ihn empfangen, wie am Tage nach der Schlacht an der Moskwa. Bei seinem Wiedersehen mit dem Kaiser blieb Ney dabei, er müsse das Vertrauen seines kaiserlichen Herrn verscherzt haben und bat als einfacher Grenadier in Reih und Glied stehen zu dürfen.

„Es ist unzweifelhaft", bemerkte der Kaiser, „dass Ney sich schlecht gegen mich benommen hatte. Aber es war mir unmöglich, seiner Heldentaten, seines heroischen Verhaltens in unsern Kämpfen zu vergessen – ich fiel ihm um den Hals, nannte ihn „Le Brave des Braves", und alles war vergessen."

Die weiteren Bewegungen auf Paris erfolgten wie per Post. Nirgends Widerstand, nirgends ein Kampf! Überall beim Anblick des Kaisers ein allgemeiner Kulissenwechsel. In Paris zog der Kaiser mit den nämlichen Truppen als Avantgarde ein, die am Morgen ausgerückt waren, um gegen ihn zu kämpfen. Ein bei Montereau aufgestelltes Regiment wandte sich beim Herannahen der Kaiserlichen plötzlich gegen Melun und griff die dort stehenden Gardes-du-corps an – dies Ereignis, sagt man, habe die königliche Familie zu sofortiger Flucht aus Paris veranlasst. Der Kaiser sagte, er hätte können, wenn er gewollt hätte, zwei Millionen Bauern mit sich nach Paris nehmen. Es habe – dies hat er uns oft wiederholt – Gegner für ihn eigentlich nur in den Bearbeitern der öffentlichen Meinung gegeben.

Am Tage nach Ankunft des Kaisers in den Tuilerien sagte ihm jemand, dass sein diesmaliger Erfolg alle bisherigen weit hinter sich lasse; der Kaiser erwiderte ihm: Er habe diesmal das, was eintreffen würde, genau vorausgesehen, das wäre sein einziges Verdienst: Er habe im Herzen des Volkes gelesen. „Mit Ausnahme von Labédoyère, welcher sich mir mit voller Begeisterung anschloss und einem andern, der mir unaufgefordert sehr große Dienste erwies", sagte er, „waren beinahe alle Generäle auf meinem Wege entweder unsicher oder übelwollend; sie folgten lediglich dem Drängen ihrer Truppen."

„Heute weiß ja alle Welt", fügt er hinzu, „dass Ney, als er Paris verließ, ganz der Sache des Königs angehörte; ich rechnete nicht im geringsten auf Massena und ließ denselben links liegen; später fragte ich ihn, was er wohl getan hätte, wenn ich mich nicht so geschwind aus der Provence entfernt hätte; er meinte, es wäre ihm peinlich die richtige Antwort zu geben, jedenfalls wäre es für mich das Beste gewesen, das zu tun, was ich tat; Saint Cyr war in persönliche Gefahr geraten, als er seine Soldaten bei den Fahnen halten wollte; Soult sagte mir, der König habe ihm wirkliche Zuneigung eingeflößt, und er fühle sich wohl unter Ludwigs Szepter; MacDonald kam gar nicht zum Vorschein, der Herzog von Belluno folgte dem König nach Gent. Wenn die Bourbonen glaubten, sich beschweren zu müssen über die Desertionen der Soldaten, den Abfall des Volkes, so können sie diesen Vorwurf den Führern gegenüber unmöglich aufrechterhalten; diese, Zöglinge der Revolution, haben sich nach Verlauf von 25 Jahren als Kinder in Bezug auf die Politik entpuppt."

Napoleon aber blieb seinem großen Grundsatz treu, nur auf die Massen und durch die Massen zu wirken. Nach seiner Landung ist er mehrfach aufgefordert worden, er möchte versuchen, mit einem der Heerführer in Unterhandlung zu treten, allein er hatte stets nur die eine, die schöne Antwort: „Wenn ich in den Herzen der Masse einen Platz behielt, so sollen die Führer mich wenig kümmern, und hätte ich nur diese, was sollten sie mir wohl gegen den Strom der Masse nützen?"

Am Morgen seines Einzuges in Paris nach der Rückkehr von Elba verlassen gleichzeitig 150 auf Halbsold gesetzte Offiziere Saint Denis mit vier Geschützen, welche sie selbst ziehen. Auf ihrem Wege begegnen ihnen einige Generäle, welche sich an ihre Spitze setzen, und so gelangen sie bis zu den Tuilerien; dorthin berufen sie die oberen Verwaltungsbeamten, welche mit ihnen dahin übereinstimmen, die Angelegenheit des Kaisers zu vertreten. So stand an jenem Tage Paris unter der Obhut von Männern, die sich im Drange der Umstände zueinander gesellt hatten und ganz von der allgemeinen Begeisterung getragen waren. Es hatte keiner von den früheren Ministern Napoleons irgendeinen Wink, eine Aufforderung erhalten, keiner wagte es, einen Befehl zu unterzeichnen oder irgendeine Verantwortung auf sich zu nehmen. Keine Zeitung wäre am andern Morgen erschienen, hätten nicht Privatleute auf ihre freie Entschließung hin die Spalten mit dem angefüllt, was sie sahen, was sie empfanden. Lavalette, von demselben Empfinden beseelt, setzte sich in Besitz der Post. Paris musste sich an dem Tage ohne Polizei behelfen – niemals ging es ruhiger und ordentlicher her.

Gegen 9 Uhr abends traf der Kaiser in den Tuilerien ein mit etwa 100 Reitern, als kehre er eben von einem seiner andern Palais zurück; die Treppe hinauf trug ihn eine begeisterte Menge. In seinem gewohnten Gemache war das Diner serviert. Er hatte sich eben zu Tische gesetzt, als aus Vincennes der Offizier eintraf, welcher am Morgen dorthin geschickt war, um die Übergabe des Schlosses zu fordern; er überbrachte die Kapitulation, der Kommandant hatte als einzige Bedingung verlangt: dass man ihm einen Pass ausstelle.

Ein sonderbarer Umstand ist es, dass am Morgen, als die Tuilerien besetzt wurden und eine Trikolore herbeigeschafft werden sollte, eine ganz neue im Pavillon Marsan aufgefunden wurde. Die Fahne, die sogleich gehisst wurde, war größer als die sonst übliche – man hat nie erfahren können, wie und woher die Fahne dort hinkam. -

Einige Tage nach unserem Einzug in Longwood war in einem Kreise von Offizieren, welche einen Besuch abstatteten, die Rede von der Rückkehr von Elba, und einer der Herren bemerkte, dieses erstaunliche Ereignis habe recht deutlich den Kontrast gezeigt zwischen dem Schwächlichen und dem Hocherhabenen: die Bourbonen eine Monarchie räumend, vor einem einzigen Menschen Reißaus nehmend, der die hochherzige Kühnheit hatte, für sich ganz allein die Eroberung eines Kaiserreiches zu unternehmen.

„Mein Herr", rief der Kaiser, „Sie sind im Irrtum. Sie haben das Wesen der Vorgänge nicht richtig erfasst. Den Bourbonen hat es nicht an Mut gefehlt, sie haben alles getan, was sie überhaupt tun konnten. Der Herr Graf Artois hat sich in höchster Eile nach Lyon aufgemacht, die Frau Herzogin von Angoulême hat sich in Bordeaux als Amazone gezeigt, der Herr Herzog von Angoulême ist soweit vormarschiert, als er nur konnte; wenn sie trotzdem nichts erreicht haben, so ist das weniger ihre Schuld als die der Umstände, sie für ihre Person konnten mehr nicht tun. Eine Epidemie hatte die Welt befallen."

Dienstag, 17. September. Die Israeliten in Ägypten.

Es war heut wieder einmal von Ägypten die Rede, besonders vom alten Ägypten und seiner Geschichte. Es wurde die Frage aufgeworfen, welches wohl die ursprüngliche Bevölkerung gewesen sei und wo die Israeliten hergekommen wären; in der kurzen Zeit, in welcher diese nach der Bibel in der Gefangenschaft der Bewohner gewesen wären, könnten sie unmöglich zu einem so zahlreichen Volke herangewachsen sein, wie es im Exodus auftritt. Ich hatte die Ehre, vom Kaiser mit Recherchen über diesen Punkt beauftragt zu sein und übergab ihm später folgenden Kalkül:

Die Israeliten waren 200 Jahre in Ägypten, man kann für diese Zeit etwa zehn Generationen annehmen. Man verheiratete sich jung, die Ehen waren mit Kindern außerordentlich gesegnet. Ich nehme an, dass die Kinder Jakobs, die zwölf Führer der Stämme, alle verheiratet waren; ich nehme für einen Augenblick an, jeder hätte eine gleiche Anzahl von Kindern, etwa sechs Paare, gehabt und so fort. Es hätte also die zehnte Generation aus 2 Milliarden, 480 Millionen, 64 Tausend 704 Individuen bestanden. Die Generation aber, welche der zehnten voranging, lebte zu gleicher Zeit – welche ungeheure Ziffer ergibt sich da. Man kann also die Kinderzahl kühn verringern, auf Kosten von Epidemien und Unfällen soviel Prozente wie möglich setzen, es wird sich keine Berechnung aufstellen lassen, welche die des Moses Lügen strafte.

Dienstag, 24. September. Holland und der König Louis. – Schöner Brief des Kaisers.

„Louis", sagte der Kaiser, „hat Geist und ist kein Bösewicht, mit diesen Eigenschaften aber kann jemand große Torheiten begehen und großes Unheil anstiften. Louis hat einen natürlichen Hang für das Verquere, Bizarre, derselbe ist noch besonders genährt worden durch die Lektüre der Schriften Rousseaus. Louis war viel daran gelegen, für einen gefühlvollen, wohlwollenden Menschen zu gelten, dabei war er doch zu hochfliegenden Anschauungen unfähig, nur Naheliegendes fand Beachtung. Louis war ein sehr mittelmäßiger König. Sowie er seinen Fuß auf holländischen Grund und Boden gesetzt hatte, wollte er weiter nichts mehr sein, als ein guter Holländer; und so schloss er sich der englischen Partei an, begünstigte den Schmuggel und trat überhaupt in Beziehung zu unseren Feinden. Ich musste ihn von vornherein überwachen lassen, ja ihm drohend begegnen; er versteckte infolgedessen seinen Mangel an Charakter hinter einem maßlosen Eigensinn; er hielt verdrießliche Auftritte für ruhmreich, ließ den Thron im Stich, deklamierte gegen mich, gegen meinen unersättlichen Ehrgeiz, meine unerträgliche Tyrannei und was dergleichen Dinge mehr sind. Was blieb mir zu tun übrig? Sollte ich Holland unsern Feinden zur Verfügung stellen? Sollte ich einen neuen König ernennen? Durfte ich von einem zweiten mehr erwarten als von dem ersten? Alle, die ich auf Throne setzte, machten es ja ungefähr ebenso. So schritt ich zur Einverleibung Hollands – daraus aber erwuchs mir ein großer Nachteil; ich hatte ganz Europa gegen mich, und darin liegt zum Teil die Ursache meiner Unglücksfälle.

Louis suchte etwas darin, seinem Bruder Lucian nachzuahmen. Lucian hatte sich ja ähnlich benommen, und wenn er später Reue empfand und mir edelmütig zur Seite trat, so machte das seinem Charakter alle Ehre, konnte aber Geschehenes nicht wieder gut machen.

Bei meiner Rückkehr von Elba schrieb Louis mir einen langen Brief aus Rom, in welchem er nichts als Bedingungen stellte, unter welchen er geneigt wäre, zu mir zurückzukehren. Ich antwortete ihm, ich wäre durchaus nicht in der Lage, Verträge mit ihm abzuschließen, wenn er zu mir zurückkehre – er wäre ja mein Bruder – so wollte ich ihn freundlich empfangen.

Es ist kaum glaublich, dass unter den Bedingungen, welche er stellte, die war, dass ihm die Scheidung von Hortense zugestanden würde. Ich behandelte seinen Unterhändler sehr schlecht, weil er es gewagt hatte, sich einem so absurden Auftrage zu unterziehen, weil die Statuten unserer Familie ausdrücklich derartiges verböten; weil sich Politik, Moral, öffentliche Meinung einem solchen Schritte widersetzten. Man kann ja vielleicht in dem beklagenswerten Gesundheitszustande, in welchem sich Louis befand, eine Entschuldigung finden. Er war noch jung, als er erkrankte, beinah hätte ihn die Krankheit hinweggerafft, er war seitdem schwer leidend und an einer Seite beinah gelähmt.

„Es ist leider wahr" – fügte der Kaiser nachdenklich hinzu – „dass ich von den Gliedern meiner Familie nur wenig unterstützt wurde, ja dass sie mir und dem, was ich wollte, großen Schaden zugefügt haben. Oft hat man die Stärke meines Charakters gerühmt, ich war den meinigen gegenüber stets ein Weichling und Schwächling. Sie wussten wohl, dass, wenn der erste Sturm vorüber war, ihre Beharrlichkeit und zähe Sündhaftigkeit mich überwinden mussten; sie haben schließlich aus mir, der ich des Haders müde war, gemacht, was sie wollten. Nach dieser Richtung hin bin ich mir schwerer Fehler bewusst; hätten sie mir treu zur Seite gestanden, wir hätten vor uns her alles niedergeworfen, wir hätten die Oberfläche der Welt verändert, ein neues Staatensystem in Europa eingeführt; man hätte uns gepriesen und gesegnet! Mir ist es nicht so ergangen, wie Dschingis Khan mit seinen vier Söhnen, die sich gegenseitig überboten, dem Vater treu zu dienen. Ich, so wie ich einen König ernannt hatte, fand in demselben sogleich einen Herrscher „von Gottes Gnaden" – er war für mich kein Unterfeldherr mehr, auf den ich zählen konnte, er war ein Feind mehr, mit dem ich mich abzugeben hatte. Diese von mir geschaffenen Könige waren nicht bemüht, mich zu unterstützen, sie trachteten vielmehr dahin, sich unabhängig zu machen. Sie hatten durch die Bank die Manie, angebetet und mir vorgezogen zu werden. Ich genierte sie, ich erschien ihnen gefährlich. Arme, verblendete Menschen! Als ich unterlag, konnten sie sich überzeugen, dass sie nicht einmal die Ehre genossen, vom Feinde ihre Beseitigung gefordert oder erwähnt zu sehen. Und heute noch, wenn sie in ihrer Person geniert werden, wenn man sie quält, so tritt bei den Siegern nur das Bedürfnis auf, die Macht zur Geltung zu bringen und Rache zu üben. Wenn die meinigen eine öffentliche Teilnahme erwecken, so geschieht es nur, wenn sie zu mir halten, und wenn sie die gemeinsame Sache vertreten. Keiner von ihnen – darüber möge man außer Sorge sein – wäre imstande, irgendeine politische Bewegung hervorzurufen. Ihren Sturz haben sie – trotzdem es Philosophen unter ihnen gibt – schmerzlich empfunden. Sie haben sich alle unter meinem Schutz den Freuden ihres Königtums hingegeben: Ich allein hatte die Last. Ich habe die ganze Zeit her die Welt auf meinen Schultern getragen, und das lässt sich ohne vorübergehende Ermattung der Kräfte nicht tun.

Man wird mich vielleicht fragen, weshalb ich mich darauf gesteift hätte, Königreiche zu schaffen. Die Sitten, die Lage Europas forderten es so. Jede neue Annektierung an Frankreich hätte Europa in Bestürzung versetzt. Lautes Wehgeschrei hätte sich erhoben, der Friede wäre in eine immer weitere Ferne gerückt.

Aber, so wird man ausrufen, welche Eitelkeit, jedes Glied der Familie auf einen Thron zu setzen! Warum sind nicht lieber einfache, aber geeignetere Privatpersonen benutzt? Darauf muss ich erwidern, dass es sich um erbliche Throne und nicht um einfache Präfekturen handelte. Fähigkeiten rc. sind heutzutage etwas so häufiges, dass man sich wohl hüten sollte, die Gedanken an einen Wettbewerb wachzurufen. Bei der allgemeinen Aufregung der Geister, bei unsern heutigen Sitten musste man vor allem an ein Fortbestehen, an eine erbliche Zentralisation denken – was wären andernfalls für Verwicklungen, für Kampfe entstanden! Ich fühlte meine Isolierung. Welche natürlichere Stütze gab es für mich, als meine Angehörigen? Hätte ich bei Fremden Besseres suchen dürfen? Haben die meinigen die Torheit begangen, sich von heiligen Banden loszusagen, so trat die Stimmung der Völker, erhaben über ihre Verblendung, ins Mittel und schien eine Erfüllung meiner Bestrebungen zu sichern; sie aber glaubten sich bei ihnen mehr en famille als bei mir.

Alle meine Gedanken und Anordnungen, weit entfernt von Launen und Eitelkeit, hatten die friedliche Entwicklung der Menschenrasse im Auge, die Möglichkeit, die allgemeine Lage der Menschheit zu verbessern. Wenn bei den in bester Absicht getroffenen Anordnungen doch nur Dinge geschaffen sind, die keinen dauernden Wert haben, so gedenke man doch jener unumstößlichen Wahrheit: Es ist überaus schwierig zu herrschen, wenn man dabei gewissenhaft zu Werke gehen will!" -

Im Anschluss an das oben Gesagte möchte ich einen mir zur Verfügung gestellten Brief Napoleons an seinen Bruder nach Holland hierher setzen, da er die oben mitgeteilten Worte des Kaisers ergänzt:

Schloss Marach, am 3. April 1808 ... Der Gebrauch, welchen Sie, mein Herr Bruder, von Ihrem Begnadigungsrecht machen, kann nur von schlechtester Wirkung sein. Das Begnadigungsrecht ist eines der erhabensten, der vornehmsten Vorrechte der Souveränität. Um es nicht in Misskredit zu bringen, darf es nur in den Fällen ausgeübt werden, in denen die königliche Milde nicht den Spruch der Gerechtigkeit öffentlicher Geringschätzung preisgibt, nur dann, wenn die königliche Milde den Eindruck der edelsten Gesinnung hinterlässt! Es handelt sich hier um eine Zusammenrottung von Banditen, welche des Schmuggels wegen die Zollwächter angreifen und massakrieren. Dieses Gesindel ist zum Tode verurteilt; Euer Majestät lassen ihm Gnade zu Teil werden! Eure Majestät gewähren Räubern, Wegelagerern, Subjekten die königliche Verzeihung, denen die Gesellschaft keinerlei Mitleid gewährt. Wären diese Kerle als Schmuggler ergriffen worden, hätten sie in ihrer Selbstverteidigung die Beamten getötet, ja dann hätten Ew. Majestät allenfalls die Lage ihrer Familien rc. in Betracht ziehen, Ihrer Regierung den Stempel der Väterlichkeit aufdrücken können, indem Sie die Strenge des Gesetzes durch eine Umwandlung der Strafe gemildert hätten. Bei Verurteilungen wegen Übertretung fiskalischer Gesetze, noch mehr bei solchen, welche politischer Vergehen wegen, eintreten, ist die königliche Milde am Platze. In solchen Sachen ist es Prinzip, dass, wenn der Souverän angegriffen ist, in der Verzeihung die Seelengröße desselben zum Ausdruck kommt. Beim ersten Lärm über ein Attentat pflegt die öffentliche Teilnahme sich dem Schuldigen zuzuwenden, und nicht dem, von dem die Strafe ausgehen kann. Wenn der Fürst die Strafe erlässt, so stellt ihn sein Volk über das Vergehen, und die Verwünschungen richten sich gegen den Frevler. Befolgt er das entgegengesetzte System, so kommt er in den Ruf eines rachsüchtigen, tyrannischen Fürsten. Begnadigt er in Fällen haarsträubender Verbrechen, so gilt er als ein schwächlicher und unentschlossener Fürst.

Glauben Sie ja nicht, dass das Recht der Begnadigung, wenn es gemissbraucht wird, ohne üble Folgen bleibt und dass die Gesellschaft einer jeden Begnadigung des Monarchen Beifall zolle. Sie tadelt ihn, wenn er die Begnadigung Verbrechern, Mordgesellen zu teil werden lässt, weil das Recht dazu alsdann schädlich für die Gesellschaft wird. Sie haben zu häufig und bei verschiedener Gelegenheit von ihrem Recht Gebrauch gemacht. Auf die gütigen Dispositionen Ihres Herzens dürfen Sie nicht hören, wenn dieselben von Schaden für Ihr Volk sind. In der Angelegenheit mit den Juden hätte ich gerade so gehandelt wie Sie, in der der Schmuggler von Middelburg hätte ich mich dagegen wohl gehütet, Gnade für Recht ergehen zu lassen. Hunderte von Gründen waren vorhanden, die Sie zu einer exemplarischen Bestrafung veranlassten, die Hinrichtung hätte viele Verbrechen durch das Grauen, welches sie einflößt, gesteuert. Beamte des Königs werden mitten in der Nacht ermordet, die Mörder werden verurteilt – Ew. Majestät wandeln die Todesstrafen in einige Jahre Gefängnis um. Welche Enttäuschung muss sich bei denen einstellen, welche Ihre Steuern eintreiben – der Eindruck in politischer Richtung muss ein sehr unglücklicher sein. Hören Sie weshalb: Holland war der Kanal, durch welchen seit mehreren Jahren England seine Waren in Europa einführte. Die holländischen Kaufleute haben dabei enorme Summen gewonnen, das ist der Grund, weshalb die Holländer und Engländer im allgemeinen so sehr für den Schmuggel sind, und das ist zugleich der Grund, weshalb sie Frankreich nicht lieben, welches den Schmuggel verbietet und die Engländer bekämpft. Die Gnade, welche Sie diesen mörderischen Schmugglern haben zuteil werden lassen, ist eine Art von Huldigung, dargebracht dem Geschmack der Holländer für den Schleichhandel. Es gewinnt den Anschein, als machten Sie gemeinschaftliche Sache mit ihnen – und gegen wen? Gegen mich!

Die Holländer sind Ihnen gut. Sie sind einfach in Ihrem Auftreten, sanft in Ihrem Wesen – Sie regieren die Holländer nach ihrer Art. Würden Sie zeigen, dass Sie fest entschlossen wären, den Schleichhandel zu unterdrücken, würden Sie die Holländer über ihre Lage aufklären, dann würden Sie von Ihrem Einfluss einen weisen Gebrauch machen. Die Holländer würden glauben, dass das Prohibitivsystem gut ist, weil ihr König dafür eintritt. Ich weiß wirklich nicht, welchen Vorteil Ew. Majestät aus einer Popularität ziehen könnten, welche Sie sich auf meine Unkosten erwarben. Holland lebt nicht mehr in den Zeiten von Ryswick und Frankreich nicht mehr in den letzten Jahren Ludwig XIV. Da Holland kein politisches System unabhängig von dem Frankreichs befolgen kann, so muss es den Bündnisbedingungen Folge leisten.

Die Fürsten dürfen keine Tätigkeit von heute auf morgen entfalten, mein Bruder, sondern sie müssen an die Zukunft denken. Welcher Art ist die gegenwärtige Lage Europas?

England auf der einen Seite hat durch sich selbst eine Herrschergewalt, der sich bis jetzt die ganze Welt hat unterwerfen müssen. Das Kaiserreich Frankreich und auf der anderen Seite die Mächte des Festlandes können mit dem ganzen Nachdruck ihrer Einigkeit sich nicht in eine Art von Suprematie schicken, wie England sie ausübt. Diese Mächte hatten auch Kolonien, betrieben Seehandel, sie besaßen größere Küstenstrecken in der Fremde als England. Sie haben sich entzweit. England hat ihre Kräfte zur See getrennt bekämpft, es hat auf allen Meeren gesiegt, alle Marinen wurden zerstört. Russland, Schweden, Frankreich, Spanien, welche leicht Schiffe und Matrosen haben können, wagen es nicht, außerhalb ihrer Häfen ein Geschwader zu haben. Europa könnte mithin aus einer Verschmelzung seiner Kräfte zur See, welche auch infolge der Entfernungen und der sich kreuzenden Interessen unmöglich wäre, seine Befreiung in maritimer Richtung nicht erwarten, es könnte von einem Friedenssystem überhaupt nur die Rede sein, falls England einwilligte.

Diesen Frieden aber erstrebe ich mit allen Mitteln, die sich mit der Stellung Frankreichs vertragen: Ich will ihn mit allen Opfern, welche die nationale Ehre gestattet, und jeden Tag fühle ich mehr, wie notwendig dieser Frieden ist; die Souveräne des Festlandes wünschen ihn ebenso wie ich. Ich habe für England keinen unbesieglichen Hass. Die Engländer haben gegen mich ein System der Abstoßung befolgt, ich habe das Kontinental-System eingeführt, weit weniger, wie meine Gegner es glauben machen wollen, aus ehrgeiziger Eifersucht, als um das englische Cabinet zu veranlassen, mit uns ins Reine zu kommen. Möge England reich sein, möge es gedeihen, mir soll es recht sein, vorausgesetzt, dass Frankreich und seine Bundesgenossen in derselben Lage sind.

Das Kontinental-System (Kontinental-Sperre) hat also keinen anderen Zweck, als die Zeit näher zu bringen, da ein allgemeines Recht für Frankreich wie für ganz Europa gilt. Die Nordmächte halten das Prohibitiv-System streng aufrecht, ihr Handel ist dadurch augenscheinlich gefördert: Die Fabriken in Preußen können mit den unsrigen in Wettbewerb treten. Sie wissen, dass Frankreich und der Küstenstrich, der vom Meerbusen von Lyon bis zur Grenze des Adriatischen Meeres reicht, heute einen Teil des Empire bildet und gegen die Produkte auswärtiger Industrien vollkommen abgesperrt ist. Ich bin im Begriff, mich in die Angelegenheiten Spaniens zu mischen, und das Ende wird sein, dass Portugal den Engländern entrissen wird, und dass die Küsten Spaniens an beiden Meeren der Politik Frankreichs unterstellt werden. Die ganze Küste Europas, mit alleiniger Ausnahme der türkischen Küsten, wird für die Engländer gesperrt sein. Da aber die Türken nach Europa keinen Handel treiben, kümmern sie mich nicht.

Sehen Sie jetzt, wie traurig die Folgen wären, wenn Holland den Engländern entgegenkäme, damit sie ihre Waren in Europa einführen könnten? Holland würde den Engländern Gelegenheit geben, bei uns die Hilfsmittel einzutreiben, deren es bedürfte, um gewisse Mächte zum Kampf gegen uns zu bewegen. Eure Majestät geht es noch mehr an als mich, sich gegen die Arglist der englischen Politik zu schützen. Nur noch einige Jahre Geduld und England wird den Frieden so sehnlich wünschen wie wir.

Denken Sie an die Lage Ihres Staates, Sie werden finden, dass dieses System für Sie vorteilhafter ist als für mich. Holland ist eine Handel treibende Seemacht; es hat prachtvolle Häfen, Flotten, Matrosen, treffliche Fahrer zur See, Kolonien, die dem Mutterlande nichts kosten; seine Bewohner haben viel Begabung für den Handel, gerade wie die Engländer. Hat es nicht alle diese Güter heute zu verteidigen? Kann der Friede ihm nicht den Besitz alles Verlorenen wiedergeben? Seine Lage, vielleicht peinlich in den nächsten Jahren, ist doch wohl der vorzuziehen, wenn aus seinem Monarchen ein englischer Gouverneur würde, Holland und Kolonien sich in einen Großbritannien tributpflichtigen Staat verwandelten. Dahin würde die Aufmunterung führen, welche Sie dem englischen Handel zuteil werden lassen – denken Sie an Sizilien, an Portugal!

Lassen Sie einige Zeit hingehen – wenn Ihnen der Verkauf von Génèvre nottut, so verkaufen Sie ihn an die Engländer, die Bedarf dafür haben. Bezeichnen Sie die Stellen, an denen die englischen Schmuggler ihn in Empfang nehmen können; allein sie müssen mit Geld bezahlen, niemals mit ihren Handelsartikeln – niemals, verstehen Sie wohl! Es ist durchaus notwendig, dass Frieden wird; Sie werden zunächst einen Handelsvertrag mit England abschließen. Vielleicht unterfertige auch ich einen solchen, nur müssen die wechselseitigen Interessen gewahrt sein. Wenn wir England eine gewisse Suprematie auf den Meeren einräumen müssen, welche es mit seinem Reichtum, seinem Blut erkauft hat, ein Übergewicht, welches eine Folge seiner geografischen Lage ist und seiner Länderbesitze in drei Weltteilen, so sollen sich wenigstens unsere Flaggen auf dem Ozean zeigen dürfen, ohne insultiert zu werden, unser Seehandel aufhören, uns in Unkosten zu stürzen. England muss verhindert werden, sich in die Angelegenheiten auf dem Kontinent einzumischen, mit denen man zunächst fertig werden muss.

Die Sache mit Ihren Gnadenerlassen hat mich veranlasst über diese Details zu sprechen; ich habe kein Blatt vor den Mund genommen, weil ich befürchtete, Ihre holländischen Minister hätten Ew. Majestät falsche Ideen in den Kopf gesetzt.

Ich wünsche sehr, dass Sie den Inhalt meiner Zuschrift beherzigen, dass Sie die Dinge, um welche es sich in derselben handelt, im Ministerrat besprechen, und dass Ihre Minister in ihren Ressorts die angegebene Richtung einschlagen.

Auf keinen Fall wird es Frankreich dulden, dass Holland sich von den Interessen des Kontinents lossage.

Was die Schleichhändler betrifft – der Fehler ist ja nun einmal begangen worden – so rate ich Ihnen nur, dieselben nicht in den Gefängnissen von Middelburg zu belassen – diese liegen zu nah an der Stelle, an der das Verbrechen begangen wurde. Schicken Sie die Schurken in das Innere von Holland ...

Gez. Napoleon.

Mittwoch, 25. September. Die Arbeit. – Méneval. – Einzelheiten.

„Die Arbeit ist mein Element", sagte der Kaiser; „ich bin geboren und bin geeignet für die Arbeit. Ich habe erfahren, wann meine Beine ausspannen, ich kenne die Grenzen meiner Sehkraft: Die Grenzen meiner Arbeitsfähigkeit kenne ich nicht. Den armen Méneval[11] habe ich beinah umgebracht; ich musste ihn ablösen lassen, und ihn zu seiner Rekonvaleszenz dem Hofstaat Marie Louises überweisen, bei dem sein Amt eine Sinecure war.

---

[11] Privatsekretär des Kaisers.

„Méneval hätte sich", fügte er bei, „wenn ihm Ruhe beschieden worden wäre, der Geschichtsschreiberei gewidmet. Er klagte über die elende Art, in der überall die Geschichte behandelt würde. Die Geschichtsschreibung war ein Monopol in den Händen von Mönchen und Bevorrechtigten, d. h. Feinden der Wahrheit und zu Missbräuchen aufgelegten Menschen. Sie erzählten uns alles, was sie sich zurechtgelegt hatten, alles, was in ihrem Interesse war, wie es mit ihren Neigungen, ihren Anschauungen übereinstimmte."

Der Kaiser entwickelte Pläne, mit denen er dem großen Übelstande hatte abhelfen wollen und bemerkte, es wären in den Bibliotheken und Archiven eine Unmasse von unveröffentlichten Dokumenten, welche er durch Druck vervielfältigen und verbreiten wollte. Er kam dann wieder auf Méneval zu sprechen.

Der Kaiser, damals noch erster Konsul, hatte Klage darüber geführt, dass er keinen Sekretär habe; er hatte eben den Herrn, den er bis dahin zu dieser Funktion während der Feldzüge in Italien und Ägypten gehabt hatte, entlassen. Es war ein Kamerad von der Militärschule her[12], ein geistvoller und vom Konsul wohlgelittener Mann, allein Umstände zwangen Napoleon, sich von ihm zu trennen. Joseph bot seinen Sekretär an, den er erst seit einiger Zeit hatte. Napoleon nahm das Anerbieten an und hatte alle Veranlassung, wie er oft wiederholt hat, mit Méneval außerordentlich zufrieden zu sein; er machte ihn später zum Baron.

Während des Konsulats führte Méneval den Titel „Sekretär des Portefeuilles", es wird für ihn ein langes, detailliertes Reglement entworfen, dessen wichtigster Paragraf der war, dass Méneval nie und unter keinem Vorwande einen eignen Sekretär oder Kopisten haben durfte.

Méneval war von sanftem Wesen, zurückhaltend und verschwiegen, er arbeitete wie und wann es von ihm verlangt wurde, bei Tag oder bei Nacht; der Kaiser war ihm sehr zugetan und hatte nie einen Grund zur Klage. Méneval erbrach und las alle an den Kaiser persönlich gerichteten Briefe und ordnete sie; er schrieb nach den Diktaten Napoleons. Man weiß, mit welcher Schnelligkeit Napoleon zu diktieren pflegte, der Sekretär musste oft mehr im Gedächtnis behalten, als er niederschreiben konnte. Späterhin erhielt Méneval sogar die Befugnis, im Namen des Kaisers viele der eingegangenen Schriften zu erledigen: Er hätte können eine große Rolle spielen, allein dies lag seinem Naturell fern.

---

[12] Bourienne ist gemeint.

Der Kaiser hielt sich den größten Teil der Zeit in seinem Cabinet auf, ja er verbrachte oft den ganzen Tag und die halbe Nacht in demselben. Er pflegte um 10 oder 11 Uhr zu Bett zu gehen; er erhob sich oft bereits um Mitternacht, um wieder einige Stunden zu arbeiten. Zuweilen ließ er Méneval kommen, am häufigsten nicht. Méneval stellte sich oft von selbst ein, allein der Kaiser schickte ihn meist fort mit den Worten: „Sie sollen sich nicht umbringen." Wenn der Kaiser des Morgens in seinem Arbeitszimmer erschien, fand er alles bereits geordnet. Übrigens las der Kaiser für gewöhnlich alle Briefe, beantwortete die einen mit einem Wort am Rande, diktierte auf andere die Antwort. Diejenigen Zuschriften, welche von besonderer Wichtigkeit waren, wurden beiseitegelegt, mehrere Mal gelesen und erst nach Verlauf einiger Zeit beantwortet.

Napoleon hatte die Gewohnheit, wenn er sein Arbeitszimmer verließ zu wiederholen, bis zu welcher Stunde er die oder die Sachen brauche, und stets fand er sich aufs Pünktlichste bedient. Kam zur angesetzten Stunde der Kaiser nicht, so durchjagte Méneval auf der Suche nach ihm das ganze Palais. Oft sagte der Kaiser seinem Sekretär: Lassen wir das bis morgen, über Nacht kommt Rat.

Der Kaiser bemerkte einmal, er habe nachts mehr gearbeitet als bei Tage, nicht weil ihm die Geschäfte den Schlaf raubten, sondern weil er stets mit Unterbrechungen schlafe, je nachdem es ihm passte.

Oft während der Feldzüge wurde der Kaiser plötzlich geweckt, er sprang sofort vom Bett auf, und man hätte seinen Augen nicht ansehen können, dass er noch eben geschlafen hatte: Er traf seine Anordnungen und diktierte Antworten mit derselben Exaktheit und Klarheit, als geschehe dies zu gelegener Zeit. Er nannte dies „seine Geistesgegenwart nach Mitternacht" – es war eine ganz außergewöhnliche Gabe. Es ist vorgekommen, dass er zehnmal in einer Nacht aufgeweckt wurde, stets fand man ihn wieder eingeschlafen, weil er seinem Schlafbedürfnis noch nicht Genüge getan hatte. Als er sich eines Tages dieser Fertigkeit im Schlafen vor General Clarke rühmte, sagte ihm dieser: „Das ist schlimm für uns, Sire; denn wir haben oft die Kosten zu tragen, oft fällt uns deshalb etwas zur Last."

Fast alles, was der Kaiser anordnete und verfügte, ging durch sein Cabinet; er besetzte alle Ämter und setzte gewöhnlich andere Namen anstelle der von den Ministern in die Listen eingetragenen. Er las stets ihre Vorschläge, nahm dieselben an, verwarf sie oder änderte sie ab. Selbst dem Minister des Auswärtigen machte er auf dessen Eingaben oft Vorstellungen und Bemerkungen, welche er Méneval, vor dem er kein Geheimnis hatte, diktierte. Die Minister waren einen Tag in der Woche berufen, um mit dem Kaiser in Beratung zu treten; jeder erschöpfte im Beisein der andern den Inhalt seines Portefeuilles. Nur der Minister des Äußeren beriet zuweilen unter vier Augen mit dem Kaiser. Die Personalien der Armee hatte der Kaiser einem seiner Adjutanten, den er besonders schätzte, übertragen. Duroc erfreute sich lange dieser Vertrauensstellung, nach ihm Bertrand, dann Lauriston, der letzte war der Graf Lobau.

Méneval war von schwächlicher Gesundheit und überarbeitet, sodass ihm Ruhe nottat. Deshalb versetzte ihn Napoleon in den Dienst Marie Louises, unter der Bedingung jedoch, dass er zu ihm zurückkehre, sowie seine Gesundheit es gestatten würde – daran erinnerte er ihn jedes Mal, wenn er ihn sah.

Nach Méneval wurde es lebhafter im Cabinet des Kaisers, es etablierte sich darin eine Art von Bureau, bestehend aus mehreren Personen[13]. Der auf Empfehlung dritter Personen angestellte Nachfolger erhielt 1814 den Befehl, gewisse Akten zu verbrennen. Er schrieb, als Ludwig XVIII wieder sicher auf dem Thron zu sitzen schien, an einen der Minister, er stelle das noch Vorhandene zu seiner Verfügung; Napoleon machte am 20. März diese unangenehme Entdeckung, begnügte sich aber damit, an den Rand des Briefes des Treulosen die Worte zu setzen: „er ist ein Verräter, ist ein Verräter" – das war die ganze Rache, die er an dem Schuldigen nahm!

Es waren vorhanden: zwanzig bis dreißig Foliobände, ebenso viel Quartbände, die Korrespondenz des ägyptischen und der italienischen Feldzüge, sechzig bis achtzig Foliobände, die Protokolle der Ministerberatungen enthaltend, geführt vom Herzog von Bassano und dem Grafen Daru. Endlich ein Verzeichnis der Verhandlungen im Staatsrate, geordnet durch Herrn Locré.

Dies sind lauter Ruhmestitel für die vortreffliche Ordnung in der Verwaltung der öffentlichen Angelegenheiten durch Napoleon.

---

[13] Anmerkung des Grafen Las Cases: Ich habe später bei meiner Rückkehr nach Frankreich gehört, dass in Bezug auf das Cabinet Napoleon nach Ménevals Rücktritt keinerlei Änderung vorgenommen habe. An Stelle Ménevals trat Baron Fain, im Übrigen soll alles beim alten geblieben sein.

Mittwoch, 9. Oktober. Neue scharfe Befehle des Gouverneurs.

Ich lasse hier ein Verzeichnis der neuen, heute mitgeteilten Zwangsmaß-regeln Sir Hudson Lowes folgen; dieselben sollen am 19. d. M. in Kraft treten:

1. Die Straße über Huts-Gate an den Bergen entlang bis zum Signal-Posten unweit von Alarm-House soll die Grenze für Longwood fein.

Unsere Bemerkungen dazu: Der Vorgänger von Sir Hudson Lowe hatte die Grenzlinie auf den Gipfel der Berge verlegt, bemerkte aber bald da-rauf, dass, indem die Stelle des Postens ein wenig verlegt wurde, zu-gleich Haus und Garten des General-Sekretärs Brooke innerhalb der Grenzlinie fielen; deshalb schritt er schon nach 14 Tagen zu einer Ände-rung. Etwa 80 Toisen vom Wege ab liegt der Garten Corbetts, in wel-chem acht oder zehn etwas Schatten spendende Eichen stehen, und wo außerdem eine Fontaine sprudelte, welche Kühlung bietet; es sind jetzt ausgeschlossen der Garten Corbetts und das Haus des General-Sekretärs.

2. Schildwachen werden die Grenzlinie bezeichnen, welche niemand überschreiten darf, um sich dem Hause in Longwood zu nähern, ohne besondere Erlaubnis des Gouverneurs.

Unsere Bemerkungen dazu: Nach den zunächst bestehenden Bestim-mungen gelangte man auf folgende Weise nach Longwood: Der Gou-verneur, der Admiral, der Oberst und Befehlshaber des Lagers, die bei-den Mitglieder der Ostindischen Kompanie und der Generalsekretär, welche zu den ersten Beamten auf der Insel zählten, durften ohne weite-res durch die Postenkette hindurch gelassen werden. Die Einwohner mussten Pässe vom Gouverneur vorzeigen, die Matrosen vom Admiral, die Soldaten von ihren Obersten. Matrosen, Bewohner, Offiziere durften mit einer Erlaubnis des Grafen Bertrand in Longwood eintreten. Diese Einrichtung dauerte acht Monate und führte zu keinerlei Unannehm-lichkeiten. Traf ein Fremder ein, der den Verdacht des Gouverneurs er-regte, so konnte sofort seine Ausschiffung verhindert werden; jedenfalls wurde er an der ersten Postenkette angehalten. Endlich wusste der Gou-verneur aus dem Rapport der Wachen täglich die Namen der nach Longwood gelangten Personen; alles dieses wurde im Monat August ge-ändert. Der Gouverneur versuchte, uns die Verpflichtung aufzunötigen, diejenigen Besucher, welche er sich zu verpflichten wünschte, an jedem beliebigen Tage zu empfangen. Daraufhin erklärte der Kaiser, er werde künftighin niemanden mehr empfangen, um sich weitere Insulten zu er-sparen.

3. Auf dem Weg zur Linken von Huts-Gate, welcher über Woodridge nach Longwood führt, und niemals vom General Bonaparte, seit Ankunft des Gouverneurs, benutzt worden ist, soll die beobachtende Postenkette zum Teil eingezogen werden. Jedes Mal, wenn der General beim Ausreiten diesen Weg einschlagen will, wird ihm, wenn er den wachthabenden Offizier rechtzeitig in Kenntnis setzt, nichts im Wege stehen.

Unsere Bemerkungen dazu: es ist ein sonderbarer Vorwand zu einer Einschränkung: Allerdings ist das Tal sechs Monate lang nicht besucht worden. Es ist ja leider wahr, dass Napoleon, gequält von den Anordnungen des Gouverneurs seit mehreren Monaten überhaupt nicht mehr ausgegangen ist. Ein Teil des Tales ist übrigens während der Regenzeit ungangbar, in dem andern Teil ist ein Lager aufgeschlagen worden. Lord Bathurst aber erklärte im Parlament, der Weg wäre erst verboten worden, als man gewahr geworden wäre, dass der General das Vertrauen missbraucht und die Bewohner zu verführen gesucht hätte. Er befindet sich hier im Widerspruch mit dem, was Sir Hudson Lowe sagte. Das Anerbieten, in diesem Tale spazieren gehen zu dürfen, wenn es verlangt würde, ist offenbar nicht ernst zu nehmen. Das Detail der Bestimmungen beweist dies. Mit dem Verlust dieser Promenade wurde es unmöglich, den Garten der Miss Mason zu besuchen, in welchem einige große, Schatten spendende Bäume sind. Es gibt innerhalb der jetzt gezogenen Grenzen keine Stelle, an der die Gefangenen spazieren gehen und ein wenig Schatten finden könnten. Überall Schildwachen! Mehrere Male schon sind die französischen Herren arretiert worden.

4. Wenn der General Bonaparte seine Promenade nach einer anderen Richtung hin zu nehmen wünscht, so wird ein Offizier vom Generalstabe des Gouverneurs – falls derselbe zeitig genug benachrichtigt ist – bereit sein, ihn zu begleiten. Fehlt es an Zeit, so müsste der in Longwood diensthabende Offizier jenen ersetzen. Der den General überwachende Offizier hat Befehl, sich ihm nicht zu nähern, es sei denn, dass er gerufen würde; er hat darüber zu wachen, dass alles vermieden wird, was gegen die Vorschriften in Bezug auf die Promenade verstoßen könnte und den General in respektvoller Form aufmerksam zu machen.

Unsere Bemerkungen dazu: ganz überflüssig! Der Kaiser wird überhaupt nicht ausgehen solange er den Wunsch erkennt, ihn einer direkten und öffentlichen Beaufsichtigung zu unterziehen. Im Übrigen haben die Offiziere des Generalstabes Befehl, einen Rapport über alles einzureichen, was die französischen Offiziere in der Unterhaltung berühren könnte. Mehrere englische Offiziere haben es abgelehnt, sich als Spione gebrauchen zu lassen.

5. Die schon bestehenden Verordnungen, um den Verkehr, mit wem immer es sei, ohne Bewilligung des Gouverneurs zu verhindern, sollen strengstens innegehalten werden. Es ist mithin vom General Bonaparte zu verlangen, dass er kein Haus beträte, auch dass er keine Unterhaltung mit Personen, mit denen er sich vielleicht begegnete, anfinge, es geschehe denn im Beisein eines englischen Offiziers.

Unsere Bemerkungen dazu: der Kaiser erkennt weder dem Gouverneur noch den Handlangern desselben das Recht zu, ihm irgendetwas aufzunötigen. Was ist der Sinn dieses Artikels fünf? Den Charakter der Gefangenen zu verunglimpfen, sie zu erniedrigen und Zänkereien mit den Schildwachen zu provozieren. Man möchte wirklich glauben, was schon vielfach behauptet worden ist, dass Sir Hudson Lowe zuweilen den Koller hat.

6. Die Personen, welche mit der Bewilligung des Generals Bonaparte stets die Erlaubnis vom Gouverneur haben können, ihn zu besuchen, dürfen trotz dieser Erlaubnis mit niemanden vom Gefolge verkehren, wenn dies in dem Erlaubnisschein nicht besonders vermerkt ist.

Unsere Bemerkungen dazu: wiederum ganz überflüssig! Niemand ist empfangen worden, seit der jetzige Kommandant umgestoßen hat, was sein Vorgänger eingeführt hatte. Es geht aber aus dieser Einschränkung hervor, dass, wenn Napoleon einen Offizier empfangen sollte, er selber, da keiner seiner Offiziere, kein Diener zugegen sein darf, dem Gast die Tür öffnen müsste, und da der Kaiser des Englischen nicht mächtig ist, falls die zugelassene Person nicht französisch spräche, die ganze Begegnung auf einen Austausch äußerer Begrüßungsformalitäten hinauslaufen müsste.

7. Mit Sonnenuntergang wird der Gartenzaun um Longwood als Grenze gelten. Schildwachen werden dann ringsum aufgestellt werden, so jedoch, dass sie den General nicht inkommodieren, sie werden ihn trotzdem beobachten, falls er nach dieser Zeit seine Promenade fortsetzen sollte; die Schildwachen haben während der Nacht sich an das Haus zu ziehen, wie das früher schon war; jeder Zutritt bleibt untersagt, bis am andern Morgen die Schildwachen von Haus und Garten wieder zurückgezogen werden.

Unsere Bemerkungen dazu: während der Zeit der großen Hitze ist der einzige Augenblick, den man zum Spazierengehen benutzen kann, der Sonnenuntergang. Um sich nicht mit den Schildwachen zu begegnen, muss man in das Haus zurückkehren, wenn es auch noch heller Tag ist; unmöglich aber wäre es gewesen, in der Zeit, in welcher die Sonne scheint, auszugehen, da es hier weder Schatten, noch Wasser, noch einen grünen Strauch gibt. Nach dieser neuen einschränkenden Verfügung kann man am Abend nicht ausgehen. Der Kaiser kann nicht ausreiten, er wohnt in einem kleinen, völlig ungenügenden, schlecht gebauten Hause, welches zudem noch ungesund ist; man lässt keine Gelegenheit vorübergehen, um ihm Mangel an Achtung auszudrücken. Seine Gesundheit leidet schwer.

8. Jeder für Longwood bestimmte Brief wird in ein Kuvert gesteckt, dieses versiegelt und dem diensthabenden Offizier übersandt, um versiegelt dem Offizier vom Gefolge des Generals, dessen Adresse er trägt, übergeben zu werden. Dieser Herr kann sich dadurch überführen, dass nur der Gouverneur den Inhalt kennt. Ebenso sollen auch alle von Longwood abgehenden Briefe dem diensthabenden Offizier übergeben und in ein zweites Kuvert mit der Adresse des Gouverneurs gesteckt werden. Kein Brief darf geschrieben oder abgeschickt werden; keine Mitteilung, sei sie welcher Art immer, ohne die pünktliche Innehaltung dieser Vorschriften erfolgen. Für die Insel sind Korrespondenzen nicht statthaft, mit Ausnahme solcher, die an den Inspektor gerichtet sind, sie müssen offen dem wachthabenden Offizier übergeben werden, der sie weiterbefördert. Diese einschränkenden Bestimmungen treten mit dem 10. dieses Monats in Kraft. Sankt Helena, 9. Oktober 1816. Gez. H. Lowe."

Unsere Bemerkungen dazu: die obige Bestimmung bezieht sich nicht auf den Kaiser, der weder Briefe schreibt, noch Briefe empfängt. Könnte man das, was die Offiziere in vertraulichen Briefen an ihre Bekannten schreiben, für ein Vergehen halten? Werden denn diejenigen, welche diese Briefe lesen, wenn sie sich überzeugt haben, dass dieselben nichts gegen das Wohlergehen des Staates enthalten, den Inhalt dieser Briefe vergessen, sodass er nie in ihren Unterhaltungen besprochen oder gar gemissbraucht wird? Wenn dies der Fall wäre, so wäre es gleichbedeutend mit einem Verbot der Korrespondenz.

Was ist nun, so fragt man sich, der Zweck so rigoroser Bestimmungen?

In Europa soll niemand wissen, in wie verbrecherischer Weise man hier verfährt. Man ist soweit gegangen, am 1. Juli 1816 in einem an den Grafen Bertrand gerichteten Schreiben auch den mündlichen Verkehr mit den Einwohnern zu untersagen. Sind solche Vorschriften ein Ausdruck des Hasses oder sind sie ein Zeichen von Wahnsinn? Das Reglement ist dabei nur ein bescheidenes Beispiel von den Schikanen, die alltäglich der Gouverneur uns bereitet. Und Lord Bathurst hat die Stirn zu behaupten, dass Sir Hudson Lowe keinerlei Beschränkungen in Bezug auf unsere

Freiheit vorgenommen habe, alle Maßregeln zielten lediglich auf die Sicherheit der Haft hin. Diese absurden, gemeinen Maßregeln wurden Veranlassung, dass der Kaiser schon seit mehreren Monaten nicht mehr ausgeht; es ist vorauszusehen – was auch jeder Arzt bestätigen wird – dass der Kaiser solchen Verhältnissen erliegen muss. Diese Art, ihn zu ermorden ist ebenso unfehlbar, ebenso barbarisch, als wenn man ihm Gift reichen würde.

Zusammengefasster Bericht über die Monate Juli, August, September, Oktober.

In ein paar Worten ist alles gesagt: Quälereien aller Art, vollständige Absperrung, sicher zu erwartendes Verderben. Der Rest von Napoleons Leben wird nur ein grausamer, langer Todeskampf sein. Mit der Ankunft des neuen Gouverneurs begann für uns ein qualvolles Dasein. Nur wenige Tage haben uns genügt, um uns zu zeigen, mit wem wir es fortan zu tun haben. Die Quälereien, die Beschimpfungen, als deren Vermittler, als deren beauftragter Vollzieher er sich ausgibt, haben ihren Höhepunkt erreicht; er hat den Bewohnern in Bezug auf uns Schrecken eingejagt; er hat die lächerlichsten Kränkungen noch obendrein hinzugefügt. Er lud den „General Bonaparte" zu Tische ein, um ihn vor einer vornehmen Dame, die sich vorübergehend auf der Insel aufhielt, zur Schau zu stellen: Er arretierte selbst einen unserer Diener! Er weist eine Depesche vor, aufgrund deren er den Kaiser, wie dieser sagte, mit angeblich gemachten Ansprüchen quält, nur um diese mit ihm zu besprechen; er peinigt den Kaiser, um Geld herauszugeben, welches derselbe nicht hat und zwingt ihn, unter Entziehung des Notwendigsten, zum Zerstückeln und Verkaufen seines Silbergerätes: Der Gouverneur bestimmt dabei den Wert, bestimmt die Käufer. „Er feilscht mit unserer Existenz", rief eines Tages der Kaiser voller Empörung, „er gönnt mir die Luft nicht, die ich atme; was er uns für unseren Unterhalt liefert, ist oft von einer Beschaffenheit, dass wir einen Ersatz borgen müssen. Es macht ihm Spaß, unter großem Zeremoniell ein ministerielles Reskript vorzuweisen, welches alles an Brutalität übersteigt, und von welchem er Abschrift zurückzulassen ablehnt; dabei geht er noch mit einer gewissen höhnischen Ironie zu Werke! Gräben lässt er um uns herziehen, umringt uns mit Palisaden, errichtet Schanzen." – Er verlangt von uns, wir sollen den Kaiser „Bonaparte" nennen, und droht uns, falls wir es nicht tun, mit gewaltsamer Entfernung. Der Kaiser, in voller Empörung, nimmt Herrn Hudson Lowe gegenüber kein Blatt vor den Mund:

„Die schlechteste Tat des englischen Cabinets ist nicht mehr die, mich hierher geschickt zu haben, sondern die, mich in Ihre Hände gegeben zu haben ... Ich habe mich über den Admiral, Ihren Vorgänger beschwert – er hatte wenigstens ein Herz! ... Sie entehren Ihre Nation, und ein Fluch wird auf Ihrem Namen haften." ... „Nichts Englisches ist an diesem Gouverneur" – so wiederholte uns der Kaiser oft – „er ist nichts als ein elender sizilianischer Sbirre. Erst habe ich mich darüber beschwert, dass man mir einen Gefangenenwärter schickte, heute aber erkläre ich, dass man mir einen Henker geschickt hat."

Mit dem Befinden des Kaisers ist es die Zeit her schlechter und schlechter gegangen. Seit langem schon steigt er nicht mehr zu Pferde, auf den Wagen hat er ebenfalls beinahe ganz verzichtet, selbst die Fußpromenaden fanden nicht mehr statt; seine Arbeiten sogar unterbrach er häufig. Die Diktate wurden immer seltener und ergingen sich meist in Betrachtungen und Fantasien. Den größten Teil des Tages brachte er allein in seinem Zimmer zu und blätterte in Büchern oder tat vielmehr nichts! Dabei zeigte er uns gegenüber stets dasselbe ruhige Angesicht, die gleiche Stimmung; seine Unterhaltung war noch oft lustig, zuweilen pikant, er schien nicht mehr mit der Zukunft beschäftigt, nicht mehr mit der Vergangenheit, sich auch über die Gegenwart hinwegzusetzen – es schien ihm alles gleichgültig, im Inneren sehnte er wohl das Ende herbei.

Des Doktor O'Meara geschah bereits Erwähnung. Wir kamen dahinter, dass auch dieser Herr, wie ich, ein Tagebuch führte; wir hatten beide damals fast gar keine Beziehungen zueinander und man möge seine[14] Aufzeichnungen mit den meinigen vergleichen, man wird eine Bestätigung des von mir Gesagten finden.

Montag, 10. Oktober. Präliminarien und Frieden von Campo Formio.

Napoleon, der schon zuvor manchmal den merkwürdigen Abschluss des ersten italienischen Krieges berührt hatte, kam heute auf einige interessante Einzelheiten zu sprechen; er schilderte den zu den Präliminarien seitens Österreichs mit umfassender Vollmacht erschienenen Minister von Cobenzl, dem er damals den Spitznamen „der nordische Bär" gegeben hatte, weil die große schwere Hand Cobenzls sich auf den grünen Tischen wie eine Bärentatze ausgenommen hätte.

„Cobenzl war damals der, der die österreichische Politik dirigierte, er hatte verschiedene Gesandtschaftsposten bekleidet, darunter auch den

---

[14] Inzwischen veröffentlicht.

von St. Petersburg: Katharina ll. war ihm wohlgewogen gewesen, worauf er sich nicht wenig einbildete. Er zweifelte zunächst auch gar nicht daran, dass er durch sein gemessenes, überlegenes Wesen dem „Revolutions-General" nicht anders als imponieren könne; allein die Haltung, die ersten Äußerungen des jungen Generals machten einen so tiefen Eindruck, dass Cobenzl alsbald andere Manieren annahm. Trotzdem waren die Verhandlungen – besonders die letzte – außerordentlich stürmisch. Als immer von Neuem der österreichische Bevollmächtigte die Entscheidung hinzuziehen suchte, geriet der General in hellen Zorn, fasste nach einem prachtvollen Porzellan-Service, welches auf dem Tisch stand, und welches Cobenzl mehrfach schon als ein Geschenk Katharina II gerühmt hatte und warf es in Scherben, indem er rief: „Sie wollen also den Krieg? Wohlan, Sie sollen ihn haben – wie die Scherben hier, wird Ihre Monarchie in drei Monaten zerschellt sein", dann stürmte er zum Saal hinaus. Wie versteinert stand Cobenzl da; Herr de Gallo aber, sein Adlatus, begleitete den General bis zu seinem Wagen, indem er bemüht war, ihn zurückzuhalten: In seinem fingierten Zorn konnte der General sich kaum des Lachens über die klägliche Art und Weise seines Begleiters erwehren." Dieser Herr de Gallo war Gesandter von Neapel in Wien, er hatte die Prinzessin von Neapel, zweite Frau des Kaiser Franz, eben nach Wien gebracht; Gallo beeinflusste die Prinzessin, die Prinzessin ihren Gemahl, mit anderen Worten: Der Italiener hatte großen Einfluss am Wiener Hofe. Als die französische Armee auf Wien marschierte und den Waffenstillstand von Leoben erzwang, gedachte die Kaiserin ihres Ratgebers und beauftragte ihn, die Gefahr abzuwenden. Er sollte nur wie im Vorübergehen den französischen Generalissimus begrüßen und denselben bewegen, ihn, Gallo, als Vermittler anzunehmen. Napoleon bemerkte ihm sogleich: Der Name wäre nicht deutsch, worauf der Marquis seine Nationalität und Stellung einräumte. „Seit wann", frug ihn darauf der General, „habe ich mit Neapel zu tun: Soviel ich weiß, leben wir in Frieden miteinander! Hat denn der Kaiser von Österreich keinen einzigen Unterhändler zur Verfügung, der der vieille roche[15] angehörte! Ist denn die ganze Aristokratie Österreichs erloschen?"

Herr de Gallo, voller Befürchtung, diese Bemerkungen möchten nach Wien gelangen, war von dem Augenblick an einzig und allein darauf bedacht, dem jungen General zu gefallen. Bonaparte, auf diese Weise besänftigt, erkundigte sich des Näheren nach dem Wiener Hof, sprach von der Armee am Rhein, der Armee an der Sambre und Meuse usw. Als der Augenblick der Trennung gekommen war, fragte der Marquis de Gallo

---

[15] Maliziöse Bezeichnung für den feudalen Adel.

den General in demütiger Haltung, ob er hoffen dürfe, als Vermittler angenommen zu werden und ob er von Wien seine Vollmachten fordern sollte. Bonaparte lehnte wohlweislich nicht ab. Dieser nämliche Herr de Gallo wurde später neapolitanischer Gesandter – sogar unter Joseph noch – in Paris. Er hat gelegentlich dem Kaiser eingestanden, er wäre nie in seinem Leben so erschreckt worden als damals.

Clarke war auf französischer Seite der zweite Bevollmächtigte.

„Dieser war", erzählte Napoleon, „vom Direktorium nach Italien geschickt, weil dasselbe anfing, mich für gefährlich zu halten. Ich wurde unterrichtet, dass Clarke den Auftrag habe, mich zu beobachten; ich hielt es für das Beste, mich ganz offen mit ihm auszusprechen: Wir mochten wohl innerlich keine besondere Sympathie füreinander haben, allein wir wurden äußerlich gute Freunde; da ich mich nur schwer von denen trennen kann, welche sich gemeinschaftlich mit mir eingeschifft haben, und da ich mir erst Gewalt antun muss, um einen über Bord zu werfen, so behielt ich von da an Clarke im Auge."

Nach dem Brumaire wurde Clarke Adjutant beim ersten Konsul. Damals war an dem kleinen Hofe von Etikette nur wenig die Rede; der erste Konsul führte mit seiner nächsten Umgebung einen gemeinschaftlichen Tisch; da Clarke etwas heftig und aufgeregt war, kam es oft zu Reibereien, und der erste Konsul schickte ihn zur Königin von Etrurien nach Florenz. Der Posten war zwar angenehm, allein jedermann sagte sich, Clarke ist in Ungnade gefallen; Clarke bat und bat, man möchte ihn doch ablösen; endlich hatte er Erfolg, allein er kam doch nur aus dem Regen in die Traufe, worüber er derart in Verzweiflung geriet, dass er erklärte, es bliebe ihm nichts mehr übrig, als sich in die Seine zu stürzen. Da kam seine Ernennung zum Staatsrat und Sekretär des topografischen Cabinets, Stellungen, die ihm zwischen 60 000 und 80 000 Francs eintrugen. Das war so die Art Napoleons. Bekannt ist es ja, dass seine erste erwiesene Wohltat sogleich eine ganze Reihe anderer nach sich zog: Er gab nicht mehr, er überschüttete – allein es war gut, wenn der Betreffende den Augenblick nützte: denn es konnte auch auf einmal alles ein Ende haben.

Ich kannte den General Clarke von früher her: Er erzählte mir einmal, dass ein paar Tage vor der Schlacht von Jena der Kaiser, auf dessen Diktate er verschiedene Befehle an die Armee niedergeschrieben hatte, ihm wie in Sinnen verloren sagte:

„In drei oder vier Tagen werden wir eine Schlacht haben, die ich gewinnen werde; sie wird mich wenigstens bis an die Elbe führen, vielleicht auch bis an die Oder. Dort werde ich eine zweite Schlacht liefern und ebenfalls der Sieger sein und dann ... und dann ... Ach! Es ist schon genug ... wir wollen uns auf keinen Roman einlassen. Clarke! In einem Monat werden Sie Gouverneur von Berlin sein, und die Geschichte wird Ihren Namen ausposaunen, denn in ein und demselben Jahre Gouverneur von Wien und Berlin sein, heißt mit anderen Worten Gouverneur von Österreich und Preußen sein. „Apropos", fügte er lachend hinzu, „was hat Ihnen Franz gegeben, als Sie Gouverneur seiner Hauptstadt waren? – Nichts, gar nichts. – Wie, nichts, das ist aber stark. Da muss ich ja für seine Schuld aufkommen."

Der Kaiser gab Clarke soviel, dass er sich ein Haus in Paris kaufen konnte.

Napoleons Erwartungen aber wurden damals weit übertroffen; er lieferte nur eine Schlacht, die ihn in siebzehn Tagen nach Berlin und später bis an die Weichsel führte.

„Clarke", sagte Napoleon, „hatte für Stammbäume eine große Vorliebe; in Florenz brachte er einen Teil seiner Zeit damit zu, nach meiner Genealogie zu forschen. Auch mit der seinigen beschäftigte er sich angelegentlich; er kam auf diesem Wege dahin zu glauben, er wäre verwandt mit fast allen Bewohnern des Faubourg St. Germain. Er ist gewiss heute viel stolzer darauf, der Minister eines legitimen Königs zu sein als der eines Parvenu-Kaisers. Man hat mir mehr als einmal in den Jahren 1813 und 14 Zweifel an seiner Zuverlässigkeit eingeflößt, ich habe mich dabei nicht aufgehalten und ihn stets für rechtschaffen und treu gehalten."

Die vertrauten Freunde des Herzogs von Feltre werden bezeugen können, dass Napoleons Anschauungen die richtigen waren, der Herzog von Feltre riet dem Kaiser, als man erfuhr, dass der Graf Artois in der Schweiz angekommen wäre, Frieden zu schließen. Napoleon aber antwortete ihm unter dem 22. Februar 1814:

„Was den Rat betrifft, welchen Sie mir erteilen, Frieden zu schließen, so finde ich ihn lächerlich. Wer sich solchen Gedanken hingibt, verdirbt die Stimmung im Volk. Außerdem müsste einer geradezu dumm sein zu glauben, ich würde nicht Frieden schließen, wenn ich es könnte. Nach Ihrer Auffassung hätte ich schon seit vier Monaten Frieden schließen können und hätte, weil ich es nicht wollte, alles Unglück Frankreichs in der letzten Zeit auf mein Gewissen geladen. Ich glaubte verdient zu haben, dass man mich mit solchen Demonstrationen verschonte." –

Der Kaiser kam dann wieder auf Campo Formio zurück und sprach viel vom Grafen d'Entraigues, von dessen Verhaftung, von den bei demselben gefundenen Papieren, den Entdeckungen, die man diesen Schriftstücken verdankte, von der Nachsicht, mit der er den Grafen behandelt und von der Illoyalität, die er als Dank eingeheimst hatte.

Der Graf d'Entraigues war ein geistvoller Mann, ein Intrigant und mit äußeren Vorzügen ausgestattet, sodass er beim Beginn der Revolution eine Rolle gespielt hatte; die Emigration hatte ihn nach Venedig verschlagen, wo er in der Eigenschaft eines russischen Diplomaten weilte, als wir die Stadt bedrohten: Er war die Seele von allen damaligen Zettelungen gegen Frankreich. Das Schicksal fügte es, dass er unseren Vorposten in die Hände fiel. Unter den bei ihm gefundenen Papieren befanden sich auch solche, welche von Pichegrus Verrat untrügliche Beweise lieferten. Als der Graf d'Entraigues seine Geheimnisse verraten sah, sprach er sich Napoleon gegenüber ganz offen aus, und ging dabei mit solcher Geschicklichkeit zu Werke, dass dieser glaubte, er habe den Grafen auf seine Seite gewonnen, ihn mit größter Nachsicht behandelte und ihn sogar dem Direktorium gegenüber in Schutz nahm, welches seinen Tod forderte. Napoleon ließ ihn unter Ehrenwort frei in Mailand herumgehen. Eines Tages war der Wortbrüchige auf und davon und veröffentlichte von der Schweiz aus ein Pamphlet voll der nichtswürdigsten Lügen. Der Graf d'Entraigues ist, soviel ich weiß, 1814 eines entsetzlichen Todes in England gestorben, er wurde von seinem Kammerdiener vor den Augen seiner Frau, der einst berühmten Sängerin Sainte Auberti[16] ermordet.

Pichegru stand damals gerade an der Spitze des Corps législatif und in offenem Kriege mit dem Direktorium. Man kann sich denken, von wel-

---

[16] In einer neuerdings erfolgten Veröffentlichung heißt es: Der Graf d'Entraigues wurde um 22. Juli 1812 im Dorfe Barnes bei London von seinem Kammerdiener, Lorenzo mit Namen, ermordet. Lorenzo selber wurde tot neben der Leiche seines Herrn gefunden. Er hatte auch der Gräfin eine schwere Wunde beigebracht. Der Mord wurde in dem Augenblick begangen, als das gräfliche Paar in den Wagen steigen wollte. Der Kutscher, der einzige Zeuge, machte unklare Angaben, so blieb der Jury nichts übrig als das Verbrechen festzustellen, ohne den Schuldigen zu bestrafen, von dem ja anzunehmen war, dass er sich selbst entleibt habe. Man war der Ansicht, dass die Verhandlungen nachlässig geführt worden wären und glaubte, Lorenzo wäre auf Befehl ermordet worden. Man wollte wissen, dass der Graf der Bewahrer hochwichtiger Geheimnisse wäre, und dass hohe Herren, welche ihn für indiskret hielten, ihn ermorden ließen. Die englische Regierung legte Beschlag auf sämtliche Papiere d'Entraigues, und das Sonderbare ist, dass dieselben niemals an den Sohn des Grafen ausgehändigt wurden.

chem Werte für dasselbe diese Entdeckungen waren! Dieselben hatten einen großen Einfluss in Bezug auf die Wahl der Partei, welche Napoleon in den Ereignissen des Fructidor ergriff, dieselben veranlassten seine berühmte Proklamation, welche den Triumph des Direktoriums zur Folge hatte.

Desaix, welcher unter Moreau in der Rhein-Armee diente und den Waffenstillstand benutzte, um Bekanntschaft mit dem General zu machen, der durch seinen italienischen Feldzug ihn mit so großer Bewunderung erfüllt hatte, befand sich damals in der Nähe Napoleons, und als er von dem Verrat Pichegrus hörte, rief er:

„Am Rhein wussten wir das schon vor 3 Monaten. Ein dem General Kinglin abgenommener Bagagewagen enthielt die ganze Korrespondenz Pichegrus mit dem Feinde." – „Hatte denn Moreau das Direktorium gar nicht in Kenntnis gesetzt?" – „Nein." – „Das ist ja ein Verbrechen", rief Napoleon, „handelt es sich um das Verderben des Vaterlandes, so ist Stillschweigen so gut wie Mitschuld."

Es ist bekannt, dass zurzeit als Pichegru unterlegen war, Moreau dem Direktorium Anzeige machte, indem er derselben beleidigende Vorwürfe hinzufügte. Napoleon hielt dies für ein weiteres Unrecht und sagte:

„Da er früher nichts gesagt hatte, war er zum Verräter am Vaterlande geworden; als er später sprach, erschwerte er nur die Lage eines Unglücklichen."

Sonntag, 13. Oktober. Prinz Eugen. – Unsre Leiden.

Die neuen Einschränkungen des Gouverneurs in Bezug auf unser Leben bilden fort und fort den Unterhaltungsstoff. Heute überschlug der Kaiser sein noch verkäufliches Silbergerät und die Zeit, die wir für den Ertrag noch leben könnten; er bemerkte dazu:

„Ich hänge nicht an diesen Luxusgegenständen, Einfachheit war mir von jeher lieb."

Er habe ja auch, meinte er, im Prinzen Eugen eine Zuflucht; er dächte daran, demselben schreiben zu lassen, dass er ihm den nötigen Kredit für seine Subsistenz sichere, zugleich wolle er den Prinzen ersuchen, ihm ein wenig guten Wein zu schicken, auch Bücher rc.

Der Kaiser ist jetzt stets leidend. Er findet, dass er sehr schnell altert, die heißen Bäder, die er nimmt und die er übermäßig lange ausdehnt, scheinen ihm doch schädlich zu sein.

Dienstag, 15. Oktober. Unser Protest.

Wir hatten einen Protest wider die neuen Beschränkungen des Gouverneurs eingereicht; derselbe war zurückgeschickt. Der Kaiser, der uns heute versammelt hatte, hielt uns folgende Ansprache:

„Die Beschränkungen, denen täglich diejenigen ausgesetzt sind, die sich meinem Dienst gewidmet haben, diese Beleidigungen, die man noch zu steigern im Begriff ist, sind ein Skandal, den ich nicht länger mit ansehen mag. Meine Herren! Sie müssen mich verlassen, entfernen Sie sich: Ich möchte nicht sehen, dass Sie sich den Zwangsmaßregeln unterwerfen, die man Ihnen auferlegt und noch ferner, vielleicht morgen schon, verschärfen wird; ich will allein bleiben. Gehen Sie nach Europa, erzählen Sie von der abscheulichen Behandlung, der ich hier ausgesetzt bin. Sagen Sie draußen, dass Sie es mit eigenen Augen sahen, wie ich noch lebend ins Grab steige. Ich will nicht, dass einer von Ihnen die vom Gouverneur vorgelegten Erklärungen unterzeichne.[17] Man soll nicht sagen können, dass man sich der Hände bedient habe, welche mir gehören, der Hände, über welche ich verfüge – um mich herabzusetzen. Will man Sie fortschicken, wenn Sie einer einfältigen Formalität nicht genügen mögen, so könnten Sie schon morgen auf einen noch hinfälligeren Grund, um Sie zu entfernen, zählen. Man ist entschlossen, Sie einzeln zu entfernen. Gut! Ich ziehe es vor, Sie alle auf einmal entfernt zu sehen."

Wir wurden in aller Form entlassen: Wir waren tief erschüttert; der Kaiser hatte uns schon einmal gesagt: „Ich bin ganz sicher, dass man mich hier sterben lässt!"

---

[17] Dieselben, wie sie dem Kaiser vorgelegt waren, lauteten etwa also: Die Franzosen, welche bei dem General Buonaparte bleiben wollten, hatten ein Formular zu unterzeichnen, welches man ihnen vorlegte, und in welchem sie erklären, sich allen Einschränkungen, die man dem General auferlegen wollte, zu fügen. Diese von ihnen übernommene Verpflichtung war für die Dauer. Diejenigen, die sich jetzt dawider auflehnen, sollen nach dem Kap der Guten Hoffnung geschickt werden. Das Gefolge des Generals soll auf vier Personen beschränkt werden. Diejenigen, welche verbleiben, werden, falls sie geborene Engländer sind, den Gesetzen unterworfen sein, die erlassen sind, um die Inhafthaltung Bonapartes zu sichern, d. h., sie würden mit dem Tode bestraft werden, falls sie zur Entweichung des Generals behilflich wären. Jeder Franzose, der sich der Beleidigungen oder eines unpassenden Benehmens gegen den Gouverneur schuldig macht, wird sofort nach dem Kap der Guten Hoffnung befördert werden. Um von dort nach der Heimat zurückzukehren, werden ihm keinerlei Mittel zur Verfügung gestellt werden, er hat die Reise auf eigene Kosten zu bewerkstelligen.

Wir hatten auf Wunsch des Gouverneurs eine Besprechung mit demselben. Ich wurde zunächst allein empfangen. Er sagte, dass es ihm unmöglich wäre, eine Änderung des uns vorgelegten Regulativs in unserem Sinne zuzulassen. „Es ist mir befohlen worden" – dies sind seine eigenen Worte – „Ihnen die von meiner Hand geschriebenen Erklärungen behufs Unterschrift vorzulegen." Die Unterhaltung war so gut wie resultatlos.

Am Abend traf ein Brief des Gouverneurs an den Großmarschall ein, in welchem uns angezeigt war, dass wir, da wir unsere Unterschriften verweigerten, sofort nach dem Kap spediert werden sollten – daraufhin haben wir – gegen den Befehl des Kaisers – unterzeichnet. So hatten wir uns denn allen Launen und Bosheiten des Sir Hudson Lowe ausgeliefert!

Dienstag, 16. Oktober. Napoleon als Harun al Raschid. – Sein Abschied von der Weltbühne.

Als Konsul sowie als Kaiser hat Napoleon sich oft verkleidet unter das Volk gemischt, um seinem Gerede zu lauschen, einmal hat er sogar Marie Louise mitgenommen. Er bevorzugte für diese Ausgänge die ersten Tagesstunden und mischte sich gern in die Gespräche der Arbeiter, um sich über deren Lage, deren Stimmung zu unterrichten. Ich hörte ihn wiederholt im Staatsrat die Bemerkung machen, der Polizeipräfekt möchte doch dasselbe tun wie er; er empfahl die „Polizei des Kadi", wie er es nannte, man solle sich persönlich horchend und wissbegierig unter die Menge mischen. Als Napoleon nach den Katastrophen von Moskau und Leipzig in Paris zurück war, ging er besonders gern mitten in die Volksmassen hinein, sprach mit diesem und jenem in vertraulichem Tone, scherzte auch wohl und wurde, wenn erkannt, beifällig begrüßt. So kam er eines Tages auch in die „Halle", eine der Hallenfrauen sagte ihm kurzerhand, er solle doch nun endlich Frieden machen. Ihr erwiderte der Kaiser:

„Meine Beste! Fahren Sie nur fort, Ihr Gemüse zu verkaufen und lassen Sie mich tun, was mich angeht: Es hat ein jeder sein eigenes Metier."

Die Umstehenden lachten und gaben dem Kaiser Recht. Ein anderes Mal, es war im Faubourg St. Antoine, stand er wieder gutlaunig plaudernd mitten in einer großen Volksmenge. „Ist es wahr", frug ihn jemand, „was man sich erzählt, dass es schlecht steht?" – „Ich kann gerade nicht sagen, dass es besonders gut steht." – „Aber wo soll denn das hinaus?" – „Bei Gott! Ich weiß es selber nicht!" – „Ja aber ... kann denn der Feind in Frankreich einfallen?" – „Das könnte schon sein, er könnte sogar bis hierher kommen, wenn man mich ohne Hilfe lässt; ich habe keine Million Arme, ich kann nicht alles selbst tun." – „O! Wir werden Sie schon unterstützen", riefen viele. – „Nun, dann werde ich auch den Feind schlagen und unseren alten Ruhm hochhalten." – „Aber was müssen wir denn tun?" – „Dienste nehmen, in die Armee treten und Euch schlagen" – „Das würden wir schon tun", erklärte einer, „aber einige Bedingungen möchten wir stellen." – „Welche denn? Sprecht nur." „Wir möchten nicht die Grenze überschreiten." – „Ihr sollt sie nicht passieren." – „Wir möchten", sagten andere, „unter den Garden dienen." – „Gut, gut! Also in der Garde." Laute Zurufe begleiteten seine Worte. Es wurde sogleich eine Liste ausgelegt und mehr als 2000 Leute erklärten sich bereit, in das Heer einzutreten. Die aufgeregte Menge begleitete den Kaiser unter beständigen Zurufen bis zu den Tuilerien.

Nach seiner Rückkehr von Elba zeigte sich der Kaiser eines Tages wieder im Faubourg St. Antoine, er wurde mit Begeisterung begrüßt, Tausende gaben ihm das Geleit; als er das Faubourg St. Germain passierte, war die Aufregung des Gefolges so groß, dass die Leute mit den Fäusten nach den Fenstern hinauf drohten. Der Kaiser sagte, er habe sich kaum je in einer so peinlichen Lage befunden.

„Welches Unheil hätte nicht entstehen können", rief er, „wenn ein einziger Stein geworfen wäre; das feindliche Faubourg wäre vom Erdboden verschwunden – vielleicht dass meine zur Schau getragene Ruhe, der Respekt, den man mir zollte, Schlimmstes verhinderte." -

Der Kaiser war sehr unwohl, feierlich gestimmt und kam auf irrtümliche Auslegungen seiner letzten Rolle auf der Weltbühne zu sprechen.

„Ich habe entsagt", sprach er, „in die Hände der Vertreter der Nation und zugunsten meines Sohnes. Ich habe mich vertrauensvoll nach England gewendet, um dort oder in Amerika zu leben in tiefster Zurückgezogenheit, den Namen eines Obersten führend, der an meiner Seite getötet wurde: Ich war entschlossen, allen politischen Geschäften, welcher Art immer sie sein mochten, fern zu bleiben. An Bord der Northumberland sagte man mir, ich wäre ein Kriegsgefangener, man werde mich über den Äquator hinausschaffen und dass ich „General Buonaparte" hieße. Ich wurde genötigt, meinen Titel als Kaiser Napoleon dem „General Buonaparte" gegenüber besonders zu betonen.

Vor etwa sieben oder acht Monaten machte Graf Montholon den Vorschlag, für kleine Schwierigkeiten vorzusehen, die sich bei jeder Gelegenheit einstellten. Der Admiral berichtete darüber nach London. Erfolgt ist weiter nichts.

Man legte mir einen Namen bei, der das Gute hat, dass er die Vergangenheit nicht beeinträchtigt, wenn er auch gesellschaftliche Formen außer Rücksicht lässt. Ich bin durchaus bereit, einen Namen anzunehmen, der den Gebräuchen entspricht und wiederhole, dass, sobald man den Zwang meines schrecklichen Aufenthaltes hier aufhebt, ich willens bin, aller Politik fernzubleiben und von nichts Notiz zu nehmen, was in der Welt geschieht.

Das ist, was ich mir denke; verbreitet man etwas anderes, so ist es nicht die Wahrheit."

Donnerstag, 17. Oktober. Ludwig XVI. – Marie Antoinette. – Die Prinzessin Lamballe.

Man kam auf Ludwig XVI, seine Gemahlin und Madame Elisabeth zu sprechen. Der Kaiser frug mich, was ich von Ludwig XVI und Marie Antoinette wüsste, was sie mir gelegentlich meiner Vorstellung bei Hofe gesagt hätten. Ich bemerkte, in der Königin habe man sich getäuscht, man habe sie anfangs für begabt, sehr energisch gehalten. In Bezug auf den König habe ich dem Kaiser wiederholt, was Bertrand de Molleville sagt. Derselbe war Marineminister zur Zeit der Krise, und ich hatte ihn gut gekannt. Molleville sagte, Ludwig habe ungewöhnlich viel Kenntnisse, ein sehr gesundes Urteil und die allerbesten Absichten; allein das wäre auch alles; er sei mit all diesen Eigenschaften in einem Meer von Ratschlägen, die ihm zuteilwurden, untergetaucht: seine Unentschlossenheit habe alles verdorben. In Bezug auf seine Beurteilung Marie Antoinettes teilte Napoleon den Standpunkt der Campan. Für ihn ist die Königin eine reizende Frau gewesen, aber geistig unbedeutend, für Vergnügungen mehr disponiert als für die hohe Politik, sehr gutherzig, eher geizig als verschwenderisch: Sie stand nicht auf der Höhe der Aufgaben, die ihr von den kritischen Zuständen auferlegt waren, verwickelte sich in die geheimen Abmachungen mit dem Auslande und zweifelte keinen Augenblick an ihrer Erlösung durch die Hilfe der Fremden, ja sie trug sich noch am 10. August mit Hoffnungen. „In der grauenvollen Nacht vom 5. auf den 6. Oktober in Versailles eilte", sagte Napoleon, „jemand, der das volle Vertrauen Marie Antoinettes besaß, und den ich später in Rastatt recht rau behandelt habe, zu der unglücklichen Fürstin, sei es, dass der Herr zitiert war, oder dass er erschien, um das Schicksal seiner Königin zu teilen. Als dann das Volk den Eintritt in das Palais erzwang, flüchtete die Königin in die Gemächer ihres Gemahls, ihr Vertrauter aber rettete sein Leben, indem er aus dem Fenster sprang!"

Ich sagte dem Kaiser, dass die Königin in den Augen der Emigranten sehr verloren habe durch die Flucht nach Varennes. Man warf ihr vor, dass sie den König nicht habe allein abreisen lassen und dass sie, einmal unterwegs, das Weiterkommen nicht energisch betrieben habe. Zu den Details der missglückten Flucht gehörte auch das, dass es Leonard, dem „berühmten" Friseur der Königin, der zu den Flüchtlingen zählte, gelang, in seinem Cabriolet mitten in dem wüsten Durcheinander zu entwischen und Koblenz zu erreichen; er brachte den Marschallstab mit, welchen Ludwig Herrn de Bouillé hatte überreichen wollen.

„Es war ja", fügte der Kaiser noch hinzu, „ein bei dem Hause Österreich bestehendes Herkommen, in Bezug auf die Königin von Frankreich das tiefste Schweigen zu beobachten. Bei dem bloßen Namen der Königin schlug man in Wien die Augen nieder, und die Unterhaltung wendete sich schnell einem Thema zu, das niemanden in Verlegenheit setzte. Dies war so die Regel, nicht nur in den Kreisen der Familie, sie wurde auch den Vertretern im Auslande aufgenötigt."

Der Kaiser streifte hernach noch in seiner Unterhaltung die Prinzessin von Lamballe, von welcher er sich gar keine rechte Vorstellung machen konnte. Ich war in der Lage, ihm Auskunft zu geben, da ich sie in Aachen während der Emigration näher kennengelernt hatte! In ihrem Hause verkehrten außer den geflüchteten Mitgliedern des Hofes auch alle vornehmen Fremden wie: Gustav III, unter dem Namen Graf Haga, Prinz Ferdinand von Preußen mit seinen Kindern, von denen das älteste, Prinz Louis Ferdinand, 1806 fiel, die Herzogin von Cumberland, Witwe eines Bruders des Königs von England, u. a. An dem Tage, an dem Ludwig XVI die Verfassung annahm, verteilte er allerhand Gnadenbeweise an die Hofleute, die Prinzessin Lamballe aber erhielt von der Königin einen Brief nach Aachen, in welchem sie zur „Oberintendantin" des Hofhaltes der Königin ernannt wurde. Die Prinzessin beriet sich mit bewährten Freunden, und es wurde ihr geraten, den Posten nicht anzunehmen und den Brief zu ignorieren. Nun holte sich die Dame aber auch noch bei andern Rat. Dieser aber lautete: „Madame, Sie haben teilgenommen an der glücklichen Zeit der Königin, es wäre schön von Ihnen, wenn Sie ihr jetzt Treue an den Tag legten." Die Prinzessin war edelmütig, war zart besaitet, hatte einen Hang zur Romantik: Am andern Morgen erklärte sie, sie werde nach Paris gehen. Sie kehrte nach Paris zurück, obwohl sie sich der Gefahren wohl bewusst war, denen sie sich aussetzte – sie fiel ihrem Edelsinn zum Opfer!

Freitag, 18. Oktober. Vier der unsrigen müssen fort.

Der Gouverneur verlangt die Entlassung von vier zu unserem Haushalt in Longwood zählenden Personen. Mir hat der Gouverneur sagen lassen, mein Diener, ein Eingeborener der Insel, mit dem ich sehr zufrieden war, müsse mir genommen werden; er selber will mir einen anderen aussuchen – ich habe gedankt.

Dienstag, 22. Oktober. Die Behandlung der Verwundeten. – Der Oberchirurg Baron Larrey.

Heute war die Rede von dem hochverdienten Armee-Oberchirurgen, dem Baron Larrey, für den der Kaiser viel rührende Worte fand.

„Während unserer ersten, der Zeit der Republik angehörenden Feldzüge", bemerkte der Kaiser, „wurden in Bezug auf die Chirurgie epochemachende Neuerungen eingeführt; dieselben kommen allermeist Larrey zugute, bei dem sich zu seiner umfassenden Kenntnis die Tugend edelster Humanität gesellte. Die Chirurgen teilen heute die Gefahren der Soldaten, mitten im Feuer bringen sie den Verwundeten Hilfe."

Der Kaiser nannte Larrey den tugendhaftesten Mann, den er in seinem Leben kennengelernt hätte. Nach den siegreichen Schlachten von Lützen, Wurzen und Bautzen ließ er Larrey zu sich kommen um, wie er zu tun pflegte, sich über die Anzahl der Verwundeten zu unterrichten; es waren ihrer auffallend mehr als sonst. Larrey erläuterte den auffälligen Umstand und sagte, die Mehrzahl der jungen, zum ersten Mal im Feuer stehenden Soldaten wäre linkisch in ihren Bewegungen, den Gefahren gegenüber ungeschickter als alte Soldaten. Dem Kaiser schien diese Erklärung nicht zu genügen, da es zu dieser Zeit so viele des Krieges Müde gab, die Frieden unter jeder Bedingung herbeiwünschten und den Kaiser vielleicht mit Gewalt dahin zu bringen suchten; so kam er auf den Gedanken, dass sich viele Soldaten, zumal sie meist an den Händen verletzt waren, die Verwundungen selbst beigebracht hätten, um nicht länger dienen zu müssen. Diese Voraussetzung setzte den Kaiser in nicht geringe Bestürzung.

„Wäre das wahr", rief Napoleon, „so wäre ja trotz unserer Erfolge, unsere Sache verloren – Frankreich wäre mit gebundenen Händen an die Barbaren ausgeliefert."

Er dachte hin und her, wie er der epidemieartigen Erscheinung begegnen könne, und ließ alle Verwundeten von einer gewissen Kategorie von den übrigen absondern, ernannte zunächst eine Kommission von Ärzten mit Larrey an der Spitze, um Genaueres über die Verwundungen festzustellen: Er war entschlossen, mit aller Strenge gegen diejenigen vorzugehen, die so feige gewesen waren, sich selbst zu verstümmeln. Larrey, welcher stets der Behauptung widersprochen hatte, es lägen Selbstverstümmlungen vor und der in denselben mit Recht eine Schande für die Armee erkannte, suchte abermals um eine Unterredung mit Napoleon nach. Napoleon, erzürnt darüber, dass Larrey an seiner ursprünglichen Behauptung festhielt, sagte ihm mit strenger Miene: „Mein Herr, Sie werden mir Ihre Beobachtungen in offizieller Form unterbreiten, gehen Sie und tun Sie Ihre Pflicht." Nach einigen Tagen, Tagen fieberhafter Ungeduld für den Kaiser, kam Larrey wieder, um in Person seinen Bericht zu überreichen. „Nun, Monsieur", rief der Kaiser, „bleiben Sie immer noch bei Ihrer Behauptung?"

„Mehr noch, ich stehe im Begriff, sie Eurer Majestät zu beweisen. Diese wackre Jugend ist in einer abscheulichen Art geschmäht worden; ich habe auf die Untersuchung viel Zeit verwendet, aber nicht einen einzigen Schuldigen gefunden. Es ist unter diesen Verwundeten keiner, der nicht ins Verhör genommen wäre, es folgen mir große Aktenbündel. Eure Majestät mögen dieselben durchzusehen befehlen."

Der Kaiser aber heftete einen finstern Blick auf Larrey.

„Schon gut, Monsieur", sagte er, indem er nach dem ihm dargereichten schriftlichen Rapport griff, „ich werde sogleich an die Arbeit gehen."

Mit großen Schritten ging er in seinem Zimmer auf und ab, er schien in voller Aufregung zu sein; es dauerte jedoch nicht lange, und mit freundlichem Gesicht blieb er vor Larrey stehen, nahm ihn bei der Hand und sagte mit bewegter Stimme:

„Adieu, Herr Larrey! Ein Souverän ist glücklich zu preisen, der mit einem Manne wie Sie sind zu tun hat. Man wird Ihnen meine Befehle zustellen."

Noch an demselben Abend erhielt der Armee-Oberchirurg das mit Diamanten eingefasste Porträt des Kaisers, 6 000 Francs in Gold und eine Staatspension von 3 000 Francs.

Freitag, 25. Oktober. Feldzug in Russland. – Absichten Napoleons.

Es war heute wiederum die Rede vom Feldzuge in Russland; Napoleon meinte, dieser Krieg hätte einer der populärsten in Europa sein müssen, es wäre ein vernünftiger Krieg, ein Krieg, bei dem es sich um große, wirkliche Interessen gehandelt hätte, gewesen: der letzte vor der allgemeinen Ruhe, in seinem glücklichen Ausgange hätte die Sicherheit für alle gelegen. Die Gefahren wären beseitigt worden und an ihre Stelle eine friedliche Zukunft getreten. „Ehrgeiz", sagte er, „hatte mit meinen Absichten nichts zu tun. Indem ich Polen wiederherstellte, war es mir völlig gleichgültig, ob der preußische König oder ein österreichischer Erzherzog auf den Thron kam; ich wollte nichts erwerben, nur den Ruhm einer guten Tat haben. Aber hier gerade musste ich scheitern! Die öffentliche Meinung hat Epidemien: Im Handumdrehen erhob sich das allseitige Geschrei, ich wäre von unersättlichem Ehrgeiz, wäre der Tyrann der Könige, der Vernichter aller Rechte der Völker und siehe da: Völker und Könige, diese unversöhnlichen Feinde, verbündeten sich wider mich!

Die Völker wie die Könige werden einst um mich trauern. Mein Andenken wird gerächt werden durch das schwere Unrecht, welches man an meiner Person verübte, das ist unzweifelhaft.

Übrigens wird man die Wahrheit über den russischen Feldzug nie ganz erfahren, weil die Russen nicht schreiben oder ohne die Wahrheit zu respektieren schreiben, und weil die Franzosen sich selber daran gemacht haben, ihren eigenen Ruhm herabzusetzen. Unzweifelhaft ist der russische Feldzug der ruhmreichste, der schwierigste und der ehrenwerteste für die Gallier gewesen, den sie in alter oder neuerer Zeit geführt haben."

Der Kaiser stellte, hieran anknüpfend, seinen Unterfeldherren die glänzendsten Zeugnisse aus, namentlich bezeichnete er Murat, Ney, Puniatowski als die Helden der Schlacht an der Moskwa; er gedachte der tapferen Kürassier-Regimenter, welche Schanzen eroberten, indem sie die Artilleristen an ihren Geschützen niedersäbelten, er gedachte der braven Artillerie, der braven Infanterie. Hatten ihm die Leute nicht mitten im Gewühl der Schlacht zugerufen:

„Sei nur ruhig! Deine Soldaten haben heute geschworen zu siegen und – siegen werden sie. Es lebe der Kaiser!" -

Hinzufügen möchte ich an dieser Stelle ein kostbares Dokument, in welchem die Beweggründe Napoleons zu seinem russischen Feldzuge klar entwickelt sind. Es ist die Instruktion, welche er Herrn M. erteilt hat, als derselbe mit einer Mission nach Polen ging, das Schreiben ist vom 18. April 1812 datiert und lautet:

„Mein Herr! Der Kaiser zählt auf Ihre Ergebenheit wie auf Ihre Geschicklichkeit, was Ihnen der Auftrag beweisen wird, den Sie erhalten und der von der allergrößten Wichtigkeit ist.

Sie werden sich nach Dresden verfügen, dem Anscheine nach beauftragt, dem König von Sachsen ein Handschreiben des Kaisers zu überreichen. Sie werden noch mündlich kurz vor Ihrer Abreise detaillierte Instruktionen erhalten, hier im Allgemeinen Folgendes:

Es ist der Wille des Kaisers, dass man diesem Souverän gegenüber mit aller jener Rücksicht verfährt, welche die Hochachtung des Kaisers vor seiner Person bedingt. Sie werden sich vor dem Könige sowohl wie vor seinen Ministern mit voller Offenheit aussprechen; Sie werden allen Eröffnungen, welche Ihnen Graf Senff-Pilsach machen wird, Glauben schenken.

Es soll für Sachsen kein Opfer geben, das nicht entschädigt würde.

Es liegt Sachsen wenig an der Souveränität über das Herzogtum Warschau: Der Besitz ist prekär, ist ihm lästig. Der Besitz dieses Fragmentes von Polen bringt Sachsen in eine schiefe Stellung zu Preußen, zu Österreich, zu Russland. Sie werden diese Auffassungen des Näheren entwickeln, und zwar in dem Sinne, in welchem dieselben am 17. im Cabinet des Kaisers zur Sprache kamen; Sie werden auf wenig Widerspruch seitens der Minister in Dresden stoßen: Es handelt sich nicht um eine Zerstücklung des sächsischen Staates. Nach kurzem Aufenthalt in Dresden werden Sie Ihre Abreise nach Warschau anzeigen, wo Sie neue Befehle des Kaisers erwarten.

Se. Majestät der König ist gebeten, Sie bei seinen polnischen Ministern zu beglaubigen. Sie werden sich in Warschau mit dem Prinzen ... Kammerherrn des Kaisers und dem General ... ins Einvernehmen setzen. Diese beiden Persönlichkeiten gehören den berühmtesten Familien Polens an; dieselben haben versprochen, ihren Einfluss den Polen gegenüber geltend zu machen, um dieses Volk dahin zu bringen, dass es für seine Unabhängigkeit und sein Wohlergehen etwas tue. Sie werden die Regierung des Großherzogtums anspornen, die großen Veränderungen vorzubereiten, welche der Kaiser zugunsten der polnischen Nation vorhat. Es ist notwendig, dass die Polen die Absichten des Kaisers unterstützen, und dass sie selbst mitarbeiten an ihrer politischen Wiedergeburt. Sie sollen in den Franzosen mächtige Bundesgenossen erblicken. Der Kaiser ist sich völlig klar über die Schwierigkeiten, die ihm bei der Wiederherstellung Polens begegnen werden. Diese große politische Tat wird anscheinend den Interessen seiner Verbündeten zuwiderlaufen. Die Wiederherstellung Polens durch französische Waffen ist ein gewagtes Unternehmen, es ist sogar geradezu gefährlich: Frankreich hat gegen seine Freunde ebenso Front zu machen, wie gegen seine Feinde. Hier noch einiges Detail:

Das Ziel, welches der Kaiser im Auge hat, ist der Aufbau Polens mit dem ganzen oder teilweisen Territorialumfange früherer Zeit, wobei, wenn möglich, der Krieg vermieden werden soll. Um dieses zu erreichen, hat Se. Majestät der Kaiser seinem Gesandten in Petersburg umfassende Vollmacht erteilt; der Kaiser hat einen außerordentlichen Unterhändler nach Wien geschickt, der beauftragt ist, mit den Großmächten über die Abtretung großer Ländergebiete seitens Frankreichs an sie zu verhandeln als Entschädigung für die Abtretungen, welche sie selbst an das Königreich Polen zu machen hätten. Europa besteht aus drei großen gesonderten Teilen: das französische Reich im Westen, die deutschen Staaten in der Mitte und das russische Reich im Osten. England kann auf dem Kontinent nur denjenigen Einfluss haben, den ihm die Mächte einräumen.

Durch eine Stärkung des Mittelteiles muss man verhindern, dass eines Tages Russland oder Frankreich, vom Wunsch sich auszudehnen geleitet, die Souveränität über Europa anstreben. Das französische Kaiserreich ist gegenwärtig im Vollgenuss seines Daseins, wenn es in diesem Augenblick über die politische Gestaltung Europas keine Entscheidung trifft, so kann es vielleicht morgen schon die Vorteile seiner Lage eingebüßt haben und in seinen Unternehmungen unterliegen. Die Bildung eines Militärstaates in Preußen, die Regierung, die Eroberungen des großen Friedrich, die in Umlauf gesetzten Ideen des Jahrhunderts, die der Revolution, haben den alten Deutschen Bund beseitigt; der Rheinbund hat eine nur provisorische Existenz, die dazu gehörenden Fürsten wünschten vielleicht sein Fortbestehen, allein diejenigen Fürsten, welche Verluste erlitten, diejenigen Völker, welche unter den Schrecken des Krieges litten, diejenigen Staaten, welche vor der allzu großen Machtentwicklung Frankreichs zittern, werden sich dem Fortbestehen des Rheinbundes widersetzen: jedes Mal, sobald sich die Gelegenheit dazu bietet. Selbst die Fürsten, deren Gebiete größer wurden, werden bestrebt sein, sich von dem System loszusagen, je mehr die Zeit sie im Besitz des Neu erworbenen sicherte. Am Ende vom Liede wäre den Händen Frankreichs ein Protektorat entrissen, das es mit allzu großen Opfern erkauft hatte.

Das Haus Österreich, welches drei große Königreiche besitzt, soll die Seele der Unabhängigkeit der andern sein, und zwar wegen der topografischen Lage seiner Staaten, deren Gebieterin soll es nicht sein. Im Falle eines Zerwürfnisses zwischen Frankreich und Russland würde ein gemeinschaftlicher Schritt der Mittelmächte notwendig, einen der in Streit geratenen Staaten ins Verderben stürzen: Das französische Kaiserreich aber wäre mehr exponiert als das russische.

Das Zentrum Europas soll aus Staaten bestehen, welche in ihrer Machtentwicklung ungleich sind, von denen ein jeder eine ihm eigene Politik haben soll und welche durch ihre Lage wie durch ihre politischen Beziehungen im Protektorat der beiden großen Staaten eine Stütze suchen werden. Diese Staaten sind an der Aufrechterhaltung des Friedens interessiert, denn sie werden stets die Opfer eines etwaigen Krieges sein. Von diesen Anschauungen ausgehend, ist es für den Kaiser, nachdem er neue Staaten gegründet, alte vergrößert hat, um für alle Zeit das Bündnis-System zu stärken, von Interesse, Polen wiederherzustellen: Ohne Wiederaufrichtung des polnischen Königsthrones würde nach dieser Seite hin Europa ohne Grenze sein. Österreich und Deutschland stünden dem mächtigsten Reiche der Erde Auge in Auge gegenüber. Der Kaiser sieht voraus, dass Polen, ebenso wie Preußen, später der Verbündete Russlands sein wird. Die Zeit der Einigung dieser Staaten aber würde vorläufig noch fernliegen, und die neue Ordnung der Dinge würde Fuß fassen können. Ist Europa staatlich in dieser Weise organisiert, so läge kein Grund mehr vor für eine Rivalität zwischen Frankreich und Russland. Beide Reiche hätten dieselben Handelsinteressen, sie würden nach denselben Grundsätzen regiert werden.

Ehe die Erkaltung in den Beziehungen zu Preußen eintrat, war es die Absicht Napoleons, ein dauerndes Bündnis mit dem König von Preußen abzuschließen und demselben die Krone Polens aufs Haupt zu setzen. Es waren wenige Hindernisse zu überwinden, da Preußen schon den dritten Teil Polens innehatte. Man hätte Russland das belassen, was es durchaus behalten wollte; Österreich hätte man anderweitig entschädigt. Der Gang der Ereignisse hat dieses Projekt Napoleons zunichtegemacht.

Während der Verhandlungen zu Tilsit mussten Staaten gerade in den Gegenden geschaffen werden, welche am meisten Furcht vor der Machtstellung Frankreichs hatten. Der Augenblick war ungünstig für die Wiederaufrichtung Polens; man hätte den Krieg verlängern müssen; die französische Armee litt durch Kälte und Entbehrungen. Russland verfügte über mehrere Armeen. Der Kaiser war hingerissen von den edlen Anschauungen, die Zar Alexander ihm an den Tag legte. Hindernisse wurden ihm durch Österreich in den Weg gelegt. Er gab dem Frieden, welchen er für dauernd hielt, den Vortritt vor seiner Politik.

Nach seinen Unfällen war Preußen gegen uns so hasserfüllt, dass es an nichts dachte als an eine Wiedererstarkung, deshalb ist das Großherzogtum Warschau errichtet worden. Man hat demselben den König von Sachsen gegeben, einen Fürsten, dessen Leben darauf verwendet ist, seine Untertanen glücklich zu machen. Man war bemüht, die Polen durch Einrichtungen, die ihnen wohl gefielen, die ihren Sitten, die ihrem Nationalcharakter entsprachen, zu gewinnen.

Sachsen, von seinem neuen Besitz durch Preußen getrennt, würde mit Polen zusammen kein wohl organisiertes Ganzes, das stark und einflussreich wäre, bilden. Die Militärstraße durch Preußen, um Sachsen mit Polen zu verbinden, hatte in Preußen böses Blut hervorgerufen, und die Polen klagten, sie wären in ihren Hoffnungen getäuscht. Der Kaiser befahl die Besetzung der preußischen Festungen, um sicher zu sein, dass dieser Staat nicht von Neuem den Krieg entfache. Der Feldzug von 1809 hat erwiesen, wie richtig seine Maßnahmen waren und den Kaiser zu dem festen Entschluss veranlasst, die Bildung des neuen Staatssystems für Europa energisch durchzuführen.

Der Kaiser hielt es für nötig, durch die Anzahl seiner Truppen, welche er bis an die Weichsel vorschob, zu imponieren, durch die Besetzung der preußischen Festungen über die Zuverlässigkeit seiner Verbündeten zu wachen und durch Vermittlungen zu erreichen, was sonst nur der Krieg ermöglicht hätte.

Es ist stets mit Gefahren verbunden, Armeen auf 500 Meilen von ihrem Ausgangspunkte zu entfernen, und Polen müsste sich ebenso sehr auf seine eigenen Kräfte stützen als auf die Hilfe des Kaisers. Wenn es zum Kriege kommt, so müssen die Polen – ich wiederhole dies – denselben als ein weiteres Mittel ansehen, welches ihren eigenen Hilfsquellen hinzugefügt ist. Sie müssen sich die Zeiten zurückrufen, da sie durch ihren Patriotismus und ihren Mut den zahlreichen Armeen Widerstand leisteten, die ihre Unabhängigkeit bedrohten.

Die Bevölkerung des Großherzogtums verlangt nach der Wiederherstellung Polens; von ihr hängt es ab, die Wege zu ebnen, auf welchen die entrissenen Provinzen in die Lage kommen, ihren Willen darzutun. Die Regierung des Großherzogtums soll, sowie die Ereignisse es gestatten, unter dem Banner der Unabhängigkeit die abgetrennten Teile des unglücklichen Landes wieder sammeln. Gibt es unter der Herrschaft Russlands oder der Österreichs Polen, welche sich weigern zum Mutterlande zurückzukehren, so lasse man sie in Ruhe. Polen muss aus dem Nationalgefühl seine Kräfte schöpfen ebenso wie aus den Einrichtungen seines neuen Staatswesens.

Das Hauptaugenmerk Ihrer Sendung ist also das, aufzuklären, aufzumuntern und die polnischen Patrioten in ihren Operationen zu leiten. Sie werden über Ihre Erfolge dem Minister des Auswärtigen Bericht erstatten, der seinerseits den Kaiser benachrichtigen wird. Sie werden mir direkt Auszüge Ihrer Berichte einsenden.

Das Unglück und die Schwäche der polnischen Republik waren veranlasst durch eine Aristokratie ohne Rechtsbegrenzung, ohne Normen. Damals, ebenso wie heutzutage, war der Adel einflussreich und mächtig, der Bürgerstand unterwürfig, das Volk galt nichts. Aber trotz solcher Missverhältnisse gab es in der Nation eine Liebe zur Freiheit und Unabhängigkeit, welche lange Zeit die Stütze ihres gebrechlichen Daseins wurde. Diese Empfindung muss sich durch die Unterdrückung nur noch gesteigert haben. Der Patriotismus ist den Polen angeboren, selbst den höchsten. Der Kaiser wird ohne Einschränkungen das Versprechen halten, welches im Artikel 25 der Abmachungen vom 9. Juli 1807 enthalten ist, das heißt: Dem Großherzogtum ist eine Verfassung zugesichert, welche ihm seine Freiheit gewährleistet, die sich mit der Ruhe der Nachbarstaaten verträgt. Polen soll unabhängig und frei sein! Was die Wahl des Souveräns betrifft, so soll sie aufgrund von Vereinbarungen erfolgen, welche der Kaiser mit den andern Souveränen abschließen wird. Se. Majestät macht weder für sich noch für ein Glied seiner Familie Ansprüche an den Thron. Der Kaiser hat bei dem großen Projekt der Wiederherstellung Polens nur ein Ziel im Auge: das Glück Polens und die Ruhe Europas. Sie werden bevollmächtigt, diese Erklärung mit allem Nachdruck zu geben, wenn immer Sie es im Interesse Frankreichs oder Polens für nötig halten.

Seine Majestät hat befohlen, Ihnen diese Note zustellen zu lassen, damit Sie für Ihre Unterhaltungen mit den offiziellen Persönlichkeiten einen Leitfaden haben, sowohl in Dresden wie in Warschau.

Falls pekuniäre Unterstützungen nötig würden, wäre seine Majestät bereit, dem Staatssäckel Polens zu Hilfe zu kommen usw." -

Als feststehend wird es im Allgemeinen angesehen, Napoleon habe sich nach der unklugen Art Karl XII in den Krieg mit Russland gestürzt; er habe sich gegen alle Grundsätze der Kriegskunst auf eine ungeheure Distanz von seinen Magazinen entfernt, habe seinen Reserven nicht die gehörigen Stützpunkte gegeben, seinen Rücken entblößt; er habe den rauen klimatischen Verhältnissen nicht die gehörige Rechnung getragen, sei in Moskau vom Schlaf befallen worden, habe die Armee im Stich ge- lassen in ihrer verzweifelten Lage usw. Ich führe deshalb das hier an, was Napoleon selbst in seinen „Mémoires de Napoléon" Teil 2 (Seite 57 und 97 bis 115) sagt:

Im russischen Feldzuge befand sich die erste Linie unserer Depots und Magazine in Smolensk, zehn Tagereisen von Moskau, die zweite in Minsk und Wilna, d. h. acht Tagereisen von Smolensk, die dritte in Kowno, Grodno und Bialistok, die vierte in Elbing, Marienwerder, Thorn, Plock, Mödlin und Warschau, die fünfte in Danzig, Bromberg und Posen, die sechste endlich in Stettin, Küstrin, Glogau.

Von 400 000 Mann, welche den Njemen passierten, blieben 240 000 als Reserve zwischen diesem Fluss und dem Borysthenes (Dnjepr), 160 000 gingen über Smolensk hinaus und marschierten auf Moskau; von diesen 169 000 Mann blieben 40 000 zwischen Smolensk und Mozaisk verteilt, der Rückzug über Polen war mithin geboten.

Kein einziger General hat Napoleon Vorstellungen dahin gehend ge- macht, dass er an der Beresina haltmachen solle, alle waren vielmehr da- hin einig, dass der Besitz Moskaus gleichbedeutend mit dem Frieden wäre.

Bis nach Smolensk manövrierten wir in einem Lande, das uns ebenso wohlgesinnt war wie Frankreich: Bevölkerung, Obrigkeit waren für uns, es konnten alle Bedürfnisse befriedigt werden.

Es gibt nichts Ungleichartigeres als der Kriegszug Karl XII. und der Na- poleons. Karl XII. gab seine Operationslinie und auf eine Strecke von 400 Meilen sogar seine Flanken dem Feinde Preis; er verletzte alle Prinzipien eines Angriffskrieges, während Napoleon an ihnen festhielt.

Bei seinem Marsch auf Moskau ist ihm der Feind nie im Rücken gewe- sen. Von Mainz bis Moskau ist ihm kein einziger Mann, keine Stafette, kein Transport abgefangen worden; es ist kein Tag vergangen, an dem nicht die Nachrichten aus Frankreich eingetroffen wären; in Paris ver- ging kein Tag, ohne dass nicht Nachrichten von der Armee eintrafen.

In der Schlacht bei Smolensk wurden mehr als 60 000 Kanonenschüsse, in der Schlacht an der Moskwa etwa 120 000 abgegeben. Munition wur- de, wie man sieht, viel verbraucht, war aber stets zur Hand; als wir von Moskau abzogen, hatte jedes Geschütz 350 Schüsse zur Verfügung.

Der Marsch der Armee von Moskau fort darf nicht als Rückzug bezeich- net werden, da die Armee siegreich war, und ebenso gut nach Peters- burg hätte marschieren können als nach Kaluga oder Tula, welche Kutusow zu decken sich vergeblich bemüht haben würde. Nach Smolensk ging die Armee nicht deshalb zurück, weil sie geschlagen war, sondern weil sie in Polen überwintern und im Frühjahr nach Petersburg marschieren sollte. Wäre es Sommer gewesen, so hätte weder die Armee Tschitschakows noch die Kutusows gewagt, sich der französischen Armee zu nähern, sie wären verloren gewesen. Der russische Hof war voller Furcht, wir würden uns nach Petersburg wenden, er hatte Archiv und Schatz nach London in Sicherheit bringen lassen und aus Podolien die Armee Tschitschakows herbeigerufen, um die Hauptstadt zu decken. Wäre Moskau nicht in Brand gesteckt worden, so wäre Alexander zum Frieden gezwungen gewesen. Hätte nach dem Brande von Moskau die fürchterliche Kälte nicht um 14 Tage früher wie sonst eingesetzt, wäre die Armee ohne jeden Verlust nach Smolensk gelangt, wo sie von den russischen Armeen nichts mehr zu fürchten gehabt hätte, da dieselben an der Moskwa und bei Maroslawitz aufs Haupt geschlagen waren.

Man wusste wohl, dass es im Dezember und Januar sehr kalt wurde, allein nach den Beobachtungen der letzten zwanzig Jahre schien es festzustehen, dass im November die Kälte sechs Grad nicht überschritt. Es haben nur drei Tage gefehlt, und die Armee hätte ihren Rückmarsch in bester Ordnung zurückgelegt – in diesen drei Tagen verlor sie 30 000 Pferde – man könnte also dem Kaiser höchstens den Vorwurf machen, dass er vier Tage zu lange in Moskau geblieben wäre. Zu diesem Aufenthalt aber war der Kaiser durch politische Gründe veranlasst, auch glaubte er Zeit genug zu haben, um nach Polen zurückzukehren, da der Herbst im Norden lange währt.

Als die Armee Moskau verließ, nahm sie für 20 Tage Lebensmittel mit, das war mehr als sie brauchte, um bis Smolensk zu gelangen, wo sie sich im Überfluss hätte versorgen können, um bis Minsk und Wilna zu gelangen; allein die Train-, Artillerie- und Kavalleriepferde gingen der Mehrzahl nach drauf: Der ganze Dienst fing an sich zu lockern, es war bald von keiner Armee mehr die Rede; vor Wilna Stellung zu nehmen, war ein Ding der Unmöglichkeit; die Corps des Fürsten Schwarzenberg und des General Reynier, die an der Weichsel standen, anstatt sich an Minsk anzulehnen, wie sie es hätten tun sollen, zogen sich nach Warschau zurück, indem sie die übrige Armee im Stich ließen. Hätten sie sich nach Minsk begeben, so hätten sie sich daselbst mit der Division Dombrowski vereinigt, welche allein nicht imstande war, Burischow zu verteidigen, und es wurde dem Admiral Tschitschakow möglich, den Ort zu besetzen. Es lag nicht in der Absicht des Admirals die Beresina zu besetzen, er wollte sich vielmehr an die Düna ziehen und Petersburg decken. Der Herzog von Reggio stieß auf ihn, schlug ihn und warf ihn auf das rechte Ufer der Beresina. Der Admiral wurde abermals nach seinem Übergange über die Beresina geschlagen. Die Doumerc-Kürassiere machten bei einer einzigen Attacke 1 800 Mann teils nieder, teils gefangen. Zwei Tagemärsche vor Wilna, als der Armee keine Gefahren mehr drohten, hielt Napoleon es für nötig, da dringende Umstände seine Anwesenheit in Paris zu fordern schienen, sich schleunigst dorthin zu verfügen; nur von dort aus konnte er Preußen und Österreich im Zaume halten. Zögerte er, sich nach Paris zu verfügen, so wäre ihm vielleicht der Weg verlegt worden. Er hinterließ dem König von Neapel und dem Fürsten von Neuchatel das Oberkommando. Die Garde war damals noch vollzählig, die Armee zählte über 80 000 Kombattanten ohne das Corps des Herzogs von Tarent zu zählen, welches an der Düna stand. Die russische Armee war alles in allem auf 50 000 Mann zusammengeschmolzen. Mehl, Biskuit, Wein, Fleisch, Gemüse, Pferdefutter waren in Wilna im Überfluss vorhanden. Als Napoleon die Stadt passierte, wurde ihm Bericht erstattet: Es waren 4 Millionen Mehlrationen, 3 Millionen 600 000 Rationen Fleisch, 9 Millionen Rationen Wein und Branntwein, große Massen von Monturgegenständen und Munition vorhanden. Wäre Napoleon bei der Armee geblieben, oder hätte er das Oberkommando dem Prinzen Eugen gegeben, die Armee wäre nie über Wilna hinaus zurückgegangen; ein Reservekorps lag in Warschau, ein anderes in Königsberg – man ließ sich von einer Hand von Kosaken imponieren und verließ bei Nacht und in völliger Unordnung Wilna. Von da an beginnen erst die erheblichen Verluste. Nichts war weniger vorauszusehen als das unvernünftige Verhalten in Wilna – Napoleon aber konnte unmöglich zu gleicher Zeit in Paris und bei der Armee sein.

In diesem unglücklichen Feldzug waren unsere Verluste allerdings erheblich, aber doch nicht so erheblich, wie man es sich denkt. Von den 400 000 welche über die Weichsel zogen, waren die Hälfte Österreicher, Preußen, Sachsen, Bayern, Württemberger, Badenser, Hessen, Mecklenburger, Spanier, Italiener und Neapolitaner. Die kaiserliche Armee im eigentlichen Sinne bestand zu einem Drittel aus Holländern, Belgiern, Rheinländern, Piemontesen, Schweizern, Genuesen, Toskanern, Römern, ferner Hamburger und Bremer Kontingenten und zählte kaum 140 000 Mann, die französisch redeten. Frankreich selbst kostete der russische Feldzug weniger als 50 000 Mann. Die russische Armee auf ihrem Rückzuge von Wilna nach Moskau verlor in den verschiedenen Schlachten und Gefechten um das Vierfache mehr als die französische. Beim Brand von Moskau sind 100 000 Russen umgekommen, die vor Kälte und Ent-

81

behrungen in den Wäldern starben. Auf dem Marsch von Moskau an die Oder litt auch die russische Armee schwer unter dem Einfluss der Witterung; sie bezifferte sich bei ihrer Ankunft in Wilna nur auf 50 000 Mann, in Kalisch waren nur noch 18 000 übrig. Man kann annehmen, dass die Verluste der Russen in diesem Feldzuge um das Sechsfache mehr betrugen als die Frankreichs. -

Das sind Einzelheiten, die viele überraschen werden, und ich muss gestehen, auch ich bin erstaunt, allein es würde mir schlecht anstehen, die Wahrheit der Worte des Kaisers nur im Geringsten in Zweifel zu ziehen!

Sonntag, 27. Oktober. Der Kaiser leidend. – Betrachtungen über die Revolution und die neue Zeit.

Der Kaiser, der schon seit einigen Tagen nicht unerheblich erkrankt ist, fieberte, seine Gedanken schweiften hin und her, er kam auch auf die Revolution zu sprechen und bemerkte:

„Die Revolution ist trotz all ihrer Scheußlichkeiten doch der Grund zur Läuterung der öffentlichen Moral und unserer sittlichen Zustände geworden. Ein Rückfall ist unmöglich; es ist die Revolution dem Düngerhaufen zu vergleichen, der eine bessere Vegetation hervorruft."

Er dürfte behaupten, dass seine Verwaltung die Rückkehr zur Moral und Wohlanständigkeit bedeutet habe. Eine zweite Auflage der Revolution sei undenkbar, es müsste denn der Müßiggang in der obersten Schicht der Gesellschaft wieder einreißen, jenes frivole Wesen, das in einem liederlichen Verkehr der Geschlechter untereinander seinen Ausdruck fand; es müsste aus dem Mittelstande jener industrielle Gärungsstoff verschwinden, der heute alle Ideen erweitert, die Geister erhebt, die untere Klasse müsste zurückgestoßen werden, in ihre frühere Lage, in der sie sich kaum vom Vieh unterscheidet – das wäre unmöglich!

Sonnabend, 2. November. Antwerpen und seine großartigen Hafenanlagen. – Sonstige Wasserbauten. – Cherbourg.

Da ich Mitglied der Kommission des Staatsrates für Marineangelegenheiten war, bin ich in der Lage, die großartigen Wasserbauten, die Napoleon an den Küsten des Kaiserreiches teils hat errichten lassen, teils zu errichten beabsichtigte, aufzuzählen: Ich gehe vom Süden nach Norden und flechte ein, was er selbst darüber sagte.

1. Das Fort Bayard war bestimmt, die Insel Aix und deren Hafen zu schützen. Schiffe, selbst große Linienschiffe, können außer Sicht des Feindes zwischen Oléron und dem Festlande passieren und die Häfen an der Gironde-Mündung erreichen.

2. Die gewaltigen Bauten bei Cherbourg. Die unter Ludwig XVI begonnenen Deichbauten hatten während der Revolution Störungen erlitten, unter Napoleon ging man mit Eifer an den Ausbau: Der mittlere Teil wurde bis auf neun Fuß über den höchsten Wasserstand aufgeführt und bekam 100 Toisen Länge; er trägt eine Batterie von 20 Geschützen schwersten Kalibers; in weniger als zwei Jahren ist dieser Riesenbau vollendet worden. Es ist ferner ein mächtiger, elliptisch geformter Turm innerhalb des Deiches aufgeführt: ein überaus schwieriger Bau, der in seinem Äußeren erst 1812 fertig geworden ist; er besteht aus mächtigen Granitblöcken und sollte im ersten Stockwerk eine für die ganze Garnison bestimmte Kaserne, ein Pulvermagazin, eine Zisterne usw. enthalten. Darüber sollten kasemattierte Räume liegen, bestimmt für 19 Sechsunddreißigpfünder: Der ganze Turm sollte vier Batterie-Reihen übereinander bekommen. Es ist innerhalb von acht Jahren in den Felsen ein Bassin eingehauen, welches 15 Kriegsschiffe fassen kann; es reicht 30 Fuß tief unter den niedrigsten Wasserstand. 1818 fand die feierliche Einweihung statt, bei der auch Marie Louise zugegen war. An dieses Bassin sollte sich seitwärts ein zweites anschließen für 25 Schiffe; hinter beiden und in der Ausdehnung beider sollten in halbrunder Form bedeckte Reservoire angelegt werden, in welchen etwa 30 Kriegsschiffe zum sofortigen Auslaufen bereitliegen sollten.

3. Die zahlreichen Anlagen, welche die für den Einfall in England bestimmte Flottille beanspruchte, bestanden in Forts, in kasemattierten Quais, in Steindämmen, Schleusen usw. Boulogne sollte das Zentrum dieser Bauten bilden, in Vimereux, Ambleteuse und Etaples waren die Flügelfortsetzungen. Boulogne allein konnte in seinem Hafen mehr als 2 000 Schiffe verschiedener Größe, das dem Hafen hinzugefügte künstliche Bassin allein 800 bis 900 segelfertig bereitliegende Schiffe beherbergen; die vorgenannten Seeplätze Vimereux, Ambleteuse und Etaples wurden so eingerichtet, dass sie zusammen etwa 1 000 Fahrzeuge aufnehmen konnten.

4. An allen wichtigeren Seeplätzen wurden Hafen-Erweiterungen oder Verbesserungen vorgenommen; so wurde der Hafen von Havre für Fregatten zugänglich gemacht, St. Valery, Dieppe, Calais, Dünkirchen, Grävelingen vielfach verbessert, Ostende wurde so erweitert, dass es Raum für eine größere Flottille bot.

5. Die Verbesserungen in Vlissingen umfassten oder sollten nicht allein den Wiederaufbau der Werke, welche die Engländer nach ihrem Abzug zerstört hatten, umfassen, sondern auch großartige Erweiterungen des Hafenbassins; Vlissingens geografische Lage erschien dem Kaiser so bedeutungsvoll, dass er keine Kosten scheute: Die größten Schiffe sollten im Hafen ankern, ein Geschwader von 20 Kriegsschiffen dort überwintern können.

Gewaltige Magazine sollten in Vlissingen in kasemattierten Räumen untergebracht, über denselben Schanzen, starrend von Kanonen, angelegt – Vlissingen sollte uneinnehmbar werden.

6. Die Arbeiten von Terneuse. Der westliche Abfluss der Schelde war von der allergrößten Wichtigkeit für das Ein- und Auslaufen unserer Schiffe. Terneuse, am linken Ufer, etwa 3 Meilen von der Mündung entfernt, wurde für den Ausgangspunkt der Arbeiten – sie kamen über den Anfang nicht hinaus – bestimmt.

7. Die gewaltigen Bauten von Antwerpen. Die Stadt ist etwa 20 Meilen vom Meere entfernt, ein schwer gangbarer, sich weit schlängelnder Wasserweg verbindet sie mit demselben; vorhandene Anlagen waren auf den Handel berechnet, eine Kriegsflotte hätte beim Auslaufen die größten Schwierigkeiten gehabt, sie wäre weder gegen Sturm noch gegen feindliche Unternehmungen gesichert gewesen. Napoleon, voller Ungeduld, den Engländern begreiflich zu machen, dass die Schelde, in seinem Besitz, eine große Gefahr für ihr Land darstelle, machte innerhalb von weniger als acht Jahren aus Antwerpen ein Seearsenal ersten Ranges, und auf der Schelde schaukelte sich eine ansehnliche Flotte; in der Stadt selbst wurden zwei gewaltige Bassins ausgegraben.

8. Rotterdam und Nievendip wurden, besonders letzteres, mit gleichfalls großartigen Anlagen bedacht; Nievendip sollte ein zweites Antwerpen an der Zuider See werden.

9. An Weser, Ems und Elbe begannen gleichzeitig mit der Besetzung von Bremen, Hamburg und Lübeck die Wasserbauten. In Delfzijl, an der Mündung der Ems, sollten große Depots errichtet werden; Kanalbauten zwischen Ems, Weser und Elbe waren projektiert, sodass Holland mit den Küsten der Ostsee verbunden wurde. –

Fügt man diesen gewaltigen, allerdings nur zu einem kleinen Teil fertiggestellten Bauten die große Anzahl vollendeter Befestigungswerke, Heerstraßen, Brücken, Kanäle und öffentlicher Gebäude hinzu, so wird man einräumen, dass nie zuvor jemand so Großes vollbracht, so Großes vorhatte.

Auch Italien ist ein beredter Zeuge in dieser Richtung. Durch die Apenninen sind nach allen Richtungen hin herrliche Straßen, in Genua ein gewaltiges Arsenal angelegt. Korfu, als der Schlüssel für Griechenland, wurde vortrefflich befestigt, der Hafen von Venedig ausgebessert und vergrößert. In Ragusa und Pola beabsichtigte der Kaiser gewaltige Depots anzulegen. Viel ging ihm der Gedanke durch den Kopf, den Golf von Venedig mit dem von Genua mithilfe des Po und eines Kanals zu vereinigen, welcher von Alessandria ausgehend nach Savona quer durch die Apenninen geführt werden sollte.

In dieser Richtung belehrend und hochinteressant ist das Exposé, welches in der Sitzung am 25. Februar 1813 Graf Montalivet, Minister des Innern, der Kammer vorlegte. Es lautet:

Meine Herren! Se. Majestät der Kaiser hat mir befohlen, Ihnen über die innere Lage Frankreichs in den Jahren 1811/12 Aufschluss zu erteilen. Sie werden zu Ihrer Befriedigung erfahren, dass trotz der gewaltigen Armeen, welche der Kriegszustand zu halten zwingt, die Bevölkerung fortgesetzt zunimmt, dass unsere Industrie neue Fortschritte machte, dass nie zuvor die Landwirtschaft in solcher Blüte stand und unsere Manufakturen vollauf zu tun haben, dass zu keiner Zeit so viel Wohlhabenheit und Reichtum bei der Bevölkerung existierte. Der schlichte Ackerbauer freut sich heutzutage, was früher nicht der Fall war, seines Lebens, er kauft zu hohem Preise ihm passend erscheinende Ländereien, er kleidet, er nährt sich besser, baut sich bequemere Wohnstätten. Auf dem Gebiet der Industrie, namentlich der Kunstindustrie, werden fort und fort Versuche gemacht, um Neues, Besseres an die Stelle des Alten zu setzen; brachliegende Ländereien wurden kultiviert, der Viehstand hat sich erheblich vermehrt, die Rassen wurden verbessert. Die Landleute wurden so bemittelt, dass sie sich Zuchtböcke und Zuchtstiere und -hengste anschaffen konnten, um ihr Vieh zu veredeln. Die Befriedigung der Bedürfnisse unserer Armeen, unserer Landwirtschaft durch unsere Manufakturen erscheint mit jedem Tage mehr sichergestellt. Dieser Wohlstand ist eine Folge der liberalen Gesetze des Landes, der Beseitigung feudaler Einrichtungen, der Aufhebung des Zehnten, der Schließung der Klöster; Familien, die früher dem Proletariat angehörten, sind kleine Grundbesitzer geworden; Klarheit, Vereinfachung der Gesetze kommen hinzu, das Gerichtsverfahren ist weit prompter geworden, als es früher war, die Zahl der Prozesse ist verringert, die Aushebungen liefern ein immer kräftigeres Material.

Montag, 4. November. Der Kaiser sehr leidend und in melancholischer Stimmung. – Er hätte in Moskau sterben, oder bei Waterloo fallen sollen. – Lob seiner Familie.

Der Kaiser hat sich infolge seiner körperlichen Leiden und einer tief melancholischen Stimmung dem Verkehr mit uns fast ganz entzogen. Nur sprach er zu mir einige traurige Worte: Er hätte sollen in Moskau sterben, sein Kriegsruhm hätte bis dahin keine einzige Schlappe zu verzeichnen, seine politische Karriere wäre dann ohne Gleichen in der Weltgeschichte gewesen. Ich machte ihm den Einwurf, dass seine Rückkehr von Elba eine der kühnsten und genialsten Taten wäre, welche in Klios Büchern verzeichnet ständen. Der Kaiser bemerkte nachdenklich:

„Nun ja, das mag ja wohl sein – aber dann kommt Waterloo, und dort hätte mich der Tod ereilen sollen."

Er kam dann auf die Seinigen zu sprechen; die geringe Hilfe, die sie geleistet, die vielen Unannehmlichkeiten, welche sie ihm bereitet hätten. Er klagte besonders über die irrtümliche Auffassung, die sie gehabt hätten, dass, wenn sie einmal an der Spitze eines Volkes stünden, sie sich ganz mit demselben identifizieren und die Interessen ihres Volkes denen des gemeinsamen Vaterlandes voranstellen müssten; diese Auffassung könne ja ihren Grund in edlen Motiven haben, allein dieselben wären doch an falscher Stelle zur Geltung gebracht worden. Sie hatten kein Verständnis dafür, dass ihnen selbst die Absonderung Schaden bringen müsste, dass sie nur das Glied einer Kette bildeten, dass sie die gemeinsame Organisation fördern und nicht behindern sollten.

„Allerdings", fügte er hinzu, „waren sie ja samt und sonders Neulinge, waren jung und umringt von Intrigen und Schmeicheleien; verstecktes Übelwollen, bös gemeinte Ratschläge begegneten ihnen vielfach; auch frage ich mich oft: Hätten an ihrer Stelle andere anders gehandelt? Es taugt nicht jeder zum Staatsmanne; dieser Beruf verlangt eine ganz besonders organisierte Individualität, wie sie sich allzu häufig nicht vorfindet. Meine Brüder waren in dieser Beziehung besonders eigenartig: Was der eine zu viel hatte der andere zu wenig. Sie fühlten sich einesteils zu stark, um sich bedingungslos einem Mentor zu fügen, hatten andernfalls jedoch nicht Stärke genug, um ganz ohne denselben fertig zu werden; im Herzen aber war das Verhalten der Meinigen kein unehrenhaftes. Joseph hätte überall eine Zierde der Gesellschaft, Lucian die einer politischen Versammlung abgegeben; Jerome, zum Manne gereift, wäre zum Regieren geeignet gewesen, ich setzte in ihn große Hoffnungen,

Louis hätte überall gefallen, er hätte sich in jedem Lande hervorgetan. Meine Schwester Elise hatte den Kopf eines Mannes, sie hatte Seelenstärke, sie hätte sich im Unglück als Philosophin gezeigt; Caroline war sehr gewandt, sehr begabt; Pauline, vielleicht die schönste Frau ihrer Zeit, war und wird bis an ihr Lebensende das gutherzigste Wesen bleiben, das man sich nur denken kann. Was meine Mutter betrifft, so war sie einer allseitigen Verehrung wert. Welche Familie, zahlreich wie die unsere, böte ein schöneres Ensemble! Bedenken Sie wohl, dass wir, abseits der politischen Quälereien, uns gegenseitig lieb hatten. Ich meines Teils habe nie das Herz eines Bruders verleugnet, ich war allen den Meinigen gut, und ich bin der Meinung, dass sie im Grunde ihres Herzens meine Empfindungen erwiderten und dass sie im Notfalle ein jeder Beweise hiervon geben würden." -

Es ist heute der zwölfte Tag, dass der Kaiser nicht mehr mit uns gegessen hat.

Mittwoch, 8. November. Russland und seine Stellung zu den übrigen europäischen Staaten. – Indien im Besitze Englands. – Pitt und Fox.

Der Kaiser, dessen Befinden sich gottlob besserte, berührte heute wiederum eines seiner Lieblingsthemata, nämlich das Verhältnis Russlands zu den übrigen Staaten. Nach seiner Auffassung ist Russland als die am Nordpol, angelehnt an ewige Eismassen, ruhende Macht, unzugänglich und unnahbar, wenn es ihm darauf ankommt. Man hätte im Jahre nur drei bis vier Monate, um den Koloss anzugreifen. Die Völker Russlands, inmitten ihrer erstorbenen Natur, auf ihrem sterilen Boden, wären voller Sehnsucht nach den blühenden Gefilden des Westens und Südens; und diese Völker lieferten tüchtige, tapfere und abgehärtete Soldaten, ein instinktiver Wandertrieb wäre ihnen eigen.

„Man kann sich", rief der Kaiser, „eines Zitterns nicht erwehren bei dem Gedanken, diese unangreifbare Völkermasse könnte bei uns alles überschwemmen, wenn sie obsiegte, sich in ihre eisigen Gefilde flüchten, wenn sie besiegt würde – nur um sofort wieder drohend aufzutreten, wenn es ihr passte. Das ist der Kopf der Hydra – aber wo der Herkules, um ihn abzuschlagen? Wir hätten es erreichen können, allein wir gingen – wir müssen es einräumen – ungeschickt zu Werke ... Kommt in Russland einmal ein Kaiser auf den Thron, der talentvoll, tapfer, tatendurstig, der ein Zar und Mann ist, so gehört ihm Europa. Er kann auf deutschem Boden, 100 Meilen entfernt von Berlin und Wien, mit seinen Angriffsoperationen beginnen. Den einen Staat macht er sich auf gewaltsamem

Wege zum Bundesgenossen, um mithilfe desselben den andern zu be-
zwingen. So gelangt er in das Innere, in das Herz Deutschlands, mitten
unter die Fürsten zweiten Ranges, die meist mit ihm verwandt sind und
alles von ihm erwarten. Scheint es ihm notwendig, so wirft er über die
Alpen einige Feuerbrände auf italienischen Boden, rückt gegen Frankreich und proklamiert sich selbst auch dort als Befreier. Ich in solcher
Lage würde in bestimmter Zeit mit Etappenmärschen in Calais eintreffen
– damit wäre ich der Schiedsrichter, der Gebieter Europas ..."

Nach einigen Augenblicken nachdenklichen Schweigens begann er wieder:

„Vielleicht würde man mir, wie einst dem Könige Pyrrhus, einwerfen: Ja,
aber wozu das alles? Hier meine Antwort: um eine neue Gesellschaft zu
begründen und die Welt vor großem Unglück zu bewahren; Europa erwartet und ersehnt diese Wohltat; das bisherige System hat abgewirt-
schaftet, das neue aber ist noch nicht gesichert und wird es ohne lange,
gewaltige Erschütterungen nicht sein."

Er meinte dann, aus Gedanken emporfahrend, Konstantinopel wäre das
Zentrum für die Weltherrschaft und der allein passende Sitz für dieselbe.
Er kam im Anschluss hieran auf das englische Indien zu sprechen. Elisabeth habe die indische Compagnie aufgrund ihrer königlichen Prärogative gegründet; zehn Jahre später hätte das Parlament eine zweite geschaffen. Beide Compagnien, die sich gegenseitig durch Konkurrenz
Schaden zufügten, seien dann miteinander verschmolzen worden.

Im Jahre 1716 erwirkte diese Compagnie, wie der Kaiser in Erinnerung
brachte, von den Fürsten Indiens den berühmten Firman, der sie zum
Import und Export ohne jegliche Abgabe berechtigte. Im Jahre 1741
mischte sich zum ersten Male die Compagnie, auf ihre militärischen
Kräfte gestützt, in die politischen Angelegenheiten Indiens, indem sie
der französischen Compagnie die Stirn bot. Seit dieser Zeit schlugen sich
auf diesem entlegenen Gelände beide Nationen, sobald es in Europa
Krieg zwischen ihnen gab. Frankreich hatte im Kriege von 1740 glänzen-
de Erfolge aufzuweisen. Im Jahre 1755 wurde es schwer aufs Haupt geschlagen, erholte sich jedoch 1779 wieder zur Gleichberechtigung, dann
aber verschwand es mit der Revolution vom dortigen Schauplatz. Heute
beherrscht die englisch-ostindische Compagnie die ganze Halbinsel mit
ihren mehr als 60 Millionen Einwohnern, 20 davon sind ihr untertan, 20
ihr tributpflichtig, der Rest ist so gut wie in ihrer Gewalt, denn er ist genötigt, mit ihr gemeinschaftliche Sache zu machen. Diese ostindische Gesellschaft ist eine Handel treibende und hat zugleich Souveränitätsrech-

te; ihr Reichtum besteht aus dem Profit ihres Handels und den Einkünften ihrer Ländereien. Daher kommt es, dass der Kaufmann oft von dem Ehrgeiz eines Souveräns geleitet ist, dass er als Souverän gebietet, was die Profitgier des Kaufmanns wünscht – daher kommen alle die Maßregeln, die Intrigen dieser Gesellschaft, die Klagen wider sie und die Unordnung in ihrer Verwaltung.

Sie war lange Zeit völlig unabhängig; sie war und wird noch heute repräsentiert durch einen Hof von Direktoren, der aus der Masse der Landeigentümer gewählt ist. Die Direktoren sind die Leiter einer Regentschaft, die aus einem Gouverneur und einigen Beigeordneten besteht und eine souveräne Autorität innehat. Im Jahre 1767 trat zum ersten Male die Krone mit ihren Anrechten an Grund und Boden und den Revenuen desselben hervor. Die Compagnie aber kaufte der Krone alle Vorrechte ab gegen eine Subsidienzahlung von zehn bis zwölf Millionen Francs.

Als im Jahre 1773 die indisch-englische Compagnie sehr schlechte Geschäfte machte, wandte sie sich an das Parlament, welches ihre Verlegenheit benutzte, um sie zur Abhängigkeit zu nötigen. Bestimmungen in politischer, finanzieller, gerichtlicher Richtung wurden getroffen, allein sie bewährten sich nicht, und die Verwirrung in der Verwaltung wurde eine noch größere, besonders dadurch, dass ein entscheidendes Obergericht eingerichtet wurde, welches in Konkurrenz mit dem souveränen Rat trat. Es hatte auch die Aufgabe, englische Gesetze im Lande einzuführen, wodurch die Eingeborenen erschreckt und aufsässig wurden. Diese Zeit ist die allerschwerste in der Geschichte der Gesellschaft und wenig ehrenvoll für dieselbe. Im Jahre 1783 wollte Fox, der damals Minister war, Abhilfe schaffen und brachte die berühmte Bill ein, die nicht angenommen wurde und ihm sein Portefeuille kostete. Im folgenden Jahre brachte Pitt, sein Gegner, eine andere Gesetzesvorlage ein, die seinen Ruf begründete, und noch heute die Norm für die Gesellschaft bildet. Die Bill des Ersteren entzog der Gesellschaft alles Eigentum und unterstellte dieselbe einem Comité, welches beauftragt war, ihre Schulden zu tilgen, in ihrem Namen Geschäfte abzuwickeln und über alle Ämter zu verfügen. Die Mitglieder dieses Comités, vom König oder vom Parlament ernannt, sollten unabsetzbar sein und so lange beisammenbleiben, bis sie die Geschäfte wieder in Gang gebracht hätten. Laute Stimmen erhoben sich dagegen und wiesen darauf hin, dass unmöglich so tief greifende Interessen, ein so enormer Einfluss einzelnen Personen zugesichert sein sollten. Das hieße, meinten sie, soviel, als eine vierte Macht im Staate, der Krone selbst einen Rivalen schaffen. Man ging soweit, Herrn Fox anzuklagen, er wolle sich im Cabinet eine Art von Souveränität über die des Königs schaffen. Da er für den Augenblick Minister war und das Parlament beherrschte, so hätte er ja jenes Comité ernannt, mit Hilfe desselben auch das Parlament nach seinem Willen geleitet, durch das Parlament wiederum das Comité permanent gemacht, rc. Das Geschrei wurde immer lauter, und schließlich kam der König auf den Gedanken, die Sache ginge ihn persönlich an. Er appellierte an seine Freunde und die Mitglieder des Oberhauses, die ihm persönlich zugetan waren, als handle es sich um eine ihn in seiner Existenz bedrohende Angelegenheit – so wurde Herr Fox aus dem Cabinet „hinausgebissen."

Herr Pitt zeigte dem Anschein nach mehr Mäßigung und war gewandter. Er begnügte sich damit, durch seine Bill die Gesellschaft unter Vormundschaft zu stellen; über all ihre Operationen sollte ein Comité die Aufsicht führen; er beließ der Compagnie nur das Recht, ihre Beamten zu ernennen. Das vom König berufene Comité bildete eine neue Abteilung im Ministerium. Man lehnte sich laut dawider auf, weil diese Maßregel die königliche Gewalt stärken und das konstitutionelle Gleichgewicht stören müsse – was Fox für das Volk tat, sagten die Leute, tut Pitt für den Monarchen. In der Tat, es war eine Schlacht zwischen Torys und Whigs; die ersteren waren die Sieger. Es hat sich später bestätigt, dass das Gleichgewicht der Machtvollkommenheiten gestört war; eine wirkliche Konstitution, wie sie sich das englische Volk dachte, gab es nicht mehr. Die königliche Autorität hat mit jedem Tage mehr Ausdruck bekommen, sie greift in alles ein, sie hat durchaus einen absoluten Ausdruck gewonnen.

Die Minister verfügen über das Parlament durch eine Majorität, die sie sich geschaffen haben, die ihre Stellungen sichert und ihre Übergriffe sanktioniert. So wurde die englische Freiheit, die viel gerühmte, jeden Tag mehr eingeschränkt. Die Zukunft ist verdüstert, Unglück droht. Die großen Änderungen in der englischen Verfassung kamen aus Indien. Die Gewichte, welche Fox in die Waagschale des Volkes tun wollte, konnten schwerlich schlimmer auf die Freiheit wirken, als die, mit denen Pitt die königliche Prärogative bedachte. Dies sehen heute schon viele Leute ein."

Der Kaiser hat sich dann eingehend über die Charaktere beider Staatsmänner ausgelassen, auch über ihre Systeme, ihre Verwaltung:

„Herr Pitt", sagte er, „beherrschte die gesamte Politik Europas, er hielt das moralische Gedeihen der Völker in seiner Hand; er hat seine Macht schlecht benutzt; er hat die Welt in Brand gesteckt und wird wie Erostratus seinen Namen unter Flammen, Reue und Tränen im Buche der Geschichte verzeichnen. Die ersten Funken unserer Revolution, dann der Widerstand gegen den Volkswillen und die daraus hervorgehenden abscheulichen Verbrechen sind sein Werk. Dieser 25 Jahre anhaltende Weltbrand, die zahlreichen Koalitionen, welche ihn im Gange hielten, die Verwüstung Europas, das in Strömen vergossene Blut der Völker, die erschreckenden Schulden, in welche sich das für alles aufkommende England stürzte, dieses verderbliche Anleihesystem, unter dem die Völker seufzen, das heute allseitig verbreitete Gefühl des Missbehagens: alles das trägt Pitts Signatur. Die Nachwelt wird einst ihn – den Herrn Pitt – als Geißel bezeichnen. Dieser von seiner Zeit so hochgepriesene Mann wird über kurz oder lang als Genius des Bösen dastehen – ich halte ihn nicht etwa für einen Ausbund von Abscheulichkeit, ich glaube vielmehr, dass er überzeugt war, Gutes zu tun, auch die Bartholomäus-Nacht hatte überzeugungstreue Urheber – so sind die Menschen, so ist ihr Verstand, so ihre Urteilskraft! Was die Nachwelt hauptsächlich Herrn Pitt vorwerfen wird, ist, dass er eine Schule hinter sich zurückließ, die in einem überdreisten Machiavellismus, in einer tiefen Immoralität, einem starren Egoismus, in der Gleichgültigkeit dem Schicksal der Menschen gegenüber ihren Ausdruck findet – Pitt ist trotz allem der Mann der europäischen Aristokratie! Es steckte in ihm ein Sylla; sein System schob die Sache der Völker beiseite und führte zum Triumph der Patrizier. Was Herrn Fox anbetrifft, so darf man in der alten Welt nicht nach seinesgleichen suchen – sein System ist ein neues und wird früher oder später das herrschende in der Welt werden."

Der Kaiser kam eingehend auf Fox und auf seine ihm so sympathische Persönlichkeit zu sprechen. Er habe in Malmaison eine Büste Fox' aufstellen lassen, noch ehe er ihn persönlich kennengelernt habe. Er fügte in feierlichem Tone hinzu:

„Der Tod des Herrn Fox war verhängnisvoll für meine Laufbahn. Wäre er am Leben geblieben, hätten die Dinge einen ganz anderen Lauf genommen, und die Sache der Völker hätte den Sieg davongetragen; wir hätten in Europa eine neue Ordnung eingeführt."

Der Kaiser kam alsdann nochmals auf die Ostindische Compagnie zu sprechen und sagte, die Hauptfrage drehe sich darum, ob das Monopol einer Gesellschaft oder der freie Handel vorzuziehen wäre.

„Eine Gesellschaft", fügte er erläuternd hinzu, „räumt einigen Personen große Vorteile ein: Diese können die Geschäfte sehr vorteilhaft für sich selbst leiten, indem sie die, welche den Massen Vorteil brächten, vernachlässigen. Eine jede Gesellschaft wird alsbald in eine Oligarchie, stets eine Freundin der Macht, der sie hilfsbereit begegnen wird, ausarten. Der freie Handel tritt für alle ein, beschäftigt alle geistige Tätigkeit, setzt ein ganzes Volk in Bewegung, und führt selbstredend zur Unabhängigkeit, entspricht daher bei weitem mehr unserem modernen System.

Nach dem Frieden von Amiens, welcher den Franzosen ihren indischen Besitz zurückgab, habe ich lange Zeit und in gründlichster Form die Frage zur Diskussion gestellt. Ich habe Kaufleute, ich habe Staatsmänner gehört und mich schließlich zugunsten des freien Handels und gegen die Gesellschaften ausgesprochen."

„Früher", so fügte er nach langem Sinnen hinzu, „kannte man nur eine Art von Besitz, den Besitz von Grund und Boden; eine neue Art kam später hinzu, nämlich die der Industrie, die sich gegenwärtig mit der ersteren misst. Endlich kam auch noch eine dritte Art hinzu, nämlich der Besitz jener enormen Abgabe, welche auf den Regierten lastet, und, verteilt durch neutrale und unparteiische Regierer, die Monopole der beiden andern sichert, ihnen als Vermittler dient und verhindern kann, dass sie aneinandergeraten.

Er bezeichnet diesen modernen Kampf als den der Feldflur gegen die Comptoire.

„Weil man sich geweigert hat, diese große Revolution in den Besitztümern anzuerkennen, weil man hartnäckig die Augen vor solchen Wahrheiten verschlossen hat, handelt man heutzutage so töricht und setzt sich so vielen umstürzenden Bewegungen aus. Die Welt hat eine Verlegung ihres Schwerpunktes erfahren und sucht jetzt ins Gleichgewicht zu kommen. Das Schiff ist abgetakelt worden, man hat den Ballast von vorn nach hinten verlegt, daher diese fürchterlichen Schwankungen, die beim ersten Sturm den Schiffbruch herbeiführen können, wenn man dabei bleibt, das Schiff wie gewöhnlich und ohne das neue Gleichgewicht gefunden zu haben, steuern will."

Heut war für mein Tagebuch ein ergiebiger Tag.

Der Kaiser kam noch auf Herrn de Suffren zu sprechen: Er wusste die Verdienste desselben zu schätzen, erkundigte sich aber des näheren über ihn bei mir. Ich berichtete ihm, dass Herr von Suffren sich in der Marine eines großen Rufes erfreut habe, dass man ihn für den einzigen gehalten habe, der die großen Zeiten unserer Marine wieder aufgefrischt hätte. Herr von Suffren war genial, voller Feuer und Tatkraft, er war ehrgeizig, von eisernem Charakter; er war einer von den Menschen, die zu allem fähig sind: Man sagte, sein Tod im Jahr 1789 sei ein Verlust für die Nation; wäre er im Augenblick der Gefahr noch an der Seite des Königs gewesen, wer weiß, ob nicht dann alles anders geworden wäre. Suffren war Egoist, kein guter Kamerad, er war bizarr, niemand liebte ihn, aber bewundert wurde er von allen. Befehlen gehorchte er nur schwer. Gehorsam ging ihm nicht leicht von der Hand, er kritisierte alles – es war die Unruhe, die üble Laune eines genialen, eines ehrgeizigen Menschen, der die Ellbogen nicht frei hat.

Als er das Kommando über das indische Geschwader erhielt und vor den König geführt wurde, um sich zu verabschieden, gelang es einem Kammerherrn kaum, ihm einen Weg durch die Menge zu bahnen; in seiner gewohnten ärgerlichen Weise fuhr er den Herrn mit den Worten an: „Wenn ich zurückkomme, Monsieur, werden Sie sehen, wie ich mir selbst Platz mache!"

Er hat sein Wort gehalten. In Indien vollführte er Wunder, seine Taten sind in Europa nie genügend gewürdigt worden. Unsere Flagge kam wieder zu hoher Achtung, sie war der Schrecken unserer Feinde.

„Ich wünschte lebhaft", unterbrach mich der Kaiser, „er hätte bis in meine Zeit hineingelebt: Ich hatte keinen, der ihm gleichkam, ich hätte einen Nelson aus ihm gemacht ... alles wäre anders gekommen. Ich habe meine ganze Zeit damit hingebracht, einen tüchtigen Seeoffizier zu suchen – ich habe keinen gefunden. Es gibt im Metier dieser Herren eine Spezialität, das Technische: Dies störte alle meine Pläne. Sowie ich etwas Neues vorschlug, gleich hatte ich Ganthaume gegen mich: Sire, das geht nicht! Und weshalb nicht? Sire, die Winde gestatten es nicht und die Windstillen und die Strömungen. Damit war ich abgeführt. Wozu die Diskussion mit Leuten weiter führen, deren Sprachen man nicht spricht. Wie oft habe ich diesen Herren im Staatsrat vorgeworfen, dass sie mit diesem Umstande Missbrauch treiben. Um sie zu verstehen, hätte man müssen in der Marine geboren sein. Ich habe ihnen oft gesagt, dass ich nur die Überfahrt nach Indien mit ihnen zu machen brauchte, und dass ich mich verbindlich machte, bei meiner Rückkehr mit ihrem Metier so vertraut zu sein, als mit dem meinigen als Feldherr der Landratten. Sie schenkten mir keinen Glauben und kamen immer wieder darauf zurück, dass keiner ein guter Seemann wäre, der nicht bald nach der Geburt mit dem Seefahren angefangen hätte. Sie haben mich mit ihren Worten dahin gebracht, dass ich mehrere Tausend sechs-und achtjähriger Knaben in die Marine steckte. Ich bin deshalb angefeindet und verhöhnt worden und habe später von Winter, Verhuel und allen Seeleuten des Nordens gehört, dass das Aushebungsalter von 18-20 Jahren immer noch genüge, um einen guten Matrosen zu machen. Dänen und Schweden verwenden ihre Soldaten auf den Schiffen; bei den Russen ist die Flotte ein Bestandteil der Armee, sodass man stets doppelt verwendbare Leute zur Verfügung hat. Ich hatte selbst etwas Derartiges im Sinne, stieß jedoch auf zu große Hindernisse. – Welche Mühe hatte ich nicht, die Matrosen in Uniformen und in Regimenter zu stecken – man sagte mir, ich verdürbe alles – nein! Sie zählten zu den Besten meiner Soldaten. Während meiner Regierung hat sich in der Marine keiner von Vorurteilen und Hergebrachtem lossagen können. Ich war den Seeleuten vor allen zugetan, ich schätzte stets ihren Mut, ihren Patriotismus hoch, allein ich habe nie einen Vermittler zwischen mir und ihnen gefunden!"

Sonnabend, 9. November. Die beiden Kaiserinnen. – Die Ausgaben Josephines. – Anekdoten.

Der Kaiser befindet sich jetzt weit besser; ja, er war bei Tisch sogar lustig und sprach von seinen beiden Gemahlinnen, von den Kaiserinnen Josephine und Marie Louise; erzählte, dass der Kaufpreis von Malmaison, zwischen 300 000 und 400 000 Francs, sein ganzes damaliges Vermögen verschlungen habe; er führte sodann die Summen auf, welche der Reihe nach Josephine von ihm erhalten hatte und bemerkte, dass dieselbe bei einiger Sparsamkeit recht gut etwa 50 bis 60 Millionen hätte hinterlassen können.

„Ihre Verschwendung", meinte der Kaiser, „war mir eine wahre Qual, ich hätte lieber, wie ich nun einmal bin, eine Million hergegeben, als 100 000 Francs geradezu verzettelt zu sehen." Eines Morgens wäre er unerwartet in eine Gesellschaft bei Josephine geraten; es wäre gerade eine Modehändlerin zugegen gewesen, und zwar eine der berühmtesten, welcher er ausdrücklich untersagt hatte, sich bei Josephine einzufinden, weil sie dieselbe aussog. „Ich gab einige geheime Befehle, und die Modistin wurde, als sie die Tuilerien verließ, ergriffen und nach Bicêtre gebracht. Es gab infolgedessen in Paris einen ungeheuren Skandal. Es wurde zum guten Ton, der Modistin Besuche abzustatten, vor ihrer Tür sah man stets eine Reihe eleganter Equipagen. Hiervon wurde ich von der Polizei benachrichtigt. Umso besser dachte ich bei mir selbst, du hast ihr kein Leid zugefügt, sie sitzt in keinem Verlies. Die Polizei teilte mir mit, die Modistin habe mehrere Gemächer zur Verfügung und gebe Gesellschaften." Der Kaiser erzählte auch noch von einem berühmten Schneider, der die Unverschämtheit selbst gewesen wäre.

„Ich redete ihn", sagte der Kaiser, „eines Tages an, als ich von ihm gelieferte Gegenstände in Augenschein nahm; er benutzte mit unglaublicher Dreistigkeit die Gelegenheit, um mir auseinanderzusetzen, dass ich der Kaiserin Josephine nicht auskömmliche Mittel zur Verfügung stellte: Es wäre unmöglich, sie für das festgesetzte Nadelgeld passend zu kleiden. Ich unterbrach ihn mitten in seinem dummdreisten Sermon mit einem Blick – er stand da wie versteinert."

Der Kaiser meinte, als er sich in bester Laune zurückzog, er habe zu viel geschnupft, er müsse husten. Ich sollte ihm doch künftig in einem passenden Augenblick die Schnupftabakdose wegnehmen.

Sonntag, 10. November. Dumouriez und der Herzog von Braunschweig. – Prinzessin Charlotte von Wales. – Prinz Leopold von Sachsen-Koburg.

Der Kaiser, der am Morgen im „Feldzug Dumouriez' in der Champagne" geblättert hatte, sagte bei Tisch, er halte wenig vom Herzog von Braunschweig, der trotz seines Offensivplanes in vierzig Tagen nur 18 Meilen weit gekommen war. Auf der andern Seite tadelte er Dumouriez, dessen Stellung doch eine allzu gewagte gewesen wäre.

„Wenn ich das sage", ergänzte er, „so hat es schon etwas auf sich – kann ich mich selber doch als den verwegensten Kriegsmann bezeichnen, der vielleicht je existiert hat! Ich aber wäre ganz gewiss nicht in der Stellung geblieben, in der Dumouriez stand, sie wäre mir doch zu gefährlich erschienen. Ich erkläre mir sein Verhalten nur dadurch, dass ich mir sage: Er hat den Rückzug nicht gewagt: Er hat noch mehr Gefahr im Rückzuge als im Ausharren in seiner Stellung erblickt. Wellington war mir gegenüber in derselben Lage bei Waterloo. Die Franzosen sind die Bravsten, die es gibt, sie werden sich in jeder Stellung, in jeder Lage, in die sie gebracht werden, schlagen; sie verstehen es jedoch nicht, sich vor einem siegreichen Feinde zurückzuziehen. Ziehen sie sich eine Schlappe zu, geht Haltung und Disziplin verloren; sie entschlüpfen der Hand ihrer Führer. Das, vermute ich, wusste Dumouriez – vielleicht haben auch irgendwelche geheimen Abmachungen vorgelegen, von denen wir nichts wissen." -

Zeitungen, welche uns im Laufe des Tages zugingen, besprachen die Heirat des Prinzen Leopold von Sachsen-Koburg mit der Prinzessin Charlotte von Wales.

„Der Prinz Koburg", bemerkte Napoleon, „hätte können Adjutant bei mir sein, er kam darum ein. Gut für ihn, dass es nicht dazu gekommen ist, denn schwerlich wäre alsdann die Heirat zustande gekommen – übrigens – wer hienieden kann behaupten, er wisse vorher, was Glück und was Unglück ist? In Bezug auf die Prinzessin Charlotte von England behauptete jemand, sie wäre in London sehr populär und zeige viel Charakter und Festigkeit; man halte sie in England für eine zweite Elisabeth, sie selbst trüge sich mit einschlägigen Gedanken. Der Prinz habe sich 1814 gerade in London aufgehalten, als die junge Prinzessin in Folge der ihrer Mutter widerfahrenen Unbill sich heimlich aus dem Palais des Prinzregenten, ihres Vaters, entfernt und den ersten besten Fiaker genommen habe, um zu ihrer Mutter zu eilen. Die etwas schwerfälligen Engländer hätten sich bei dieser Gelegenheit nachsichtig erwiesen. Die junge Prinzessin wollte sich nicht wieder von ihrer Mutter, die sie hoch verehrte, trennen; der Herzog von York, ihr Onkel, vielleicht auch der Großkanzler, mussten sich ins Mittel legen, um sie zur Rückkehr in das väterliche Palais zu veranlassen, indem sie ihr begreiflich zu machen suchten, ihr Verharren könne das Leben der Mutter in Gefahr bringen."

Prinzessin Charlotte hatte vordem schon Beweise eines fest entwickelten Charakters gegeben, indem sie die Heirat mit dem Prinzen von Oranien ablehnte; weil sie durch dieselbe genötigt worden wäre, zuzeiten außerhalb von England zu leben – durch dieses ausgeprägte Nationalgefühl wurde sie den Engländern besonders teuer.

Sie hat sich für den Prinzen Leopold, wie uns die hier anwesenden Engländer sagten, aus eigner Wahl bestimmt. Sie habe laut erklärt, sie rechne auf eine glückliche Zeit, weil sie sich bei ihrem Schritt einzig und allein von ihren Gefühlen habe leiten lassen. Der Prinz hatte ihren ganzen Beifall.

„Ich glaube es wohl", warf der Kaiser ein, „wenn ich mich recht besinne, war der Prinz der hübscheste junge Mann, den ich in den Tuilerien gesehen habe."

Hier anwesende Engländer haben uns auch erzählt, dass während der Heiratsverhandlungen ein Minister bei ihr vorsprach, um gewisse häusliche Details zu verabreden.

„Mylord", sagte sie dem Herrn, indem sie sich stolz emporrichtete, „ich bin die Erbin Großbritanniens, dessen Krone ich einst tragen werde – ich weiß es – mit dieser hohen Bestimmung habe ich mich vertraut gemacht, also, bitte, mich demnach zu behandeln! Glauben Sie ja nicht, dass, wenn ich den Prinzen Koburg heirate, ich jemals „Mistress Koburg" sein möchte ... jagen Sie sich das aus dem Kopf."

Diese junge Prinzessin scheint in der Tat das Idol der Engländer zu sein, die in ihr die Garantie einer besseren Zukunft sehen.

Der Kaiser fuhr fort:

„Eine Menge andrer deutscher Prinzen suchte um die Gunst nach, in den Tuilerien vorgestellt zu werden. Als ich den Rheinbund ins Leben gerufen hatte, waren die zu demselben gehörigen Fürsten sicher, dass ich beabsichtigte, die Etikette des Heiligen Römischen Reiches wieder einzuführen, und sie waren eifrig dahinterher, mein Gefolge zu bilden – der eine mein Oberhofmundschenk, der andere mein Oberhofkämmerer usw. zu werden. Um diese Zeit hatten die deutschen Fürsten die Tuilerien förmlich überflutet, sie füllten die Vorsäle, sich bescheiden unter Euch mischend; auch Italiener, Spanier, Portugiesen taten dasselbe und man kann sagen: Es war damals in den Tuilerien ganz Europa versammelt. Unter meiner Regierung – und das ist ein unumstößliches Faktum – war Paris die Königin der Welt, waren die Franzosen das erste Volk der Welt!"

Montag, 11. November. Italien. – Die Deutschen. – Russland. – Bernadotte.

Der Kaiser war heute sehr aufgelegt und gesprächig. Es war von Italien die Rede und ich tue wohl am besten, hier eines seiner Diktate herzusetzen, welches Montholon in seine „Mémoires pour servir à l'histoire de France" (Band I 137) aufnahm:

Napoleon wollte ein einiges Italien schaffen, Venetianer, Mailänder, Genuesen, Toskaner, Modeneser, Römer, Neapolitaner, Sizilianer, Sardinier zu einer einzigen unabhängigen Nation verschmelzen; das Land sollte begrenzt sein durch die Alpen, das Adriatische, das Ionische und Mittelländische Meer. Dieses große Reich hätte zu Lande das Haus Österreich in Schranken gehalten, auf dem Meere wäre seine Flotte, vereint mit der von Toulon, die Beherrscherin des Mittelländischen Meeres und die Beschützerin der alten Handelsstraße nach Indien durch das Rote Meer geworden. Rom, Hauptstadt dieses Reiches, wäre in Wahrheit die Ewige Stadt gewesen, gedeckt durch drei Barrieren: die Alpen, den Po und die Apenninen. Napoleon hatte mit großen Schwierigkeiten zu kämpfen. Er hat in Lyon die Worte fallen lassen, er brauche 20 Jahre, um Italien wiederherzustellen. Es waren drei Dinge hauptsächlich, die seinem Plan hindernd gegenüberstanden: 1. die Besitzungen, welche fremde Mächte in Italien hatten. 2. die Kleinstaaterei und der Partikularismus. 3. Rom, als Sitz der Päpste. Es waren kaum zehn Jahre nach jener Erklärung in Lyon verstrichen, als das erste Hindernis bereits völlig beseitigt war, kein noch so kleines Stück Landes gehörte mehr den Fremden! Die Vernichtung der Republik Venedig, des Königs von Sardinien, des Großherzogs von Toscana, die Vereinigung vom Patrimonium Petri mit dem Kaiserreich hatte die anderen Hindernisse entfernt. Es gab keine Venetianer, keine Piemontesen, keine Toskaner: Italiener waren alle Bewohner der Halbinsel und ein jeder bereit, an dem großen, gemeinsamen Vaterlande festzuhalten. Das Großherzogtum Berg war für die Dynastie frei, welche augenblicklich den Thron von Neapel innehatte. Der Kaiser erwartete mit Ungeduld die Geburt eines Sohnes und Erben, um ihn nach Rom zu bringen, ihn zum König von Italien zu krönen und die Unabhängigkeit der Halbinsel unter Regentschaft des Prinzen Eugen zu proklamieren.

Es war dann weiter von der Verschmelzung vereinzelter Völkerparzellen zu einem Stammesganzen die Rede; auch von den Deutschen.

„Mir war es nur gelungen", bemerkte der Kaiser, „das ungeheuerliche Gefüge zu vereinfachen; nicht als wären die Deutschen unvorbereitet für ihre Konzentrierung, das waren sie vielleicht zu sehr, sie hätten blindlings auf uns einstürmen können, ehe sie uns verstanden hätten. Wie kam es in aller Welt, dass kein einziger deutscher Fürst die Stimmung der Deutschen zu beurteilen und für sich zu verwerten verstand! Hätte mich der Himmel als deutschen Prinzen in die Welt gesetzt, ich wäre inmitten der vielen Zeitkrisen unfehlbar dahin gekommen, über dreißig Millionen vereinigter Deutscher zu herrschen und, soviel ich dieses Volk kenne, würde es, sobald es mich einmal gewählt hatte, mich auch nie im Stich gelassen haben ... ich wäre nicht hier!"

Er kam dann wieder auf Russland zu sprechen.

„Ich bin in meiner großen Unternehmung gegen die Russen gescheitert. Es wird behauptet, die Russen seien im eigenen Lande unbesiegbar. Es waren aber nicht die Russen und deren Bemühungen, die mich vernichteten – nein Zufälle, nur Zufälle waren Schuld an meinem Verderben: eine wider den Willen ihrer Bewohnerschaft infolge von Intrigen des Auslandes in Brand gesteckte Hauptstadt, ein plötzlich eintretender, ganz außergewöhnlicher Frost, falsche Berichte, Intrigen, Verrat, Dummheiten, mancherlei Dinge, welche man vielleicht eines Tages wissen wird und welche die beiden großen Fehler, die ich, den einen auf dem Kriegsterrain, den andern am grünen Tisch der Diplomatie, beging, und die mir mit Recht vorgehalten werden, entweder rechtfertigen oder entschuldigen werden. Es war ein Fehler, dass ich das Unternehmen wagte, trotzdem ich auf meinen Flügeln zwei Cabinete hatte, deren Gebieter ich nicht war, und zwei verbündete Armeen, welche die geringste Schlappe in unsre Feinde umwandeln musste. Um die Sache zu erschöpfen, darf es nicht ungesagt bleiben, dass dieses gewagte Unternehmen, dieser weltberühmte Krieg mir aufgedrängt war: Ich hatte ebenso wenig Lust, mich zu schlagen, wie Alexander – als wir uns erst einmal gegenüberstanden, da sind wir einer über den andern hergefallen. Alles Übrige übernahm das Schicksal."

Der Kaiser schwieg, er schien tief bewegt, dann wie aus Träumereien erwachend, begann er von Neuem:

„Ein Franzose ... hatte des Schicksals Fäden in der Hand. Hätte seine Urteilskraft, seine Seele auf der Höhe der Zeitumstände gestanden, wäre er ein aufrichtiger Schwede gewesen, was er doch zu sein meinte, so konnte er Glanz und Macht seinem neuen Vaterlande wiedergeben. Er konnte Finnland nehmen, vor Petersburg stehen, ehe ich Moskau erreicht hatte. Allein er hat persönlichen Stimmungen, einer törichten Eitelkeit, kleinlichen Dingen den Vortritt gegeben. Der Kopf war dem alten Jakobiner verdreht, als er sich von legitimer Seite gesucht sah, als Legitimisten ihm schmeichelten, als er sich Angesicht zu Angesicht in geheimer Konferenz einem Kaiser aller Reußen gegenübersah – noch dazu, da dieser an ihm keine Schmeicheleien sparte. Es wird versichert, Alexander habe ihm einen Wink gegeben, er könne um eine kaiserliche Schwester anhalten, wenn er sich vorher von seiner Frau scheiden lasse. In seinem Rausch gab Bernadotte sein neues Vaterland ebenso wie das alte, er gab seinen Ruhm, seine Ehre, die Sache der Völker, das Schicksal der Welt preis! ... Den Fehler wird er teuer bezahlen müssen; Reue soll er ja bereits empfinden. Er ist jetzt der einzige gekrönte Parvenu, und dieser „Skandal" wird an ihm heimgesucht werden ... Das Beispiel ist zu gefährlich!"

Dienstag, 12. November. Während der Krise von 1814.

Ich verzeichne heute folgende bemerkenswerte Auslassungen des Kaisers:

„Es ist unzweifelhaft, dass damals", – er redete von den Hunderttagen – „ich in mir das Vorgefühl des Erfolges nicht mehr wie sonst verspürte; mein gewohntes Vertrauen, mein Sicherheitsgefühl war mir abhandengekommen. War in meinen eignen Augen, in meiner eignen Vorstellung das Wunderbare meiner Laufbahn erblasst? Jedenfalls hatte ich die Empfindung, als ob mir etwas fehle. Es schien von dem Glück, das meinen Unternehmungen bisher stets gefolgt war, das mich mit seinem Besten überschüttet hatte, nichts mehr übrig; nur das starre Schicksal hatte ich vor mir, dem ich noch mit Gewalt eine oder die andere Vergünstigung entreißen konnte – wofür es sich jedoch sofort rächte. Denn es ist merkwürdig, dass ich keinen Vorteil mehr erzielen konnte, der nicht unmittelbar von einem Nachteil gefolgt gewesen wäre.

Ich durcheilte Frankreich, wurde von der Begeisterung der Bürger bis in die Hauptstadt getragen, umringt von stürmischen Zurufen. Kaum aber war ich in Paris, als ich ohne irgendeine besondere Veranlassung, wie durch bösen Zauber, um mich her alles erkaltet fand. Ich war aufrichtig bemüht, eine Annäherung an Österreich zu suchen; ich schickte vertraute Vermittler nach Wien. Allein Murat war mir mit seinen Schildträgern zuvorgekommen, und man zweifelte in Wien nicht, dass es auf meine Anordnung hin geschehen war. Man hielt die ganze Sache nur für einen diplomatischen Schachzug, und es begann von Wien aus ein verdecktes, heimliches Spiel.

Man kann den Beginn des Feldzuges nicht anders als geschickt bezeichnen und als Glück verheißend. Ich hatte Aussicht, den Feind einzeln zu überraschen, allein ... es gab einen Überläufer unter den Generälen, der den Feind beizeiten benachrichtigte.

Ich gewinne in brillanter Weise die Schlacht bei Ligny: Man beraubt mich der Früchte meines Sieges. Ich siege noch einmal bei Waterloo und stürze unmittelbar darauf in den Abgrund. Ich wurde hart getroffen, allein nicht überrascht – hatte ich doch in mir das Vorgefühl eines unglücklichen Ausganges, zwar hat es auf meine Entschlüsse nicht eingewirkt – allein es steckte in mir hemmend, quälend."

Als Napoleon im Januar 1814 die Tuilerien verließ, um seinen glorreichen, aber unglücklichen Feldzug zur Verteidigung der Hauptstadt zu führen, war ihm das Herz voll banger Ahnungen. Er war von da an überzeugt, dass, wenn er umkäme, es durch die Hand der Bourbonen geschehen würde; er ließ sich einigen Vertrauten gegenüber in diesem Sinne aus. Unmittelbar nach jener schönen Ansprache an die versammelten Offiziere der Nationalgarde sagte er u. a.:

„Sie haben mich erwählt, ich bin Ihr Werk, an Ihnen liegt es, mich zu verteidigen." Er stellte ihnen die Kaiserin mit der einen, den König von Rom mit der anderen Hand vor und rief:

„Ich bin im Begriff, dem Feinde entgegenzugehen; Ihrer Obhut übergebe ich, was mir das Teuerste auf der Welt ist."

Hinter solchen, dem Kaiser früher nicht zu Munde stehenden Worten, steckt eine unbestimmte Befürchtung. Dass die Bourbonen in kritischen Lagen stets seine Gedanken beschäftigt haben, beweist folgender, wenig bekannte Vorfall: Nach der Schlappe bei Brienne, der Räumung von Troyes und dem Rückzuge nach der Seine war der Kaiser im Quartier in einem kleinen Orte. Er saß in trübes Sinnen verloren da, sprang aber plötzlich von seinem Sitz auf und rief in hoher Erregung:

„Doch! Ich habe noch ein Mittel, Frankreich zu retten: Ich müsste selbst die Bourbonen zurückrufen! Die Alliierten müssten ja Halt vor ihnen machen – selbstverständlich! Denn sie würden sonst beweisen, dass ihnen mehr an unseren Landgebieten, an meiner Person läge, als an den legitimen Bourbonen. Alles würde ich meinem Lande opfern, ich würde zum Vermittler werden zwischen dem französischen Volke und ihnen, ich würde sie nötigen, sich den neuen Gesetzen zu fügen, ich würde sie schwören lassen. Mein Ruhm, mein Name würde den Franzosen eine Garantie sein. Was mich betrifft, ich habe das Regieren satt, mein Lauf ist voll von Großtaten und Glanz ... Ich stiege noch höher, indem ich also herabstiege ...

Eine schon einmal vertriebene Dynastie, wird sie je Verzeihung üben? Könnte man ihr trauen? Sollte nicht doch Fox Recht haben mit seinen berühmten Anschauungen über die Restauration?"

Nach diesen energisch hervorgestoßenen Worten folgte ein kurzer Schlaf. Da traf die Nachricht vom Flankenmarsch Blüchers ein, und die Sonne leuchtete wieder in aller Pracht über Champaubert, Montmirail, Château-Thierry, Baux-Champ, Nangis, Montereau, Craonne – von den Bourbonen war nicht mehr die Rede.[18]

Doch es kam trotz allem der Tag von Fontainebleau! Napoleon wünschte aus dem Leben zu scheiden. Es existiert ein eigenhändiger Brief an die Kaiserin, in welchem er bemerkt, man möchte sich auf alles gefasst machen, alles wäre möglich, sogar der Tod des Kaisers. Es scheint sich um

---

[18] Dieser kurze Feldzug findet im Werk des Baron Fain, ersten Sekretärs des Kaisers, „Manuscrit de 1814", eine vortreffliche Darstellung. Das Genie Napoleons zeigt wieder den alten leuchtenden Glanz, die Schnelligkeit der Bewegungen, der sichere Wurf, der klare Blick sind in der Tat erstaunlich! Vergessen darf man daneben nicht dieses kleine Häuflein tapferer Krieger, unermüdlich im Kampf, ohne Schlaf, ohne Nahrung, es scheint als ob ein jeder sich vor dem Feinde verdoppele, verdreifache: immer auf dem Marsch, immer im Feuer, immer siegreich!

das geheimnisvolle Ereignis in der Nacht vom 12. auf den 13. April zu handeln, von welchem das „Manuscript von 1814" redet und welches alle jene Schreier mit ihrem „Napoleon hatte nicht den Mut zu sterben" widerlegt. Dass der Kaiser sich im letzten Augenblicke mit den Worten: „Nein! Gott will es nicht!" hinweg wandte, findet sich in dem Werke von Fain näher beleuchtet.

Die Abdankungsakte wurde vollzogen am 11. April: Erst neun Tage später reiste Napoleon ab. Er war begleitet von einer Kompagnie Grenadiere zu Pferde, neben ihm saß der General Bertrand. Am 20. Abends traf er in Briarre ein, am 21. in Nevers, am 22. in Rouanne, am 23. in Lyon, am 24. in Montélimart, am 25. in Orgon, am 26. am Luc, am 27. in Frejus, am 28. erfolgte die Einschiffung an Bord der englischen Fregatte „Undaunted", Kapitän Usher.

Ein wenig hinter Lyon kam den Reisenden der General en Chef des Ostens entgegen. Napoleon stieg aus dem Wagen und ging lange Zeit mit ihm allein die Straße entlang. Als sie zurückkehrten, sprach einer der Kommissare der Verbündeten dem Kaiser sein Erstaunen über die intime Freundschaft aus, welche er dem General zolle. „Und weshalb wundern Sie sich", frug Napoleon. – Eurer Majestät ist vermutlich das Verhalten des Generals unbekannt? – Wieso? – Seit mehreren Wochen schon ist er ja eins mit uns. – In der Tat, es war derselbe, dem ich Frankreich anvertraut hatte. Schon seit langer Zeit war er nicht mehr der, der er früher gewesen war; seine großen Vorzüge als Soldat hatten ihn einst hoch empor gehoben, von dieser Höhe aber haben ihn seine Auszeichnungen, seine Reichtümer herabgestürzt. Wohl hätte der Sieger von Castiglione Frankreich einen teuren Namen hinterlassen können – Frankreich wird jetzt den Abtrünnigen verwünschen, ebenso alle die andern, die wie er handelten, es sei denn, dass sie unter neuen Verhältnissen dem Vaterlande neue Dienste erwiesen."

Eine Proklamation des Kaisers bei seiner Rückkehr gehört hierher. Es ist in derselben gesagt:

„Franzosen! Der Abfall des Herzogs von Castiglione hat Lyon ohne Verteidigung unsern Feinden preisgegeben. Die Armee, deren Oberbefehl ich ihm anvertraut hatte, war durch die Anzahl seiner Bataillone, durch die Tapferkeit und die patriotische Gesinnung der Soldaten wohl imstande, das österreichische Armeekorps, welches ihr gegenüberstand, zu schlagen und hinter den linken Flügel des Paris bedrohenden feindlichen Heeres zu gelangen. Die Siege von Champaubert, Montmirail, Château-Thierry usw., die Insurrektion der treuen Lothringer, die Erhebung im

Elsass, in der Franche-Comté, Burgund und meine Stellung im Rücken des feindlichen Heeres, durch welche es von seinen Depots, seinen Munitionsparks getrennt wurde, hatten den Feind in eine verzweifelte Lage gebracht. Die Franzosen waren nie in der Lage, machtvoller und nachdrücklicher aufzutreten. Die feindliche Armee war rettungslos verloren, sie hatte ihr Grab in jenen weiten Gefilden gefunden, die sie erbarmungslos ausgesogen hatte, als der verräterische Herzog von Ragusa die Hauptstadt auslieferte und die Armee außer Rand und Band brachte. Das unvorhergesehene Betragen dieser beiden Generäle, die zugleich mit dem Vaterlande ihren Kaiser, ihren Wohltäter verrieten, änderte den Ausgang des Krieges. Die schlimme Lage des Feindes zeigte sich, als er vor Paris angelangt, keine Munition mehr hatte, weil er von seinen Magazinen abgeschnitten war."[19]

Je mehr Napoleon sich auf seiner Reise von Fontainebleau zur Südküste der Provence näherte, desto mürrischer wurde er empfangen. Er war bei Maubreuil den Fallen entschlüpft, fiel jedoch in die von Orgon. Man lese darüber des Kaisers Diktate nach.

Am Orte der Einschiffung angelangt, ergab sich, dass zwei Schiffe für ihn bereitlagen; das eine war ein französisches, das andere ein englisches. Napoleon wählte das letztere, er meinte, es würde ihm zu nahe gehen, sich selbst sagen zu müssen: Er wäre an Bord eines französischen Schiffes aus Frankreich deportiert worden.

Es mögen hier die Abmachungen von Fontainebleau im Originaltext folgen:

Artikel 1. Se. Majestät der Kaiser Napoleon verzichtet für sich, seine Nachfolger und Deszendenten, ebenso wie für jedes Glied seiner Familie, auf jedes Souveränitäts- und Herrscherrecht, sowohl über das französische Kaiserreich und das Königreich Italien, wie über alle andern Länder.

Artikel 2. Ihre Majestäten der Kaiser Napoleon und die Kaiserin Marie Louise werden diesen Titel und Rang auf Lebenszeit beibehalten. Die Mutter, die Brüder, Schwestern, Neffen und Nichten des Kaisers werden ebenfalls überall, wo sie sich befinden, ihre Titel als Prinzen der Familie beibehalten.

Artikel 3. Die Insel Elba, von Seiner Majestät dem Kaiser Napoleon als Ort seines Aufenthaltes angenommen, wird während seines Lebens ein

---

[19] Dies ist mir später durch den russischen General, welcher die Munitionsparks unter sich hatte, ausdrücklich als richtig bestätigt worden. (Las Cases)

gesondertes Fürstentum bilden, in welchem ihm die Souveränitäts- und alle Eigentumsrechte zustehen Es soll ferner als selbstständiges Eigentum dem Kaiser Napoleon eine jährliche Revenue von 2 Millionen zukommen, als Rente eingetragen im Staatsschuldbuch, davon soll eine Million der Kaiserin zufallen.

Artikel 4. Die Mächte verpflichten sich, alles zu tun, was in ihren Kräften steht, um Flagge und Territorium der Insel Elba von den afrikanischen Seeräuberstaaten respektiert zu sehen.

Artikel 5. Die Herzogtümer Parma, Piacenza und Guastalla werden als Eigentum mit Ausübung der Souveränitätsrechte Ihrer Majestät der Kaiserin Marie Louise gegeben; sie sollen auf ihren Sohn und dessen Deszendenz in gerader Linie übergehen. Der Prinz, ihr Sohn, wird sofort den Titel Prinz von Parma, Piacenza und Guastalla annehmen.

Artikel 6. Es sollen in den Ländern, auf welche der Kaiser Napoleon Verzicht leistet, für ihn und seine Familie Domänen vorbehalten werden, welche ein bestimmtes jährliches Einkommen repräsentieren, d. h. nach Abzug aller Unkosten 2 Millionen 500 000 Frcs. betragen. Über diese Domänen zu verfügen, steht den Besitzern frei. Davon kommen auf Mme. Mère 300 000, auf König Joseph und die Königin 500 000, auf König Louis 200 000, auf die Königin Hortense und ihre Kinder 400 000, auf den König Hieronymus und die Königin 500 000, auf die Prinzess Elisa 300 000, auf die Prinzess Pauline 300 000 Frcs. Die Prinzen und die Prinzessinnen der Familie des Kaisers Napoleon sollen außerdem alle diejenigen Besitzungen, Mobilien und Immobilien behalten, die sie als Privatleute besitzen, namentlich auch alle Renten, welche im Schuldbuch Frankreichs oder dem Monte Napoleone zu Mailand eingetragen sind.

Artikel 7. Die jährlich der Kaiserin Josephine zu zahlende Pension soll auf eine Million beschränkt werden, bestehend in Domänen oder in Eintragungen im Staatsschuldbuch. Es sollen in ihrem Besitz verbleiben alle ihr eigentümlich gehörenden Mobilien und Immobilien, sie hat das Recht darüber, entsprechend den Gesetzen Frankreichs, zu verfügen.

Artikel 8. Für den Prinzen Eugen, Vizekönig von Italien, soll außerhalb der Grenzen Frankreichs etwas Passendes gefunden werden.

Artikel 9. Die Besitzungen, welche Se. Majestät der Kaiser Napoleon in Frankreich hat, seien es Domänen, seien es Privatgüter, sollen der Krone verbleiben.

Es soll ein Kapital von nicht über 2 Millionen von denjenigen Fonds, welche der Kaiser Napoleon, sei es im Staatsschuldbuch verzeichnet, sei es bei der Bank von Frankreich oder sonst wo deponiert, und welche Se. Majestät an die Krone abtritt, zurückbehalten werden als Gratifikation für diejenigen Personen, welche der Kaiser bestimmen wird. Diese Summe aber verbleibt in den Händen der Regierung.

Artikel 10. Alle Diamanten der Krone verbleiben in Frankreich.

Artikel 11. Der Kaiser gibt dem Staatsschatz oder den öffentlichen Kassen alle jene Summen oder Effekten zurück, welche auf seinen Befehl anderweitig untergebracht sind – ausgenommen den Betrag der Zivilliste.

Artikel 12. Die Schulden des Haushaltes Sr. Majestät des Kaisers, in dem Betrage, welche sie am Tage der Unterzeichnung des vorliegenden Abkommens hatten, sollen ungesäumt bezahlt werden aus den Rückständen der Zivilliste.

Artikel 13. Die Verpflichtungen des Monte Napoleone zu Mailand allen Schuldnern gegenüber, seien es Franzosen, seien es Fremde, sollen pünktlich erfüllt werden und ohne Einschränkungen.

Artikel 14. Es sollen alle Pässe für die Reise Sr. Majestät des Kaisers und Ihrer Majestät der Kaiserin, für die Prinzen und Prinzessinnen und alle Personen des Gefolges, welche dieselben mitnehmen, um sich im Auslande niederzulassen, ebenso wie für Equipagen, Pferde, Gepäck usw. sogleich ausgefertigt werden. Es werden hierzu Eskorten bestimmt.

Artikel 15. Die französische Kaisergarde soll ein Kommando von zwölf bis 1 500 Mann von allen Waffengattungen stellen, um bis Saint Tropez, dem Orte der Einschiffung, als Eskorte zu dienen.

Artikel 16. Es sollen eine Korvette und Transportschiffe zur Verfügung gestellt werden, um Se. Majestät den Kaiser und sein Haus an den Ort seiner Bestimmung zu bringen. Die Korvette soll als Eigentum Sr. Majestät dem Kaiser verbleiben.

Artikel 17. Se. Majestät der Kaiser ist berechtigt, 400 Soldaten, die sich freiwillig dazu melden, mit sich zu nehmen und als Leibgarde zu behalten.

Artikel 18. Alle diejenigen Franzosen, welche Sr. Majestät dem Kaiser oder seiner Familie gedient haben, sind verpflichtet, falls sie nicht ihre Nationalität als Franzosen aufgeben wollen, innerhalb von drei Jahren nach Frankreich zurückzukehren, es sei denn, die Regierung behielte es sich sogleich vor, in einzelnen Fällen Ausnahmen nach Ablauf der drei Jahre zu bewilligen.

Artikel 19. Den polnischen Truppen aller Waffengattungen, welche in französischen Diensten stehen, soll es anheimgestellt werden, in ihre Heimat zurückzukehren, indem sie Waffen und Gepäck als Zeichen in Ehren geleisteter Dienste behalten. Offiziere, Unteroffiziere und Soldaten sollen die Ordenszeichen beibehalten, die ihnen verliehen wurden, ebenso wie die damit verbundenen Geldbezüge und ihre Pensionen.

Artikel 20. Die verbündeten Mächte werden die Garantie für die pünktliche Innehaltung aller Artikel dieses Vertrages übernehmen und verpflichten sich, die Annahme derselben seitens Frankreichs zu erwirken.

Artikel 21. Gegenwärtiger Vertrag soll beglaubigt und die Beglaubigungen sollen innerhalb von zehn Tagen, oder früher wenn es angeht, in Paris ausgetauscht werden.

So geschehen zu Paris am 11. April 1814. Unterzeichnet Caulaincourt, Herzog von Vicenza; der Marschall Herzog von Tarent, Macdonald; der Marschall Herzog von Elchingen, Ney; der Fürst Metternich.

Unterzeichnet wurde jeder Artikel noch besonders durch den Grafen Nesselrode für Russland und den Grafen Hardenberg für Preußen.

Ludwig XVIII verpflichtete sich in einem besonderen, vom Herzog von Benevent am 31. Mai 1814 unterzeichneten Dokument zur Anerkennung der pünktlichen Durchführung des Vertrages.

Das europäische Triumvirat diktiert, wie man sieht, den „Vertrag von Fontainebleau", England pflichtet bei, der König verpflichtet sich, pünktlich das auszuführen, was ihn angeht, aber – trotz all dieser Bürgschaften ist eigentlich kein einziger der angeführten Artikel innegehalten worden.

Das kühne Unternehmen Napoleons im darauffolgenden Jahre war die Folge! – Diese Auffassung teilen die hervorragendsten Männer der Zeit, namentlich auch die bedeutendsten Publizisten, welchem Lande sie auch angehören. -

Ich erinnere mich des Ausspruches eines hochgestellten österreichischen Herrn, der mich in Paris aufsuchte und infolge der wunderbaren Siege, welche Napoleon damals in der Umgegend von Paris gewann, im Begriff war, Reißaus zu nehmen.

„Bis jetzt", sagte dieser Herr, „hat Napoleon als Usurpator auf dem Throne gesessen – das ist eine unumstößliche Wahrheit! Wenn er in seiner momentanen Lage jedoch Frankreich eroberte, so wäre, nachdem alle Monarchen ihn als Souverän anerkannt und ihm das Recht zugestanden haben, Krieg zu führen, ohne die von ihnen gestellten Bedingungen innezuhalten – die Sache eine ganz andere; ich meine, man könnte dann wohl die Behauptung aufstellen, er wäre sozusagen legitim geworden – das kommt mir ganz plausibel vor."

Brief Lord Castlereaghs an Lord Bathurst, den Vertrag von Fontainebleau betreffend. Paris, 13. April 1814.

Ich beschränke mich einstweilen darauf, Ihnen auseinanderzusetzen, was man vereinbart hat in Bezug auf die Zukunft Napoleons und seiner Familie. Sie wissen durch Lord Cathcart von der Unterzeichnung der Abdankungsurkunde durch Buonaparte am 4. dieses Monats und der Zusicherung, welche ihm der Kaiser von Russland und die provisorische Regierung gegeben haben, betreffend eine Pension von 6 Millionen Frcs. und den Aufenthalt auf der Insel Elba. Buonaparte hat das Dokument dem Herrn von Caulaincourt und den Marschällen Macdonald und Ney übergeben, um es einzutauschen gegen eine entsprechende förmliche Verpflichtung der Verbündeten ihm gegenüber. Die genannten Herren waren bevollmächtigt, in einen Waffenstillstand zu willigen und eine Demarkationslinie zu vereinbaren, die den Wünschen der Alliierten entspräche und ein unnötiges Blutvergießen vermiede.

Bei meiner Ankunft fand ich dieses Abkommen zum Abschluss bereit, dasselbe sollte am Abend selbst unterzeichnet werden, allein es wurde die Ankunft der Minister der verbündeten Mächte gemeldet. Die Gründe, welche dazu drängten, den Abschluss zu beschleunigen, lagen in der Gefahr, welche ein längeres Verbleiben Napoleons in Fontainebleau mit sich bringen konnte, umgeben von Truppen, die auf alle Fälle die Treue wahrten. Die Furcht vor Anschlägen vonseiten der Armee, vor Zettelungen in der Hauptstadt und die Wichtigkeit, welche in den Augen vieler Offiziere ein ihrem Chef günstiges Abkommen hatte, das ihnen gestatten würde, sich ohne Schande von ihm zu trennen, kam hinzu.

In der Nacht nach meiner Ankunft hatten die vier Minister eine Beratung über das mit dem Fürsten von Benevent vorbereitete Abkommen. Ich machte meine Einwendungen, indem ich gleichzeitig bemerkte, man möchte nicht glauben, dass ich hartnackig an denselben auf die Gefahr hin, die Ruhe Frankreichs zu stören, festhielte und die Ausführung des von Russland im Drange der Umstände gegebenen Versprechens zu hindern suchte.

Der Fürst von Benevent fand mehrere meiner Einwendungen gerechtfertigt, erklärte aber gleichzeitig, dass die provisorische Regierung kein wichtigeres Ziel vor Augen haben könnte, als das: alles zu vermeiden, was einen Bürgerkrieg oder dem ähnliche Verwirrungen herbeiführen könne. Er glaube, dass eine Maßnahme wie die getroffene notwendig wäre, um die Armee auf die Seite der Regierung zu bringen und ihre Verwendung möglich zu machen. Dieser Erklärung folgte die des Grafen Nesselrode, dahin gehend, dass in Abwesenheit der Verbündeten sein Herr, der Czar, sich in die Notwendigkeit versetzt sah, so weit es möglich gewesen wäre, in ihrem und seinem Namen zu handeln.

Ich enthielt mich schließlich der Opposition gegen das Prinzip der Maßnahmen und beschränkte mich darauf, einige Änderungen im Detail zu fordern, lehnte es auch im Namen meiner Regierung ab, mich um andere Abmachungen zu kümmern als um die territorialen. Man erklärte meine Haltung für eine vollkommen begründete und fand es unnötig, dass wir uns an der Form der Abmachungen beteiligten, namentlich insofern dieselben sich um die Anerkennung der Titel Napoleons drehten.

Meinen Vorschlägen wurde übrigens insofern entsprochen, als die Anerkennung der kaiserlichen Titel in der Familie auf die Lebensdauer der Individuen beschränkt wurde; dem, was zugunsten der Kaiserin angeordnet wurde, habe ich nicht nur in keiner Weise widersprochen, sondern ich habe es für eine Pflicht erklärt, welche man dem Kaiser von Österreich, welcher Familienrücksichten den Interessen Europas geopfert habe, schuldig sei! Ich hätte nur gewünscht, es wäre ein anderer Ort als die Insel Elba als Aufenthalt für Napoleon bestimmt worden; aber man weiß keinen, der zur Verfügung stünde, gegen den man nicht dieselben Bedenken erheben könnte – den Wunsch Bonapartes, in England Zuflucht zu finden, wie wir von Herrn Caulaincourt hörten, habe ich zu ermuntern mich außerstande gesehen.

Dieselbe Nacht noch hatten die Gesandten der Alliierten eine Konferenz mit Herrn von Caulaincourt und den Marschällen, auch ich wohnte derselben bei. Der Traktat wurde nochmals geprüft und dann mit Abänderungen angenommen. Er ist seitdem unterzeichnet und ratifiziert worden, Buonaparte tritt morgen oder übermorgen seine Reise nach dem Süden an. gez. Castlereagh."

Dieser Brief ist bemerkenswert in doppelter Beziehung: einmal, weil er ausdrücklich den Kaisertitel als Napoleon zustehend anerkennt, den Kaiser jedoch „Buonaparte" nennt, zweitens weil er den Wunsch Napoleons, in England Zuflucht zu nehmen, erwähnt und verwirft.

Mittwoch, 13. November. Der Degen Friedrich des Großen. – Der ent-schlummerte Löwe oder die zweite Ehe. – Neue Quälereien vonseiten des Gouverneurs.

Heute Morgen stand ich einen Augenblick versunken in die Betrachtung der Uhr Friedrichs des Großen, welche auf dem Kamin beim Kaiser steht; Napoleon bemerkte es und sagte:

„Ich besaß auch den Degen des großen Friedrich. Die Spanier gaben mir den Degen Franz I. zurück; die Türken, die Perser haben mir Trophäen geschenkt, die einst Eigentum eines Dschingis Khan, eines Tamerlan wa-ren." Ich sprach mein Erstaunen darüber aus, dass er den Degen Fried-richs nicht behalten hätte.

„Ich hatte ja den meinigen" erwiderte er mit leiser Stimme und einem sonderbaren Lächeln: Er kniff mich vertraulich, wie er gern tat, ins Ohr – ich hatte eine dumme Bemerkung gemacht.

Der Kaiser kam auf seine zweite Heirat zu sprechen, die er schon früher als einen von ihm begangenen Irrtum bezeichnet hatte, und bemerkte, er hätte sollen eine Französin heiraten:

„Das wäre vor allem national gewesen! Frankreich war groß, sein Mo-narch mächtig genug, um jede Rücksicht auf das Ausland beiseitezulas-sen. Die Blutsverwandtschaft unter Souveränen hält überdies gegen die Interessen der Politik nicht Stand; sodann heißt es soviel, als eine Fremde einweihen in die Geheimnisse des Staates, sie kann Missbrauch damit treiben. Ein Souverän, der auf die Seinigen im Auslande rechnet, kann leicht auf einen mit Blumen überdeckten Abgrund treten. Es ist eine Chimäre, in solchen Verbindungen eine Garantie für irgendetwas zu se-hen."

Napoleon sagte einige Tage nach Abschluss des Heiratskontraktes in froher Laune zu einem seiner Minister – es war der Herzog von Decrès:

„Man freut sich also allgemein über meine Heirat?"

„Jawohl, Sire, außerordentlich."

„Ich verstehe: Man glaubt, der Löwe werde nun entschlummern."

„In der Tat, Sire, man rechnet vielfach darauf."

„Ah, da irrt man sich aber doch. Man sollte sich doch nicht an die Tü-cken des Löwen halten. Schlaf wäre ihm vielleicht willkommen. Aber sieht man denn nicht, dass, während ich mir den Anschein gebe, fort-während auf Beute auszugehen, ich doch stets nur damit beschäftigt bin, mich zu verteidigen?" –

Ich habe heute ein Ereignis zu verzeichnen, welches mich persönlich betrifft; ich würde es gern verschweigen, wäre es nicht ein Zeichen des herannahenden Missgeschickes. Der Gouverneur schickte mir den wachthabenden Offizier, um mich wissen zu lassen, es wären in ihm Bedenken in Bezug auf meinen Diener erwacht; da derselbe ein Eingeborener der Insel wäre, müsse er ihn mir fortnehmen, er werde mir dafür einen anderen auswählen und schicken. Meine Antwort war die, dass ich dem Gouverneur das Recht zugestehen müsste, mir meinen Diener wegzunehmen, wenn es ihm so gefiele, allein er möge sich die Mühe schenken, ihn durch einen anderen – nach seiner Wahl – zu ersetzen. Ich würde mich im Notfall behelfen – diese Entziehung eines Dieners bedeute wenig gegenüber von den abscheulichen Quälereien, denen wir ausgesetzt wären.

Es folgten zahlreiche Noten und Botschaften. Sir Hudson schrieb manchmal an einem Tage drei, auch vier Briefe an den wachthabenden Offizier mit Aufträgen für mich; er erklärte auch, er habe mir mit der Wahl eines Dieners eine Artigkeit erweisen wollen.

Inzwischen entführte man mir meinen Diener; ich erstattete dem Kaiser Bericht, der derselben Ansicht war wie ich, dahin gehend, dass man einen Spion bei uns einführen wollte.

„Da die Sache uns alle angeht", bemerkte der Kaiser, „ist es unzulässig, dass Sie allein der Leidende sind. Rufen Sie Gentilini, meinen Lakaien, er soll in Ihren Dienst treten. Er wird froh sein, einige Napoleons mehr verdienen zu können. Sie werden ihm sagen, dass alles auf meinen Befehl geschieht." Gentilini war einverstanden, allein schon am Abend kam er, um mir zu sagen, er wäre darauf aufmerksam gemacht worden, wie unpassend es wäre, wenn ein Diener des Kaisers einer Privatperson dienen würde. Und nun erteilte ihm der Kaiser persönlich Befehl.

Donnerstag, 14. November. Glück und Verdienst. – Châtillon. – Friedrich der Große. – Die Aushebung. – Bemerkenswerte Worte fielen auch heute von den Lippen Napoleons.

„Man hat", sagte er, „meine großen Erfolge meist dem Glück zugeschrieben, man wird nicht verfehlen, bei Misserfolgen von meinen Fehlern zu sprechen. Liest man die Geschichte meiner Feldzüge, so wird man nicht wenig erstaunen, zu erfahren, dass in beiden Fällen, überhaupt immer, meine Vernunft und meine Fähigkeiten nur in Übereinstimmung mit gewissen Grundideen oder Prinzipien in Tätigkeit kamen."

Wollte Gott, der Kaiser hätte diese Geschichte geschrieben! Welchen Wert hätten nicht die Kommentare eines Napoleon![20]

Man kam im Anschluss an diese Betrachtung auf berühmte Heerführer zu sprechen, auf Alexander, Hannibal, Caesar, auf Eugen, Marlborough, Vendôme und – Friedrich den Großen. Letzterer ist nach Napoleons Auffassung vor allem ein ausgezeichneter Taktiker gewesen und hat zugleich das Geheimnis besessen, aus Soldaten Maschinen zu machen.

„Wie doch die Menschen oft", fügte er hinzu, „von dem abweichen, was sie zu versprechen scheinen! Sie wissen offenbar selbst nicht immer, was sie eigentlich sind. Zu diesen gehörte Friedrich, der vor seinem ersten Siege davonläuft und sich während seiner ganzen späteren Laufbahn als der unerschrockenste, der ausdauerndste, der kaltblütigste Mensch bewährte."

Hieran reihten sich von selbst allerhand Betrachtungen über die Heere, die Abrichtung der Soldaten, die Aushebung.

Der Kaiser hat stets darauf gehalten, die gesamte Nation zum Kriegsdienst heranzuziehen.

„Mit Ausnahmen soll mir doch niemand kommen", sagte der Kaiser einmal im Staatsrat, „sie wären Verbrechen. Wie? Soll man sein Gewissen belasten und den einen zum Vorteil des andern töten lassen! Ich glaube, ich würde mit meinem eigenen Sohne keine Ausnahme machen."

Bei einer anderen Gelegenheit bemerkte er: „Die Aushebung ist und bleibt die Wurzel für das Fortbestehen der Nation, sie ist der Läuterungsprozess ihrer moralischen Beschaffenheit, die Norm für ihre Gewohnheiten. Und dann wird die Nation dadurch in ihren wahren Interessen gefordert, in Bezug auf ihre Verteidigung nach außen, wie auf Sicherung und Ruhe nach innen.

---

[20] Der Kaiser hat diese Geschichte leider nur in Aphorismen hinterlassen. In den »Memoiren Napoleons", niedergeschrieben von den Generälen Montholon und Gourgaud, sind nur kritische Bemerkungen Napoleons enthalten, die ja allerdings höchst wertvoll sind, von einer zusammenhängenden Geschichte ist keine Rede. Besonderes Interesse in diesen Aufzeichnungen bieten die Protokolle bei Verhandlungen zu Châtillon. Es ist oft von den Verlegenheiten Ludwig XIV. am Schluss des Erbfolgekrieges, den peinlichen Verhandlungen von Gertruidenberg die Rede. Was sind sie gegen die Qualen der Verhandlungen von Châtillon! Wie vorteilhaft hebt sich von diesem trüben Dunst die Gestalt des Herzogs von Vicenza, des treuen Freundes, des edlen Patrioten ab! (Las Cases.)

Organisieren Sie, bauen Sie auf in diesem Sinne, und das französische Volk wird imstande sein, der ganzen Welt die Stirn zu bieten, es würde das Wort der alten Gallier sich wieder zu eigen machen, das stolze Wort: Stürzte der Himmel ein, wir würden ihn stützen mit unseren Speeren!"

Freitag, 15. November. Der Gouverneur und seine Schanzen. – Madame Recamier und ihr Prinz.

Seit fast zwei Monaten lässt der Gouverneur um uns her Erdwerke aufführen; Gräben werden gezogen, Wälle aufgeworfen, Palisaden eingerammt; wir sind in Longwood von Befestigungen eingeschlossen! Wozu das alles? Die Eingeborenen nennen Longwood nur noch „Fort Hudson." Der Kaiser spöttelte heute über die Angst des Herrn Lowe und bemerkte:

„Das ist wirklich ein Zeichen von Verrücktheit! Der Mann könnte ohne das alles ruhig schlafen. Die Lokalität ist doch eine solche, dass sie alle künstlichen Zutaten überflüssig macht."

„Der Gouverneur denkt wahrscheinlich an Capri", bemerkte jemand, „mit ihren 2 000 Mann und 30 Geschützen wurde die Insel von 1 200 Franzosen, die der tapfere Lamarque führte, weggenommen."

„Dieser Sir Lowe", ergänzte der Kaiser, „ist eben ein besserer Gefangenenwärter als General."

Ich weiß nicht, wie es kam, mit einem Mal war wieder die Rede von Mad. de Staël und von der Bankiersfrau, der schönen Récamier.

Der Kaiser erzählte, die Polizei hätte Briefe dieser Dame an einen preußischen Prinzen[21] aufgefangen und bemerkte dazu:

„Dieselben lieferten einen deutlichen Beweis von der Herrschaft, die ihre äußeren Reize ausüben konnten, und dem hohen Wert, den dieselben für jenen Prinzen hatten; die Briefe enthielten u. a. auch das Anerbieten einer Heirat seitens des fürstlichen Liebhabers."

Hier Näheres über die interessante Angelegenheit: Frau Récamier, die ihren guten Ruf aus allen Drangsalen der stürmischen Zeit unbefleckt

---

[21] Anmerkung des Herausgebers: Es ist der Prinz August von Preußen gemeint. Er war ein Sohn des Prinzen August Ferdinand, eines Bruders Friedrich II. Ein Porträt der Frau Récamier als „Corinna", welches von Gérard im Auftrage des Prinzen gemalt wurde, ist durch zahlreiche Fotografien und Stiche zur Genüge bekannt. Der Prinz, Inspekteur der Artillerie, starb unverheiratet 1843. Er ist nicht bei Eylau, sondern bei Prenzlau gefangen.

gerettet hatte, befand sich bei ihrer hochverehrten Freundin, der Frau von Staël, als ein preußischer Prinz, der bei Eylau gefangen worden war und sich mit Erlaubnis Napoleons nach Italien verfügen wollte, im Schlosse zu Coppet abstieg, um sich dort für einige Stunden auszuruhen – er wurde den ganzen Sommer über dort festgehalten! Die Récamier, die sich freiwillig exiliert und ihren Wohnsitz bei der Freundin genommen hatte, und der junge Prinz hielten sich beide für Opfer Napoleons; ein gemeinsamer Hass war das Fundament ihrer Liebe. Der junge Prinz, von einer starken Leidenschaft ergriffen, fasste trotz der von seinem Range bedingten Hindernisse den Entschluss, die Bezaubernde zum Altar zu führen und vertraute sich der Frau von Staël an, die in ihrem poetischen Drange und der Hoffnung, Coppet mit den Zaubern der Romantik zu umgeben, hilfreich Hand leistete. Obwohl der Prinz nach Berlin zurückkehren musste, trat in dem Verhältnis keine Störung ein; allein Frau Récamier, sei es aus Rücksicht für ihr katholisches Bekenntnis, sei es weil sie eine Scheidung ihrer Ehe nicht wünschte, widerstand dem Heiratsprojekt, sodass aus demselben schließlich nichts wurde.

Sonnabend, 16. November. Die englischen Minister in den Augen Napoleons.

An meinen Aufenthalt in England anknüpfend, frug mich der Kaiser, ob ich etwas über Lord Bathurst wüsste, ich sagte: nein, nicht das Geringste.

„So kann ich ihn nur nach dem beurteilen, was er mir tat. Ich halte ihn für den ..., ...[22] Menschen. Seine brutalen Anordnungen, seine plumpen Auslassungen, die Wahl seiner Agenten oder vielmehr Handlanger geben mir das Recht zu solchen Bezeichnungen! Man findet nicht so leicht einen Henkersknecht so wie den, den er hierher schickte; es hat nicht jeder eine so glückliche Hand! Man hatte ihn suchen, prüfen, instruieren müssen. Aus dem Arm, wie man ihn bewegt, kann man auf das Herz schließen."

Der Kaiser kam auf Lord Castlereagh[23] zu sprechen und bemerkte in großer Aufregung:

---

[22] Die Bezeichnungen lassen sich nicht wiedergeben,

[23] Anmerkung des Herausgebers: Viscont Castlereagh, Marquis of Londondery, einer der größten Feinde Napoleons, seit 1812 Minister des Auswärtigen, wurde wahnsinnig und entleibte sich selbst 1822. Er hat ein umfangreiches Werk hinterlassen: „Correspondence, dispatches and other papers", 12 Bde.

„Der hat das Heft in der Hand: Er terrorisiert durch Intrigen und große Keckheit alle, sogar den Prinzen. Gestützt auf eine von ihm selbst zusammengebrachte Majorität, ist er stets bereit, sich mit dem Parlament zu zanken und gegen die gesunde Vernunft, das Recht und die Wahrheit mit schamloser Dreistigkeit vorzugehen; auf eine Lüge mehr oder weniger kommt es ihm nicht an; er lässt sich durch nichts aufhalten, es ist ihm alles gleichgültig, die Entscheidungen im Parlament sind ja stets Applause für ihn. Er hat sein Heimatland geopfert, er raubt es aus! Immer unhaltbarer wird die Lage – Gott mag wissen, wie das alles enden wird! In England selbst ist er wegen seines Privatlebens anrüchig. Debütiert hat er mit einem politischen Abfall, einem allerdings in England häufigen Vorkommnis – allein es bleibt doch ein unaustilgbarer Flecken auf solchen Leuten haften. Seine politische Laufbahn begann er als Vertreter der Volksinteressen, um sich hernach in eine Stütze der absoluten Gewalt umzuwandeln.

Die Irländer, seine Landsleute, welche er im Stich ließ, die Engländer, deren Freiheit nach innen er untergrub, deren Interessen nach außen er schädigte, müssen ihn notwendigerweise hassen. Er hatte die Stirn, vor dem Parlament grobe Unwahrheiten wider besseres Wissen zu vertreten. Die Entthronung Murats kam auf diese Weise zustande. Er machte mit politischen Unwahrheiten ein förmliches Geschäft. So hat er mir Worte in den Mund gelegt, die erlogen sind, nur um mir meine Landsleute abspenstig zu machen, was umso niedriger ist, da er mich derart vergewaltigte, dass ich nicht antworten konnte.

Castlereagh war der Herr über Europa. Allewelt hat er zufriedengestellt, nur sein Land nicht. Was er tat, verletzte derart das nationale Interesse, war derart inkonsequent, dass man darüber erstaunen muss, wie es nur möglich ist, dass sich ein Volk von einem solchen Narren konnte beherrschen lassen.

Aus der Legitimität machte er ein politisches Dogma, trotzdem versagte er Bernadotte die Anerkennung nicht, obwohl Gustav IV der legitime Herrscher war. Er erkennt auch den Usurpator Ferdinand VII an, zum Nachteil von dessen ehrwürdigem Vater Carl IV.

Er erklärt ferner die Wiederherstellung früherer Zustände, das Wiedergutmachen von zugefügten Schäden rc. für ein Fundament kluger Politik: Die Republik Venedig aber stellt er nicht wieder her, sondern überlässt sie an Österreich, die Republik Genua an Piemont. Mit Polen vergrößert er Russland, seinen natürlichen Gegner, er beraubt den König von Sachsen zugunsten Preußens; den Dänen nimmt er Norwegen, um

Schweden damit zu bereichern. Er ist allmächtig in Europa und versäumt die Gründung eines unabhängigen Polens, er gibt dadurch Konstantinopel preis, beschwört für Europa allerhand Gefahren herauf und bereitet dem eignen Lande unzählige Verlegenheiten.

Wie widersinnig ist es doch für den Repräsentanten einer par excellence freien Nation, Italien zu unterjochen, Spanien unter dem Joch zu erhalten! In Eisen möchte dieser Mann das ganze europäische Festland legen, als ob die Freiheit nur für Engländer da wäre. Dabei aber beraubt er auch die Seinigen allmählich eines freiheitlichen Rechtes um das andere!

Nein, dieser Castlereagh ist nicht der Minister eines großen, freien Volkes! Er ist der Wesir der Könige des Kontinents, er ist der Kanal, durch welchen sich die Schätze Großbritanniens über den Kontinent ergießen, durch welchen in England die schädlichen Doktrinen des Auslandes eingeführt werden. Er ist der stille Partner jener geheimnisvollen „heiligen Allianz", deren Sinn, deren Ziele mir dunkel sind, die jedoch nichts Heilsames, nichts Gutes in Aussicht zu stellen scheint. Ich kann mir unter dieser „heiligen Allianz" nichts anderes denken, als eine Allianz der Könige gegen ihre Völker." -

„Ich habe diesen Lord", fuhr nach einer Pause Napoleon fort, „in meinen Händen gehabt; er hatte in Châtillon sein Intrigenspiel begonnen, als infolge eines unserer vorübergehenden Waffenerfolge unsere Truppen um Châtillon herumschwärmten. Der englische Premierminister hatte keinen öffentlichen Charakter, er stand mithin nicht unter den Satzungen des Völkerrechtes: Er war in meinen Händen. Ich ließ ihm sagen, er brauche sich nicht zu ängstigen, er wäre frei. Ich tat dies allerdings meinetwegen, nicht seinetwegen. Seine Erkenntlichkeit aber legte er bald darauf dadurch an den Tag, dass er, als ich Elba zum Aufenthalt gewählt hatte, mir England als Asyl anbieten ließ. Ein sehr verdächtiges Anerbieten!"

Die Bitterkeit, mit welcher der Kaiser sprach, steigerte sich noch, als er auf Wellington zu sprechen kam.

„Man versicherte mir", bemerkte er finsteren Blickes, „dass er hauptsächlich die Veranlassung ist, dass ich hier bin. Das ist dessen würdig, der trotz rechtsgültiger, feierlicher Kapitulation Ney hat umkommen lassen, mit dem er oft auf dem Schlachtfelde zusammengetroffen war. Der bösen Viertelstunde, die ich ihm bereitet habe, mag er wohl eingedenk sein. Mein Sturz und das Schicksal, welches man mir bereitete, wandte ihm Ruhmestitel zu, die weit über dem Wert seiner Siege stehen. In hohem Dank ist er dem alten Blücher verpflichtet. – Ich möchte wissen, wo ohne Blücher sein Ruhm, sein Herzogstitel geblieben wäre – ich ... ich wäre sicher nicht hier! Seine Soldaten haben sich allerdings brillant benommen. Die Dispositionen des Feldherrn, wenn von solchen überhaupt die Rede sein kann, waren erbärmlich: Vielleicht war es sein Glück, dass er keine getroffen hat! Dass er Herr des Schlachtfeldes blieb, steht ja unanfechtbar fest; sein Ruhm bleibt ein fraglicher, seine Fehler sind groß. Er, der Generalissimus Europas, in dessen Händen die wichtigsten Interessen lagen, der vor sich einen so schlagfertigen, kühnen Gegner wie mich hatte, lässt seine Truppen zerstreut lagern, in der Hauptstadt der Ruhe pflegen und sich überraschen. Ohne den Verrat eines uns den Rücken wendenden und den Feind benachrichtigenden Generals hätte ich Wellingtons Harste zerstreut, zerstört, ehe sie sich zusammenfanden. Dann auf meiner Linken bei Ney eine ganz ungewohnte Unentschlossenheit, auf meiner Rechten die ungeschickten Bewegungen Grouchys! – Das Glück hat für Wellington[24] mehr getan, als er für dasselbe, Wellington war ein Werkzeug Castlereagh's! Madame Staël meinte, er habe außer auf dem Schlachtfelde keine zwei Gedanken gehabt. In den Salons von Paris ging das geflügelte Wort unter vielem Beifall von Mund zu Munde." -

„Ich bin der Meinung", schloss der Kaiser, indem er im Allgemeinen über die Inhaber von Portefeuilles sprach, „dass ich zuletzt in Beziehung auf meine Minister gut gefahren war. Cambacérès und Lebrun waren hervorragende Männer voll der besten Absichten, Bassano und Caulaincourt beherzt und geradsinnig, Molé war befähigt und hat wohl noch eine Zukunft vor sich, Montalivet ehrenwert, Decret ein musterhafter, energischer Verwaltungsbeamter, Gaudin ein fleißiger Arbeiter, zuverlässig, Mollién scharfsichtig, pünktlich. Alle meine Staatsräte waren tüchtige, gescheite Männer: glücklich die Nation, die solche Werkzeuge besitzt und sie zu nützen versteht!

Sonntag, 17. November. Die Generäle der italienischen Armee.

---

[24] Anmerkung des Herausgebers: Wellington, genannt „the iron Duke" (der eiserne Herzog), erhielt nach seinem entscheidenden Siege bei Viktoria (Spanien) über die Franzosen am 21. Juni 1813 den Titel „Herzog von Viktoria." Er ist erst 1852 gestorben Ein die Großtaten der Geschichte mit Vorliebe ironisch behandelnder Historiker behauptet, Wellington habe bei Belle Alliance nichts getan, als dass er an die auf dem Boden versteckt liegenden Infanterie-Regimenter herangeritten wäre und ihnen zugerufen habe: „Up guards and charge!"

Heute war wieder die Rede von den Feldzügen in Italien und den Heerführern. Napoleon betonte die Habgier der einen, die Prahlereien der anderen, die Torheiten eines Dritten, die Verderbtheit einiger, die guten Eigenschaften verschiedener und die großen Dienste, welche sie durch die Bank geleistet haben. Lange Zeit verweilte er bei einem, dem er am meisten zugetan und der dann zum Verräter an ihm geworden war.

„Niemals", bemerkte der Kaiser, „ist der Abfall so erwiesen und von so traurigen Folgen gewesen. Der Verräter hat ihn mit eigener Hand im „Moniteur" verzeichnet[25] ... Sein Ausspruch dem König gegenüber „Sire, ich gab Ihnen mehr als das Leben" ist so charakteristisch für das, was er später empfand, dass ich sie ihm nicht vergessen will."

Montag, 18., Dienstag, 19. November. Poniatowski. – Verschiedenes.

---

[25] Anmerkung des Herausgebers: Marmont, Herzog von Ragusa, ist gemeint; ihm war neben Mortier, Herzog von Treviso im März 1814 die Verteidigung von Paris übertragen; er ist in Venedig 1851 gestorben. Die Vorwürfe, welche Napoleon gegen ihn erhebt, werden von vielen als gerechtfertigt angesehen. Erwähnt mag hier zugleich sein, dass ein Sammler historischer Kuriositäten bemerkt: Der Buchstabe M am Anfange eines Namens spiele in der Geschichte Napoleons eine gewisse Rolle. Aufgeführt sind die Marschälle: Murat, Moncey, Massena, Marmont, Macdonald Mortier; ferner die denkwürdigen Schlachten von Montenotte, Mont St, Jean, Mondovi, Millesimo, Marengo, Moskwa, Montmirail und Montereau. Aus demselben Grunde wäre auch der Ziffer „2" zu gedenken. Gefangen wurden zwei Marschälle Napoleons: Victor, Herzog von Belluno (1807 bei Koblenz), und Gouvion St. Cyr (1813 in Dresden); ermordet: Brune (in Avignon, 2. August 1813) und Mortier, Herzog von Treviso (in Paris, 28. Juni 1835); es töteten sich selbst: Junot, Herzog von Abrantes (in Montbard, 22. Juli 1813), und Berthier, Fürst von Wagram (in Bamberg, 1. Juni 1815); kriegsgerichtlich erschossen wurden: Murat, König von Neapel (13. Oktober 1815) und Ney, Fürst von der Moskwa (5. Dezember 1815); von Napoleon als Verräter bezeichnet wurden: Augereau, Herzog von Castiglione, und Marmont, Herzog von Ragusa; desertiert sind: Sarrazin (1810 von Boulogne nach England) und Jomini (1813 zu den Russen). Beide haben Schriften über Napoleon hinterlassen; gefallen sind zweimal zwei: Lannes, Herzog von Montebello (13. Mai 1808, Bessières, Herzog von Istrien (1. Mai 1813), Duroc, Herzog von Friaul (23. Mai 1813, und Poniatowski (19. Oktober 1813). Endlich tritt auch der Monat Dezember als ein besonders denkwürdiger im Leben Napoleons auf: am 19. 1793 Einnahme von Toulon, am 26. 1799 wird Napoleon erster Consul, am 20. 1800 entging er glücklich dem Attentat Cadoudals, am 2. 1804 ist die Kaiserkrönung, am 2. 1805 der Sieg bei Austerlitz, am 16. 1809 wird die Trennung von Josephine vollzogen; im Dezember 1812 der schreckliche Rückzug aus Russland; am 15. 1840 endlich kommen die irdischen Überreste Napoleons, geleitet vom Prinzen von Joinville, an Bord der Belle poule in Frankreich an.

Wer wohl König des wiederherzustellenden Polens hätte werden sollen? Diese Frage wurde dieser Tage vielfach erörtert.

„Poniatowski", sagte der Kaiser, „war der für Polen passende König; er hatte Ansprüche und die nötigen Fähigkeiten." Es wurden verschiedene Kandidaten genannt, der Kaiser verwarf sie und blieb bei Poniatowski, schien jedoch nachdenklich. Die Themata der Unterhaltung wechselten, es wurde keines erschöpft. Der Kaiser lachte darüber, dass man von den von ihm errichteten Bauwerken seine Chiffre entfernte.

„Man kann sie wohl den Blicken der Menge entziehen", meinte er, „allein aus den Büchern der Geschichte wird man sie nicht austilgen können, auch nicht aus den Herzen. Ich habe anders gehandelt: Ich habe die überkommenen Spuren des Königtums unangerührt gelassen; ja, ich habe das Lilienzeichen dort wiederhergestellt, wo es sich um chronologische Daten handelte."

Es erinnerte jemand daran, dass Prinz Lucian ebensolche Grundsätze gehabt hätte. Als er 1815 im Palais Royal, das der Kaiser ihm als Residenz angewiesen hatte, eintraf, war er überrascht, im schönen Treppenhause die Wände mit dem Lilienzeichen geschmückt zu sehen, erklärte dieselben jedoch für Trophäen und untersagte die Entfernung.

Ich füge einige aphoristische Bemerkungen hinzu.

Es ist soviel Lärm gemacht worden über die außerordentliche Heftigkeit, die große Brutalität des Kaisers gegen seine Umgebung: Es ist jedoch eine heute vollkommen feststehende Tatsache, dass alle, namentlich die zum inneren und persönlichen Dienst zählenden Personen ihn wegen seiner großen Herzensgüte verehrten. Was sein Auftreten nach außen betrifft, so weiß ich aus allersicherster Quelle, dass er sich nur ein einziges Mal hat hinreißen lassen zuzuschlagen: Einer seiner Stallknechte hatte sich geweigert – es war beim Rückmarsch von St. Jean d'Acre – sein Pferd zur Beförderung eines Kranken herzugeben; er selbst, der General en Chef, und sein gesamter Stab hatten ihre Pferde zur Fortschaffung der Verwundeten und Kranken hergegeben. Es war dabei weniger von einem Ausbruch des Jähzornes die Rede, als von einem Akt der Klugheit, denn der Vorfall spielte sich vor den Augen der entmutigten Soldaten ab.

Es ist ferner hundertfach wiederholt worden, dass Napoleon der Unhöflichste am kaiserlichen Hofe sei, dass er nie jemandem ein freundliches, verbindliches Wort sage. Ich verzeichne folgenden Vorfall, dessen Augen- und Ohrenzeuge ich war: Als nach dem Unglück von Leipzig der

Kaiser nach Paris zurückkehrte, empfing er zu ungewohnter Stunde die Herren seines Haushaltes; er schien in sehr trauriger Stimmung zu sein. Als er bei Herrn von Beauveau, der neben mir stand und einen Sohn, damals fast noch Kind, im Felde gehabt hatte, angelangt war, sagte er:

„Ihr Sohn hat sich vortrefflich benommen, seinem Namen alle Ehre gemacht; er ist verwundet, jedoch nur unerheblich. Er mag stolz darauf sein, dass sein junges Blut schon zur Ehre des Vaterlandes floss."

Zu derselben Zeit, bei einem Lever, nachdem er dem neben mir stehenden General Gérard einige Befehle erteilt hatte, fügte er noch einige anscheinend wohlwollende, aber etwas dunkle Worte hinzu und entfernte sich, kehrte aber gleich darauf zurück, da er vermutlich im Gesicht Gérards bemerkt hatte, dass er nicht verstanden worden war, und sagte diesmal sehr deutlich:

„Ich sagte, dass, wenn ich eine größere Anzahl von Leuten hätte wie Sie, ich unsere Verluste für ausgeglichen ansehen würde und über den Ausgang unserer Angelegenheiten beruhigt sein könnte."

Ein andermal handelte es sich um einen General – der Name ist mir entfallen – der schwer am Bein verwundet war und sich zum Lever des Kaisers nach den Tuilerien geschleppt hatte.

„Wie können Sie", frug ihn Napoleon „sich einer Operation widersetzen, die Ihnen das Leben retten soll? Furcht wird wohl der Grund nicht sein, denn Sie haben Ihr Leben im Kampfe so oft daran gesetzt. Wäre es ein Zeichen von Lebensverachtung? Wie? Sagt Ihnen Ihr Herz nicht, dass man mit einem Bein weniger seinem Vaterlande doch noch von Nutzen sein, ja demselben große Dienste erweisen kann?"

Der Offizier schwieg, seine Züge waren ruhig geblieben, er schien sich ablehnend zu verhalten. Nach einigem Besinnen aber schleppte er sich hinter dem weitergehenden Kaiser her und sagte:

„Sire, wenn Ew. Majestät mir den Befehl geben, wird es geschehen!"

„Mein Lieber, soweit reicht meine Autorität nicht. Überreden wollte ich Sie nur, aber einen Befehl erteile ich nicht. Gott soll mich bewahren!" -

Am Tage nach der Rückkehr von Elba in die Tuilerien war, wie man sich wohl denken kann, der Zuspruch zum Lever ein sehr starker, die Stimmung war ja eine überaus bewegte; der Kaiser umarmte mehrere Personen, seine Worte waren sanft und gaben Zeugnis von einer starken inneren Bewegung.

„Ah!" sagte er zu jemandem, der dicht neben mir stand, „Herr General-Major von der „Armée blanche."

Übrigens schien er der „Treulosigkeit" vieler der Anwesenden nicht mehr zu gedenken, er erinnerte sich wohl, dass er sie selbst in Fontainebleau ihres Eides entbunden hatte. -

Als Moreau, der in das Complot Georges-Pichegru verwickelt war, verhaftet worden war, besuchte ihn ein Adjutant des ersten Consuls, der sich lebhaft für den Gefangenen zu interessieren schien. Der erste Consul, der davon hörte, sagte nur:

„Ich will Ihnen deshalb keine Vorwürfe machen, aber ich muss mir einen andern Adjutanten suchen; Sie haben einen Vertrauensposten und ich verlange, dass Ihre Hingabe sich nicht auf zwei verteilt!"

Es war der Oberst Lacuée, der in einem Scharmützel vor den Mauern Ulms fiel. -

Der Präfekt von Lüttich wurde plötzlich nach Paris zitiert. Dort, ehe er sich beim ersten Consul einfinden konnte, sogleich vom Staatsanwalt in Anspruch genommen, um Auskunft über einen Brief zu geben. Dieser Brief, der sich zugunsten Moreaus und in den teilnehmendsten Worten über denselben ausließ, war eine Fälschung, seine Unterschrift jedoch so vorzüglich nachgemacht, dass niemand an der Authentizität des Schriftstückes zweifeln mochte. Der Präfekt erschien dann bei der Audienz in Malmaison.

„Kehren Sie auf Ihren Posten zurück", sagte ihm der erste Consul, „Sie nehmen meine Hochachtung mit. Möge dieses öffentliche Zeugnis Sie trösten für die Unannehmlichkeiten, welche Ihnen Verleumdungen und Schmähungen zuzogen. Ich bin von Ihrer Ehrenhaftigkeit vollkommen überzeugt." -

Von Herrn von Montalivet, der damals Minister des Innern war, erfuhr ich folgenden Vorfall: Herr von Montalivet befand sich nach einem Ministerrat mit Napoleon allein in dessen Cabinet.

„Sire", sagte er, „ich bin in der unangenehmen Lage, Sie von einem ans Lächerliche grenzenden Ereignis unterhalten zu müssen. Ein Präfekt weigert sich hartnäckig, mich mit dem mir und allen andern Ministern zustehendem Titel anzureden. Unterbeamte meines Ressorts, welchen es aufgefallen war, dass der Herr mich nie mit „Monseigneur" anredete, waren so ungeschickt, diese Titulatur in meinem Namen von ihm zu fordern. Er erwiderte ablehnend, dieser kleine Vorgang ist jetzt zu einer gewissen Bedeutung geworden."

Der Kaiser, zunächst erzürnt über das Verhalten des jungen Präfekten, bemerkte nach einigem Nachdenken:

„Übrigens, glaube ich, steht in unserem Gesetzbuch nichts von einer derartigen Verpflichtung. Dieser junge Mann ist möglicherweise eine gute, aber noch nicht gereifte Frucht; sicherlich muss dem Unfug ein Ende gemacht werden. Schicken Sie seinen Vater zu mir, ich bin gewiss, der junge Mensch wird dem väterlichen Befehle Folge leisten." -

Napoleon lieferte 60 Schlachten, Cäsar nur 50. -

Wenn der Kaiser einen Kurier mit wichtigen Nachrichten abschickte, so pflegte er ihm stets die größte Eile einzuschärfen mit den Worten: „Vergessen Sie nicht, dass die Welt in sechs Tagen gemacht worden ist!" -

„Verlangen Sie von mir alles", sagte er einmal zu einem hochgestellten Herrn, „nur keine Zeit, darüber habe ich keine Verfügung." -

Die Markthallen, für deren Anlagen der Kaiser sich sehr interessierte, pflegte er „das Louvre des Volkes" zu nennen. -

Zu einem seiner Staatsräte sagte der Kaiser einmal: „Ein Mann, Monsieur, ein Mann in des Wortes voller Bedeutung kennt den Hass nicht; sein Zorn, seine üble Laune überdauern die Minuten nicht: Es ist ein elektrischer Schlag! Ein Mann, der Autorität besitzt, der den Staatsgeschäften obliegt, sieht die Person nicht an, sondern lediglich die Dinge in ihrer Bedeutung und ihren Folgen." -

Er zweifle nicht, sagte eines Tages Napoleon, dass die Erinnerung an ihn in kommenden Jahren sich immer günstiger gestalten würde. Die Geschichtsschreiber würden sich für verpflichtet halten, ihn zu rächen an den ungerechten Urteilen seiner Zeitgenossen. In der Entfernung kommender Jahre werde man ihn von größeren, freieren Gesichtspunkten aus sehen, das störende Detail werde verschwinden, er könne voll Stolz vor den allerstrengsten Gerichtshof treten: Es besudele ihn kein Verbrechen! -

Eines Tages war die Rede von der „militärischen Beredsamkeit." Der Kaiser sagte, dieselbe müsste in ganz kurzer, knapper Form auftreten. „Wenn ich mitten im Toben der Schlacht an den Reihen vorübersprengte und rief „Soldaten, lasst Eure Fahnen flattern, der Augenblick ist da", so hätte man meine Franzosen sehen müssen! Sie zitterten vor Freude, sie verhundertfachten sich – in solchen Augenblicken schien mir nichts unmöglich." -

Unter den Ansprachen Napoleons an seine Soldaten gehen noch heute viele von Mund zu Mund.

Bei Lobenstein, zwei Tage vor der Schlacht bei Jena, nahm er Parade über das 2. Regiment der Chasseurs à cheval ab. Er frug den Commandeur: „Wie viele Leute sind zur Stelle?" – „Fünfhundert, darunter viele junge Leute." – „Was hat das auf sich? Sind sie nicht alle Franzosen?" – Dann wandte er sich an das Regiment mit den Worten: „Ihr dürft den Tod nicht fürchten! Fürchtet man ihn nicht, so tritt er in die Reihen des Feindes!" Die Bewegung seines Armes entsprach seinen Worten. Ein leises Murmeln, dann ein lauter Enthusiasmus. Achtundvierzig Stunden später schlug sich das Regiment heldenhaft. -

In der Schlacht bei Lützen bestand der größte Teil aus eben ausgehobenen Mannschaften. Mitten im Getümmel der Schlacht, im Rücken der Feuerlinie ritt der Kaiser an das dritte Glied irgendeines Infanterieregimentes, stellte sein Pferd quer vor die etwa zurückweichenden Rotten und rief mit lauter Stimme: „Das ist nichts, Kinder! Haltet nur aus, das Vaterland sieht auf Euch! Lernt für das Vaterland zu sterben!" -

Vor der deutschen Nation hatte Napoleon eine ganz besondere Hochachtung. „Ich konnte den Deutschen Millionen zu zahlen auferlegen: es war notwendig – ich hatte mich aber wohl in Acht genommen, sie durch ein verächtliches Wesen zu verletzen. Dass die Deutschen mich hassen, ist erklärlich genug; zehn Jahre lang war ich gezwungen, mich auf ihren Leichen stehend zu schlagen: Sie konnten für meine wahren Absichten kein Verständnis haben, meine geheimen Gedanken nicht erraten." -

Nach dem russischen Feldzuge sagte der Kaiser, ganz entzückt über Neys braves Verhalten: „Ich habe 200 Millionen in den Kellern der Tuilerien, ich würde sie für Ney hingeben!"

Mittwoch, 20. November. Moreau. – Affaire Enghien.

Es kam heute wieder die Rede auf Moreau. Der Kaiser bemerkte, er habe bald, nachdem er erster Consul geworden, mit Moreau gebrochen. Moreau wäre von seiner Frau vollkommen beherrscht worden.

„Dies ist ein großer, verhängnisvoller Übelstand. Der Mann ist nicht mehr er selber, ist auch nicht seine Frau – er ist nichts."

Moreau zeigte sich heute dem Consul wohlgewogen, morgen ihm feindlich, bald war sein Wesen verbindlich, bald abstoßend. Der erste Consul, der den Wunsch hatte, dass sich Moreau an ihn attachieren möchte, sah schließlich ein, dass er sich am besten ganz von ihm zurückzöge.

„Moreau", pflegte er zu sagen, „wird sich an den Säulen des Palais den Schädel zerschmettern."

Moreau war infolge der Intrigen und Aufstachelungen von Frau und Schwiegermutter wirklich nahe daran. Die Frau ging soweit, für sich den Vortritt vor der des ersten Consul zu beanspruchen. Der Minister des Äußern hat einmal bei einer öffentlichen Feierlichkeit Mme. Moreau zurückhalten müssen, sich vor Josephine zu drängen.

Als Moreau arretiert wurde, ließ ihm der erste Consul sagen, es genüge ihm die Erklärung, dass er, Moreau, Pichegru gesehen habe, dann sollte es zu keinem weiteren Verfahren kommen. Moreau antwortete in hochmütigem Tone; allein er wurde immer kleinlauter, je bedrohlicher die Sache für ihn zu werden schien.

Moreau hatte ja in der Tat in Verbindung mit dem Verräter Pichegru gestanden[26] und hatte auf die Vorschläge desselben erwidert: „Ich kann unter den gegenwärtigen Umständen nichts für Euch tun; ich könnte nicht einmal für meine Adjutanten gut sagen; aber – schafft den ersten Consul beiseite – ich habe Freunde und Stützen im Senat, ich werde sogleich an seiner Stelle ernannt werden. Sie, Pichegru, werden ein Verhör über das zu bestehen haben, was man Ihnen vorwirft; ein Urteilsspruch läge ja in Ihrem Interesse: Ich käme für die Entscheidung auf! Sie werden der zweite Consul werden, wir werden den dritten nach Gefallen wählen."

Georges Cadoudal beanspruchte diesen Platz für sich, allein Moreau wies ihn ab mit den Worten:

«Sie verstehen sich nicht auf die Stimmung in Frankreich. Sie waren stets lilienweiß. Sie werden wissen, dass Pichegru sich jetzt von dem Verdachte „weiß" gewesen zu sein, erst reinwaschen muss."

---

[26] Anmerkung des Herausgebers: Pichegru, früher Lehrer Napoleons auf der Schule von Brienne, der Eroberer Hollands (im Winter 1794 auf 95) war zur Zeit des Aufstandes vom Fructidor (1797) Mitglied des Rates der Fünfhundert und wurde zur Deportation verurteilt; er entfloh und gelangte nach England, wo er sich 1803 in eine Verschwörung mit dem Chouan Georges Cadoudal gegen das Leben Napoleons zu Gunsten der Restauration der Bourbonen einließ. Bei seinem heimlichen Aufenthalte in Paris wurde er im Februar 1804 verhaftet und prozessiert. Vor seiner Verurteilung nahm er sich im Gefängnis das Leben.

Darüber geriet Cadoudal in hellen Zorn und rief: „Was? Ihr treibt ein falsches Spiel! Ihr arbeitet lediglich für Euch, aber nicht für den König. Handelt es sich lediglich um Blau,[27] so ist mir der, der jetzt oben ist, doch noch lieber."

Moreau bezeichnet infolgedessen den in seiner Königstreue unerschütterlichen Chouan als einen Tölpel, einen Stier, der von nichts eine Idee habe.

„Als es sich um Fällung des Urteils handelte", sagte Napoleon, „war es die Einmütigkeit in den Aussagen der Verschworenen, welche Moreau rettete. Als man ihn fragte, ob Zusammenkünfte zwischen ihm und den Verrätern stattgefunden hatten, antwortete er zwar kurzweg „nein" – aber der Sieger von Hohenlinden errötete über seine Lüge und verriet sich dem schärferen Beobachter. Er wurde freigesprochen, der größere Teil der Angeklagten zum Tode verurteilt. Ich begnadigte eine ganze Anzahl."

„Zu jenen aber", fügte Napoleon schnell hinzu, „kam auch noch der Herzog von Enghien."

Diese sogenannte „Affaire Enghien" ist häufig im Gespräch vom Kaiser berührt worden. Ich habe dabei stets bemerkt, wie in ihm der Privatmann mit dem Staatsmann in Konflikt geriet, die natürliche Stimmung seines Herzens mit der Würde seines hohen Staatsamtes. Er pflegte zu sagen, die Affaire berühre ihn wohl schmerzlich, allein er mache sich keinerlei Gewissensbisse darüber: Er wäre vielleicht streng verfahren, eine Verletzung des Rechtes aber könne ihm Niemand vorwerfen.

„Ich hatte", so drückte er sich aus, „die Vergehen des Schuldigen für mich und, falls mir die gesetzliche Verurteilung unmöglich gewesen wäre, hätte ich immer noch das Recht der persönlichen Verteidigung beanspruchen können. Er und die Seinigen hatten tagtäglich nur das eine Ziel im Auge, mich aus dem Leben zu schaffen; mein Leben war jeden Augenblick und von allen Seiten her bedroht: Windbüchsen, Höllenmaschinen, Komplotte, Hinterhalte, Fallen aller Art – jeder Tag brachte etwas Neues! Ich ergriff die Gelegenheit, um ihnen einen Schreck einzujagen, der bis nach London reichen musste. Und das ist mir auch gelungen, die Komplotte hatten mit einem Mal ein Ende. Kein ruhig und klar denkender Mensch kann mich verurteilen. Wie? Täglich von der Hand des Meuchelmörders bedroht, sollte ich mich nicht schützen dürfen! Blut fordert Blut. Jeder, der politische Erschütterungen hervorruft, setzt sich dem

---

[27] Bezeichnung der Republikaner.

aus, ihnen zum Opfer zu fallen. Wo ist der Narr, der behaupten wollte, eine Familie hätte das Vorrecht, tagtäglich mein Leben zu bedrohen und in Gefahr zu bringen, ohne dass mir das Recht zustünde, Vergeltung zu üben. Steht diese Familie über dem Gesetz? Ich habe ihr nie etwas getan, nie einem Gliede derselben persönliches Leid zugefügt. Ein großes Volk hatte mich an seine Spitze gestellt, beinahe ganz Europa seiner Wahl beigepflichtet: Schmutz war mein Blut auch nicht: es war Zeit, es dem ihrigen gleichzustellen. Ich hätte meine Repressalien noch weiter ausdehnen können, mehr als einmal lag ihr Schicksal in meiner Hand, ihre Köpfe – einer wie der andere – wurden mir förmlich angeboten, ich hätte in der Annahme des Anerbietens, wie die Umstände lagen, keine besondere Untat erblickt, allein ich hielt mich für stark genug, meinte, ich wäre von keiner Gefahr bedroht. Mein erster Grundsatz war von jeher der, dass im Kriege wie in der Politik Übeltaten, selbst wenn sie plausibel wären, nicht zu entschuldigen sind, es sei denn, dass sie absolut notwendig wären. Was darüber hinaus liegt, ist Verbrechen.

Die Verletzung des badischen Gebietes, von der soviel die Rede war, liegt dem Kern der Frage fern. Die Unverletzlichkeit des Grund und Bodens ist nicht ersonnen worden im Interesse von Verbrechern, sondern nur im Interesse der Unabhängigkeit der Völker und der Würde des Landesherrn. Es hätte also der badische Souverän allein das Recht gehabt, Beschwerde zu führen – er hat es nicht getan."

Napoleon schloss mit der Bemerkung, dass die eigentlichen Urheber, die allein für das blutige Ereignis Verantwortlichen, jene elenden Intriganten, jene zur Ermordung des ersten Consuls auffordernden Individuen waren, ihnen fiel der unbedachte Prinz zum Opfer.

Vertraulich fügte dann wohl der Kaiser noch hinzu, es wäre vielleicht von einzelnen bei der Sache Beteiligten mit allzugroßem Eifer verfahren worden, es hätten vielleicht auch geheime Intrigen eine Rolle gespielt. Er wäre eigentlich in seinen Gedanken überrascht, in seinen Maßnahmen vielleicht überstürzt worden.

„Eines Tages", erzählte er, „saß ich allein – es ist mir als wäre es erst gestern geschehen – auf der Kante eines Tisches, an welchem ich eben mein Mittagsmahl eingenommen hatte, und trank meinen Kaffee. Da kam jemand eilig daher und setzte mir auseinander, es wäre hohe Zeit, mit diesen abscheulichen Mordanschlägen ein Ende zu machen und denen eine Lektion zu geben, bei denen es zur Gewohnheit geworden wäre, sich gegen mein Leben zu verschwören; man könne nur ein Ende machen, indem das Blut eines von ihnen vergossen werde: der Herzog von Enghien müsse das Opfer sein, er könne auf der Tat ergriffen werden, er gehöre zur neuesten Verschwörung: Er wäre in Straßburg gesehen worden, man glaube sogar, er wäre bis nach Paris gelangt. Der Herzog von Enghien solle von Osten her zugleich mit der Explosion der Höllenmaschine, der Herzog von Berry von Westen her vordringen.

Ich wusste so recht gar nicht, wer eigentlich der Herzog von Enghien wäre, ich war ja noch jung, als die Revolution ausbrach, und wurde jetzt erst über alles unterrichtet. Wenn dem so ist, rief ich, so muss er ergriffen werden und entsprechende Befehle erteilt werden. Alles war schon vorbereitet, die Schriftstücke fertig, es bedurfte nur der Unterschrift: Das Schicksal des Prinzen war dadurch quasi entschieden.

Er befand sich seit einiger Zeit etwa drei Meilen vom Rhein entfernt auf badischem Gebiet. Hätte ich dies früher gewusst, so hätte ich es verhindert, ihn warnen lassen und ihm so das Leben gerettet. Hierüber sind die gröbsten Unwahrheiten verbreitet worden, nur um mich in der öffentlichen Meinung herabzusetzen. Wenn ich zeitig genug von allem unterrichtet worden wäre, namentlich auch in Bezug auf den Charakter und die Anschauungen des Prinzen – wenn ich den Brief gelesen hätte, den er an mich schrieb und den ich – Gott weiß weshalb – erst erhielt, als er tot war, so hätte ich ihm sicherlich verziehen."

Diese aus dem Herzen Napoleons kommenden Bemerkungen waren ausschließlich für unseren kleinen Kreis bestimmt. Der Kaiser hätte es für erniedrigend gehalten, jemanden glauben zu machen, er wolle sich auf Kosten anderer reinwaschen.

Seine Äußerung, dass er, wenn ein ähnliches Ereignis noch einmal eingetreten wäre, gewiss genau ebenso gehandelt hätte, sollte vor der Öffentlichkeit wohl den Beweis liefern, dass er keine Reue über sein Verhalten in der „Affaire Enghien" empfand.

Ich erinnere mich einer anderen hierher gehörenden Äußerung des Kaisers:

„Man hat mir oft", sagte er, „für den Preis von einer Million per Kopf das Leben derjenigen Personen angeboten, an deren Stelle ich auf dem Thron Frankreichs sitze; man glaubte, mich verlangte nach ihrem Blut. Wie fern lag mir das! Wäre ich für verbrecherische Handlungen disponiert gewesen, dieses Verbrechen wäre mir doch als völlig überflüssig erschienen. Ich besaß viel Macht, ich saß ganz sicher, und die Bourbonen erschienen mir sehr wenig gefährlich. Man erinnere sich doch an die Zeiten von Tilsit, von Wagram, an meine Heirat mit Marie Louise, an die damaligen Zustände, an das Verhalten Europas. Mitten in der Krise der Georges-Pichegru-Komplotte, umdrängt von Meuchelmördern hielt man den Augenblick für günstig zu neuen nichtswürdigen Zettelungen. Ich befand mich in Boulogne, als ich von neuen Intrigen hörte: Ich ließ den aus England eingetroffenen geheimen Agenten vor mich kommen.

„Nun was gibt's", redete ich ihn an.

„Ja, erster Consul, wir liefern ihn Ihnen für eine Million."

„Mein Herr! Ich verspreche Ihnen zwei, wenn Sie ihn mir lebend bringen.

„Ah! Dafür kann ich nicht einstehen", stammelte der Mann, der sichtlich verlegen wurde infolge des Blickes, den ich auf ihn richtete.

„Halten Sie mich denn", schrie ich ihn an, „für einen Meuchelmörder? Mögen Sie wissen, dass ich zu einer Züchtigung wohl geneigt wäre, des abschreckenden Beispiels wegen, dass ich jedoch vor einer Untat, wie die von Ihnen vorgeschlagene, zurückschrecke."

Damit wies ich ihm die Tür; ich fühlte mich allein schon dadurch besudelt, dass ich den Menschen hatte vor mich kommen lassen."

Donnerstag, 21. bis Sonntag, 24. November.

Die Besuche eines früheren Dieners. – Wiederholung derselben. – Mein Brief an den Prinzen Lucian. – Deportation.

In vergangener Nacht machte mir mein früherer Diener, den, wie ich mitteilte, Sir Hudson Lowe mir genommen hatte, einen heimlichen Besuch. Er hatte bei seiner genauen Lokalkenntnis alle Hindernisse glücklich überwunden, war der Wachsamkeit der Schildwachen glücklich entronnen. Er kam, um mir mitzuteilen, dass er in Dienst bei einem Herrn getreten sei, der in wenigen Tagen nach London abreise und frug, ob er mir irgendwie eine Gefälligkeit erweisen könne. Ich sprach mit dem Kaiser und diesem schien das Anerbieten sehr gelegen zu sein; ich machte darauf aufmerksam, dass man in Europa doch gar keine Ahnung davon hätte, wie wir hier behandelt würden, wie es uns erginge – es wäre unsere Pflicht, die Gelegenheit zu benutzen, um alles an die Öffentlichkeit zu bringen. Jeden Tag brächten die Zeitungen nichtswürdige Lügen, auf die zu antworten uns unmöglich wäre. Der Kaiser blieb aber doch unentschlossen; dies bekümmerte mich, da der wiederholte Besuch meines Dieners kurz vor der Abreise mit seinem neuen Herrn unmittelbar bevorstand.

Ich hatte keine rechte Erklärung für die veränderte Auffassung des Kaisers in Bezug auf die günstige Gelegenheit, Nachricht von uns nach Europa gelangen zu lassen und fasste, von der Zeit gedrängt, den Entschluss, auf eigene Hand zu handeln. Ich setzte einen Brief an den Prinzen Lucian nieder und ließ ihn auf ein Stück Seide kopieren. Als in der Nacht zum 24. der treue Bote nochmals auf gewohnten Schleichwegen bei mir erschien, konnte er das beschriebene Zeug in das Futter seines Gewandes einnähen. Ich nahm Abschied von ihm und legte mich in einem seit langem ungewohnten Gefühl der Ruhe nieder.

Am Tage darauf schon – es waren noch nicht 24 Stunden verflossen – war ich gewaltsam von Longwood entfernt, meine sämtlichen Papiere beschlagnahmt und in den Händen des Gouverneurs. Der Mann, dem ich – ach allzu leicht – mein Vertrauen geschenkt hatte, war zum Verräter an mir geworden ... er war bestochen und der Versuchung erlegen!

Las Cases Entfernung aus Longwood.

Montag, 25. November. Meine Abführung.

Ich befand mich im sogenannten Salon mit dem Kaiser allein, als derselbe mich plötzlich auf eine Anzahl englischer Offiziere aufmerksam machte, welche sich schnell dem Hause näherten; an ihrer Spitze ging der Gouverneur. Der Großmarschall, der eben eintrat, bemerkte, es müsse irgendetwas vorliegen, er habe eine gewisse Bewegung bei den Truppen bemerkt. Gleich darauf trat jemand ein, um mir zu sagen, ein gewisser Oberst, die rechte Hand Hudsons, wünsche mich in meinem Zimmer zu sprechen.

„Gehen Sie hin, mein Lieber", riet der Kaiser, „und sehen Sie zu, was der Kerl von Ihnen will – kommen Sie aber bald wieder."

Das waren die letzten Worte des Kaisers, die ich vernehmen sollte. Großer Gott! Ich sollte ihn nicht wiedersehen! Noch klingt der Ton seiner Stimme mir im Ohr. Wie oft – wie unzählig oft habe ich dieses Augenblicks gedacht!

Der Oberst und Freund Hudson Lowes, den ich schon kannte, weil ich oft zwischen dem Kaiser und ihm den Dolmetscher gespielt hatte, erkundigte sich zunächst nach meinem Befinden, nahm dann Platz auf einem Sessel, der zwischen mir und der Tür stand, und erklärte plötzlich mit völlig veränderter, barscher Stimme: er verhafte mich auf Befehl des Gouverneurs infolge einer Anzeige meines Dieners wegen heimlicher Korrespondenz. Ich bemerkte zugleich, dass Dragoner die Ausgänge meines Zimmers besetzten; an einen Widerstand war gar nicht zu denken. Ich wurde hinausgeführt und war im Augenblick inmitten einer starken Abteilung von Begleitungsmannschaften. Gleich nach mir wurde auch mein Sohn arretiert, sodass von da an jeder Verkehr mit Longwood aufhörte. Man sperrte uns in eine erbärmliche Hütte ein, welche nicht weit entfernt von der alten Behausung Bertrands lag.

Dienstag, 25. und Mittwoch 26. November. Visitierung meiner Papiere.

O, diese erste Nacht der Gefangenschaft! Welche Gedanken, Befürchtungen, Ahnungen, welche Pein! In aller Frühe sah ich Bertrand in Gesellschaft eines englischen Offiziers an meinem Gefängnis vorüberreiten. Ich wartete seine Rückkehr ab, er ging vorüber ohne einzutreten, er schien ganz niedergeschlagen und machte mir ein Zeichen, als sage er mir Lebewohl. Im Laufe des Vormittags kamen auch Gourgaud und Montholon vorüber, sie durften nicht eintreten und machten mir nur ein Zeichen ihrer Teilnahme. Inzwischen waren durch einen Polizeibeamten meine in Longwood zurückgelassenen Effekten durchstöbert, meine Papiere mit Beschlag belegt, die Betten durchwühlt, die Polster des Sofas untersucht worden. Die versiegelten Pakete mit den Papieren wurden in mein Gefängnis geschafft und in meiner Gegenwart erbrochen. Der Gouverneur und mehrere Offiziere waren zugegen. Auf meinen in energische Worte gefassten Protest bemerkte Hudson Lowe:

„Herr Graf, verschlimmern Sie Ihre Lage nicht, sie ist schon ernst genug!"

Es war wohl eine Anspielung auf die Todesstrafe, von der wir bedroht waren für den Fall, dass wir uns an einem Fluchtversuch des großen Gefangenen beteiligen sollten.

Zunächst fiel ihm mein „Tagebuch" in die Hände. Ich bemerkte ihm, der Kaiser habe nur von den ersten Seiten Kenntnis. Auch meine letzte, von mir selbst versiegelte Willensäußerung wurde vom Gouverneur durchstöbert – ebenso ein Kästchen mit alten Familienerinnerungen. Es waren schreckliche Stunden: Ich war so tief erregt, so erschüttert, dass ich aus dem Zimmer lief.

Donnerstag, 28. bis Sonnabend, 30. November. Meine Überführung nach „Balcombes Cottage."

Heute wurde ich in ein Sommerhäuschen überführt, welches unserm früheren Wirt in Briars, dem Mr. Balcombe, gehörte. Ich war von Longwood durch eine Reihe von Felsschluchten getrennt, eine Abteilung des 66. Infanterieregimentes bewachte uns; wir lebten in einer vollkommenen Absperrung. Gleich nach unserer Übersiedelung stellte sich Hudson Lowe ein; wir erhielten vorläufig unsere Speisen aus seiner Küche, d. h. aus dem zwei Meilen entfernten „Plantation-House."

Sonntag, 1. Dezember bis Freitag, 6. Dezember. Meine Briefe an Sir Hudson Lowe.

Ich schrieb folgenden Brief an Sir Hudson Lowe: „Herr Gouverneur! Infolge einer Falle, welche mir mein Diener gestellt hat, wurde ich aus Longwood entfernt und sind meine Papiere mit Beschlag belegt worden. Ich habe die einschränkenden Bestimmungen, denen ich mich unterworfen habe, nicht gehalten: den Einschränkungen zu entsprechen aber habe ich mit meinem Ehrenwort mich nicht verpflichtet. Es sind auf die Nicht-innehaltung derselben von Ihnen ja nur Strafen festgesetzt; ich habe auf dieselben nicht geachtet. Was ist geschehen? Es handelt sich um zwei Briefe: der eine ist ein Bericht an den Prinzen Lucian über unser Leben, eigentlich bestimmt, durch Ihre Hände zu gehen, wenn Sie mir nicht hätten androhen lassen, dass eine Fortsetzung von Korrespondenzen nach außerhalb meine Entfernung aus der Nähe des Kaisers zur Folge haben würde. Der zweite Brief war nichts als ein Ausspruch freundschaftlicher Gesinnungen. Sie haben jetzt alle meine Schriftstücke, auch die geheimsten, durchstöbert. Ich habe Ihnen Ihre Nachforschung so leicht wie möglich gemacht, habe Ihnen die geheimsten Blätter zur Verfügung gestellt, voll von Ideen, die, noch nicht völlig gereift, zum Teil ein Chaos darstellen. Ich wollte Sie überzeugen, dass unter meinen Papieren kein einziges ist, das irgendwelche Beziehung zu Ihrem hohen Amte hatte. Keine Verschwörung liegt vor, kein Geheimnis, nicht die geringste Idee einer Entweichung Napoleons. Sie können nichts der Art gefunden haben, denn es gab nichts. Wir halten eine Entweichung für unmöglich, wir denken also gar nicht daran – ich gestehe gern, dass ich die Hand bereitwillig dazu geboten hätte, wenn ich irgendeine Möglichkeit des Gelingens gesehen hätte. Ich hätte für diese Entweichung mein Leben bereitwillig hingegeben, ich wäre als Märtyrer meiner Ergebenheit gestorben, mein Name hätte für immer in den Herzen edler Menschen gelebt! Allein – ich wiederhole es – niemand hält ein Entweichen von hier für möglich, niemand denkt also daran, zu entweichen. Der Kaiser Napoleon steht noch auf demselben Standpunkt wie damals, als er voll Vertrauen und aus freier Entschließung an Bord der „Bellerophon" kam: letzte ruhige Tage in Amerika oder in England unter dem Schutze der Gesetze!

Nachdem ich dies gesagt habe, erhebe ich laut Protest und widersetze mich in aller Form der weiteren Durchsicht meiner Papiere, vor allem meines „Tagebuches." Ich bin dies meiner Ehrfurcht für den erhabenen Geist schuldig, aus dem ich schöpfte, die Achtung vor mir selbst gebietet mir, es zu tun. Ich verlange eins von zwei Dingen: entweder werden mir die Papiere, falls Sie dieselben Ihren großen Zielen gegenüber für gegenstandslos halten, sofort zurückgegeben, oder, falls Sie in diesen Papieren Stellen finden sollten, von denen Sie glauben, sie müssten Ihrem Cabinet vorgelegt werden, werden die Papiere in zusammenhängendem Ganzen nach London geschickt und ich hinterdrein. Es ist zu viel die Rede von Ihnen, mein Herr, als dass Sie es nicht selbst für gut hielten, einen der beiden Vorschläge anzunehmen: Sie würden sich selbst ja nur eines Missbrauches Ihrer Autorität anklagen.

Ich aber würde in England dieselben Fragen, dieselben Einwendungen an das Cabinet richten, die Welt würde ich zum Zeugen anrufen. Von welchem Vorteil könnte in den Augen des Gesetzes ein Blatt Papier sein, auf welchem Tag für Tag in nachlässiger Form hingeworfene Äußerungen des Kaisers Napoleon verzeichnet stehen; wie viel mir unterlaufene Irrtümer habe ich nicht schon durch erneute Unterhaltungen über dasselbe Thema korrigiert – nein, diese Aufzeichnungen sind nur rohe Entwürfe, vielleicht voll von Missverständnissen.

Was Sie, mein Herr, und meine Auffassungen Ihrer Person und Ihrer Handlungsweise betrifft, so wäre es ja für Sie eine Kleinigkeit, mich eines Irrtums zu überführen. Sie werden mich glücklich und dankbar machen, wenn Sie mir die Gelegenheit bieten, einen Irrtum einzusehen und wiedergutzumachen.

Übrigens mögen Sie tun, was Sie wollen, Herr Gouverneur, mögen Sie in Bezug auf mich eine Entscheidung treffen, welche immer Ihnen passt, von diesem Augenblicke an hört, soweit meine Lage es irgend gestattet, jede Unterordnung unter Ihre Wünsche auf. Als Sie mich verpflichteten, haben Sie mir selbst zugestanden, ich könnte jederzeit mein Versprechen zurückziehen. Ich stelle mich unter Ihre Landesgesetze, ich verlange eine Verhandlung vor Ihren Gerichtshöfen. Ich glaube schwerlich, dass die Instruktionen, welche Sie erhalten haben mögen, Sie über die Majestät des Gesetzes stellen ...“

Diesem ersten Briefe folgten alsbald weitere Korrespondenzen mit dem Gouverneur, namentlich die Benachrichtigung über die schwere Erkrankung meines Sohnes.

Die Folge war, dass Sir Hudson Lowe sich persönlich bei mir einstellte. Er meinte, es wäre von einer mir gestellten Falle gar keine Rede, übrigens aber erklärlich, dass ich auf einen solchen Gedanken gekommen wäre. Er gab mir sein Ehrenwort, der Diener wäre von niemandem und in keiner Weise beeinflusst worden.

Der Gouverneur[28] ließ sich dann des Weiteren über einige Bemerkungen in meinen Briefen vernehmen, die ihn notwendigerweise „hätten verlet-

[28] Anmerkung des Herausgebers: Sir Hudson Lowe, ein geborener Irländer, war als General 1813 Kommissar Englands in Blüchers Hauptquartier. Er war sehr vertraut mit dem populären Helden der Freiheitskriege; beide Herren mögen wohl in intimen Gesprächen ihrem grimmigen Hass gegen Napoleon oft Luft gemacht haben. Wollte doch unser Lebrecht den Kaiser damals „aushauen lassen“, wenn er ihn „kriegte.“ Hudson Lowe wird wohl dazu Ja und Amen gesagt haben. Er ist dann zum Hüter Napoleons auf St. Helena ausersehen worden und mit dem tragischen Lebensab-

zen müssen", eine Entgegnung auf meine Behauptungen aber wies er von der Hand, es handle sich um einen mündlichen Austausch, bevor er eine erschöpfende schriftliche Antwort gäbe.

Er hat dies nie getan, wohl aber später versucht, den Autor des „Tagebuch von St. Helena" zu diskreditieren dadurch, dass er Zeitungsschreiber annahm, die ihm Weihrauch streuen mussten.

Ich muss bemerken, dass ich es als das unanfechtbare Recht eines jeden Gefangenen ansehe, seine Gefängniswärter zu täuschen. Ich erzählte früher schon, der Kaiser habe mir, als wir die Reise nach St. Helena antraten, heimlich ein sehr wertvolles Diamanthalsband anvertraut. Die Gewohnheit, es immer bei mir zu führen, hatte mich dahin gebracht, dass ich gar nicht mehr daran dachte. Erst nachdem ich schon mehrere Tage gefangen saß, fiel mir alles ein; ich bekam keinen geringen Schreck. Wie sollte ich jetzt als Gefangener den Schatz dem Kaiser zurückgeben? Ich kam auf den Gedanken, Herrn Hudson Lowe selbst dazu zu verwenden. Ich schrieb einen Brief an Bertrand, in welchem ich Abschied von meinen Leidensgefährten nahm und auf die stete Geldklemme zu sprechen kam, in welcher sich alle befanden.

„Ich wünsche sehnlichst", schrieb ich, „einige Diamanten meiner Frau zurücklassen zu können, ein Halsband – das Almosen der Witwe. Aber wie soll ich das Anerbieten machen? Ich habe oft die 4 000 Louisd'or, welche ich in England deponiert habe, angeboten; ich tue es nochmals. Haben Sie doch die Güte von Neuem, den Kaiser meiner treuen Ergebenheit, meiner unwandelbaren Ehrfurcht zu versichern.

Euch aber, teure Gefährten von Longwood, entbiete ich ein herzliches Lebewohl. Möchte ich in Eurer Erinnerung fortleben. Ich weiß, wie viel Ihr entbehrt, was Ihr leidet. In Eurer Nähe war ich nur wenig für Euch;

---

schluss des Kaisers für immer verbunden. Er ist vielfach wegen seines Verhaltens heftig angegriffen worden. Um ein gerechtes Urteil über ihn zu fällen, sollte man aber bedenken, dass er zwischen den ihm von London zugehenden, in die kleinsten Details dringenden und ohne alle Kenntnis lokaler Verhältnisse erteilten Instruktionen und den fortwährenden Klagen, Beschwerden und Jeremiaden seines Gefangenen steckte. Seine Lage war eine überaus schwierige und oft peinliche: wenn er nicht immer das Richtige traf, so braucht man nicht ohne Weiteres, wie es vielfach geschehen ist, auf ein gemeines und rachsüchtiges Naturell zu schließen. Mit weit klarerem Tone tritt der Tadel darüber auf, dass die verbündeten Mächte Napoleon auf den einsamen Felsen im Meer verwiesen – um ihn dort sterben zu lassen. Hudson Lowe, der dem Kaiser erst 1844 ins Jenseits folgte, hat in einer zweibändigen Schrift, betitelt „Mémorial rélatif à la captivité de Napoléon à Ste. Hélène" eine gerade nicht geschickt abgefasste Rechtfertigung niedergelegt.

wenn ich fort bin, sollt Ihr meine Sorge um Euch, meine Bemühungen für Euch, falls man soviel menschliches Gefühl hat, ihnen freien Lauf zu gönnen, kennenlernen. Ich bitte Sie, Herr Großmarschall, für sich selbst die Gefühle warmer Verehrung und Hochachtung zu genehmigen.

Nachschrift. Dieser Brief war schon seit längerer Zeit geschrieben zu der Zeit, als ich glaubte, meine völlige Entfernung stände bevor. Heute, da es mir gestattet ist, ihnen denselben zu übersenden, teilt mir gleichzeitig der Gouverneur mit, dass ich hier die Antworten auf seine Eingabe an das Cabinet abwarten muss. So werde ich noch Monate auf St. Helena verbleiben, Longwood aber existiert für mich nicht mehr: eine neue Marter, auf die ich nicht gerechnet hatte."

Der Gouverneur, dem ich den Brief einhändigte, las ihn, billigte den Inhalt und hatte die Güte, sich selbst zum Überbringer zu machen – so gelangte der wertvolle, bei mir deponierte Gegenstand wieder in die Hände des Kaisers!

Sonnabend, 7. bis Montag, 9. Dezember. Meine mich persönlich angehenden Beschwerden über den Gouverneur.

Nun bin ich schon vierzehn Tage lang der Gefangene des Sir Hudson Lowe. Ich konnte nur durch den Gouverneur selbst Nachrichten über Napoleon erhalten. Ich war an dem Orte, an welchem ich mich befand, ja nur provisorisch, wie der Gouverneur mir gesagt hatte, untergebracht. Er war, das muss ich sagen, seit er mich völlig in seiner Gewalt hatte, durchaus höflich – seine Handlungen waren nur leider stets ganz anders als seine Worte. So habe ich später durch O'Meara erfahren, dass er eben um diese Zeit dem Kaiser alle möglichen nachteiligen Äußerungen zustecken ließ, die ich über Napoleon gemacht haben sollte – eine große Nichtswürdigkeit!

Hier noch ein für Sir Hudson besonders charakteristischer Zug: der Zustand meines erkrankten Sohnes wurde immer bedenklicher. Der Doktor Baxter, englischer Oberarzt, hatte die Güte, sich als Assistenz O'Mearas zum Krankenbesuch in unserem Gefängnis einzustellen. „Ich bitte Sie, mein Herr", hatte ihm der von dem Ereignis benachrichtigte Gouverneur bemerkt, „was hat der Tod eines Kindes mit der Politik zu schaffen!"

Mögen diese Worte hier ohne Kommentar des Vaters stehen!

Dienstag, 10. bis Sonntag, 15. Dezember. Nochmals meine Papiere. – Mein Verhör durch den Gouverneur. – Mein Brief an den Prinz Lucian.

Der Gouverneur, der mir fast täglich einen Besuch abstattete, durchstöberte bald aus diesem, bald aus jenem Grunde immer von Neuem meine Papiere. Es wurde ein Register der Briefe meiner Freunde in London angelegt, um im Ministerium festzustellen, ob auch keiner der Briefe auf unerlaubten Wegen in meine Hände gelangt wäre. Ich hatte noch einen zweiten Brief an den Prinzen Lucian angefangen, derselbe interessierte den Gouverneur ganz besonders: Er ließ, obwohl viele Änderungen darin waren, einzelne Stellen abschreiben – ich kann mir nicht vorstellen, zu welchem Zweck.

Hier lasse ich nun den Inhalt meines dem Gouverneur in die Hände gespielten Briefes an den Prinzen Lucian folgen:

Monseigneur! Ich erhielt Ihren Brief, datiert Rom, den 6. März und fühle mich durch denselben hochgeehrt; ich werde mich bemühen, Eurer Hoheit von Zeit zu Zeit detaillierte Nachrichten über den Kaiser zugehen zu lassen, namentlich auch über die Behandlung Sr. Majestät; befinden sich darunter allzu kränkende Bemerkungen, so werden Ew. Hoheit dieselben der Madame Mère verschweigen. Ich will dort einsetzen, Monseigneur, wo wir uns trennten: Es war im Palais royal und ich im Begriff, mich nach Malmaison zu begeben, um mich dem Kaiser zur Verfügung zu stellen. Ich traf dort ein, als der Kaiser, im Begriff in seinen Wagen zu steigen, der provisorischen Regierung sagen ließ:

„Er habe zwar der Souveränität, aber nicht seinem Bürgerrecht entsagt, auch nicht dem schöneren Rechte, für sein Vaterland zu kämpfen. Er werde, falls man es wünsche, sich an die Spitze der Armee stellen; er wäre vollkommen vertraut mit den augenblicklichen Verhältnissen, mache sich aber anheischig, den Feind so zu bedrängen, dass es der Regierung möglich werden würde, unter besseren Bedingungen zu verhandeln – er wolle, sowie er den Schlag geführt, ungesäumt seine Reise fortsetzen."

Dies lehnte die provisorische Regierung ab, und am Abend des 29. Juni traten wir unsere Reise nach Rochefort an, wohin zwei Fregatten beordert waren, um uns nach Amerika überzuführen – dies war das Asyl, welches der Kaiser für sich ausgesucht hatte.

Der Kaiser mit einem Teil seines Gefolges – es waren mehrere Reisewagen – hatte keine Eskorte und wurde überall von der Bevölkerung mit Begeisterung begrüßt – dies ohne innere Bewegung mit anzusehen war unmöglich, der Kaiser nur zeigte die vollkommenste Ruhe.

In Rochefort angelangt, warteten wir vergeblich mehrere Tage auf die Pässe, die man uns versprochen hatte: Indessen reihte sich Ereignis an Ereignis mit rasender Geschwindigkeit und alles riet uns, die Abfahrt zu beschleunigen. Der Feind war in Paris eingerückt, unsere Hauptarmee zog sich hinter die Loire zurück voller Zorn, voller Empörung, die Armeen von der Vendée und Bordeaux teilten diese Empfindungen. Die Bevölkerung befand sich in einem Zustande der Gärung. Von allen Seiten wurde der Kaiser aufgefordert, das Ruder wieder in die Hand zu nehmen – sein Entschluss aber war unabänderlich.

Englische Kreuzer zeigten sich vor Rochefort, der Wind war und blieb konträr; drängten auf dem Festlande die Umstände zur Abreise, dieselben wurde auf dem Wasserwege unmöglich. In dieser verzweifelten Lage schickte mich, der ich als cidevant Emigrierter unter den Engländern bekannt war, der Kaiser an Bord eines feindlichen Schiffes. Ich frug an, ob man nichts in Bezug auf unsere Pässe nach Amerika wisse. Man wusste nichts davon. Ich machte eine Darstellung unserer Lage, berichtete über die dem Kaiser gemachten Anerbietungen, deren Ablehnung und Napoleons unerschütterlichen Entschluss. Ich sprach von unserer Abfahrt an Bord eines neutralen Schiffes, worauf der englische Kapitän bemerkte, er würde sich desselben zu bemächtigen haben. Ich sprach vom Auslaufen der Fregatten unter Parlamentärflagge, der Kapitän erklärte: er habe die Ordre, dieselben anzugreifen. Ich stellte ihm vor, welches Unglück er auf seine Schultern lade, wenn Napoleon genötigt wäre, wieder an Land zu gehen. Der Kapitän versicherte mir, auf seine eigene Verantwortung hin könne er nichts tun; er wolle sich jedoch sofort in der Angelegenheit an seinen Admiral wenden und mir innerhalb von zwei Tagen Antwort sagen.

Während der Zeit wurden allerhand Pläne gemacht, einer immer verwegener als der andere. Es wurde der Vorschlag beraten, auf zwei Fischerbooten die Überfahrt zu machen, einige junge Leute hatten sich freiwillig gemeldet, als Matrosen zu dienen und sich mit aller Begeisterung der Sache gewidmet – das Unternehmen scheiterte daran, dass wir an der spanischen oder portugiesischen Küste hätten Wasser einnehmen müssen. Auch Generäle stellten sich beim Kaiser ein und beschworen ihn, sich an ihre Spitze zu stellen – der Kaiser wies sie ab mit den Worten: Nein, jetzt gibt es gegen das Übel kein Mittel mehr; ich kann heute nichts mehr für das Vaterland tun; auch ein Bürgerkrieg hätte keinen Sinn; ein solcher könnte nur für mich, aber nicht für das Vaterland von Vorteil sein.

Es ist dies das nämliche Gefühl, welches ihn bei seiner durch Verrat notwendig gewordenen Abdankung veranlasste, sich Korsika nicht zu reservieren, wohin zu gelangen ihm kein feindlicher Kreuzer verwehrt haben würde. Er wollte nicht, dass man sagen könnte, dass im Schiffbruch der französischen Nation, den er ja voraussah, er allein verstanden hätte, ein Asyl zu finden.

Da keinerlei Antwort eintraf, verfügte ich mich abermals an Bord des englischen Schiffes: Der Kapitän hatte noch keine Antwort von seinem Admiral, eröffnete mir jetzt jedoch, dass er von seiner Regierung bevollmächtigt sei, Napoleon und Gefolge nach England zu führen, wenn dies dem Kaiser recht wäre. Ich antwortete, ich würde nicht verfehlen, dieses Anerbieten an den Kaiser weiter zu geben und bezweifele nicht, dass Napoleon es ohne alles Misstrauen annehmen und in England die Mittel zur Überfahrt nach Amerika zu erlangen suchen würde. Darauf bemerkte der Kapitän, er könne nicht dafür aufkommen, dass man uns dieselben bewilligen würde. Allein er versicherte mir – und mehrere Offiziere taten desgleichen – wir dürften keinen Augenblick zweifeln, dass wir einen Empfang, eine Aufnahme finden würden entsprechend der Größe, der Aufklärung und dem Edelmute der englischen Nation.

Der Kaiser versammelte uns nach meiner Rückkehr um sich, um unsere Gedanken über das Projekt kennenzulernen. Wir waren einstimmig der Meinung, das uns angebotene Gastrecht anzunehmen: Es wurden keinerlei Bedenken laut. Eine schöne Gelegenheit für den Prinzregenten, sagte man allgemein, zu einer ruhmreichen Handlung. Gibt es für England einen schöneren Triumph als dieses edle Vertrauen seines großen Gegners? Diesen Vorzug vor dem „Schwiegerpapa", vor dem „alten Freunde!"

Hier, Monseigneur, lehnten wir uns ja an die hohe Meinung, die Sie selbst von dem englischen Volke haben, von seinen moralischen Eigenschaften, seinem Edelsinn, seinem Einfluss auf den Souverän. Der Kaiser dachte wohl daran, dass seine Entscheidung für Amerika einige Eifersüchteleien hervorrufen konnte, da er aber dieses Asyl nur wählte, um unter sichern Gesetzen zu leben, und England ihm diese Vorteile ebenfalls bot, so schien es ihm nicht darauf anzukommen, wohin er sich wandte. Er schrieb an den Prinzregenten folgenden Brief, den ja alle Zeitungen Europas abdruckten und Eurer Hoheit jedenfalls bekannt ist. Trotzdem gestatte ich mir, den Tenor in exakter Form hier folgen zu lassen:

„Königliche Hoheit! Den Parteiungen, die mein Land zerreißen und der Feindschaft der Großmächte Europas ausgesetzt, habe ich jetzt meine politische Karriere beendet. Ich komme wie Themistokles, um mich am Herde des britischen Volkes niederzulassen. Ich stelle mich unter den Schutz seiner Gesetze, den ich von Ew. königlichen Hoheit, dem Mächtigsten, dem Hartnäckigsten, dem Edelmütigsten meiner Feinde beanspruche." -

Noch an demselben Abend kehrte ich an Bord der „Bellerophon" zurück und meldete für den kommenden Morgen die Ankunft des Kaisers an. Mit mir war General Gourgaud, Adjutant Seiner Majestät, der sofort nach England weiter befördert wurde. Er war Überbringer des Briefes an den Prinzregenten und sollte Seiner Königlichen Hoheit den Wunsch des Kaisers, auf englischem Boden mit dem Titel als Oberst Duroc landen und sich in einer Provinz niederlassen zu dürfen, überbringen.

Kaum war der Kaiser an Bord der „Bellerophon" erschienen, als auch der Admiral des englischen Kreuzer-Geschwaders sich einstellte und mit seinem Schiffe dicht neben uns vor Anker ging. Der Kaiser drückte den Wunsch aus, dieses Schiff, die „Superbe", zu besuchen, Admiral Hotham empfing ihn mit aller Auszeichnung und in den verbindlichsten Formen. Wir gingen in See und fühlten uns so vollkommen sicher, dass jeder von uns auf der Fahrt sich angenehmen Träumereien hingab. Kaum aber waren wir an der englischen Küste vor Anker gegangen, als alles um uns her ein verändertes, Befürchtungen erweckendes Ansehen gewann.

Der Kapitän war ein rechtschaffener Mann, der pünktlich seine Instruktionen befolgte und keine Ahnung davon hatte, dass wir bereits dazu verurteilt waren, nach St. Helena deportiert zu werden. Wir wurden scharf beobachtet und uns jeder Verkehr untereinander untersagt. Armierte Boote umschwärmten uns, Neugierige wurden durch Flintenschüsse ferngehalten. Die Waffen wurden uns abgenommen, man durchsuchte unser Gepäck – man glaubte, der Kaiser habe Schätze mitgenommen. Es wurden jedoch nur 4 000 Napoleond'or gefunden, diese behielt man; das Silbergerät wurde ihm belassen. Einige Wäsche, einige Kleider, einige Kisten mit seiner Feldbibliothek war alles, was der einstige Herrscher der Welt in diesem Augenblick sein nannte.

Wir wurden von der „Bellerophon" auf die „Northumberland" transportiert und alsbald hinausgestoßen in das weite Meer, um nach langer Fahrt unseren Bestimmungsort zu erreichen. Wir hatten in großer Anzahl dem Kaiser das Geleit gegeben, nur vier erhielten die Erlaubnis, das

Schicksal des Kaisers zu teilen. Viele der Abgewiesenen vergossen bittere Tränen. Jemand wandte sich an den Admiral Keith mit den Worten:

„Sie werden bemerken, Mylord, dass es die Zurückbleibenden sind, die weinen!"

Der Kaiser ließ einen in energischen Worten abgefassten, ganz kurzen Protest zurück.[29]

Was uns betrifft, Monseigneur, wir fragten uns voll Besorgnis: was wird daraus werden? Sind wir nicht mehr unter zivilisierten Völkern? Was ist aus dem Völkerrecht und aus der öffentlichen Moral geworden? Wir rufen Gott zur Rache auf! Noch jetzt, während ich an Sie schreibe, gerät mein Blut über den schändlichen Verrat in Wallung.

Wir lasen in den Zeitungen, wir wären gefangen worden und waren doch aus freiem Entschluss und voll Vertrauen gekommen; wir wären gezwungen worden, uns auf Gnade oder Ungnade zu ergeben – hatten wir es nicht aus Großmut verschmäht, es auf die Entscheidung durch die Waffen ankommen zu lassen?

Man hat uns später gesagt, England stehe in Bezug auf unsere Behandlung im Einvernehmen mit seinen Verbündeten – will man dadurch eine Besudelung seiner Flagge beschönigen? Durfte England aus Rücksicht für Fremde die Heiligkeit seiner Gesetze verletzen? Liegt nicht in dieser Verachtung aller Gesetze dem Kaiser Napoleon gegenüber das Vorzeichen einer hereinbrechenden Reaktion? Man will sich den Anschein geben, als wäre in der Proskription Napoleons nunmehr die Revolution erloschen. Man irrt sich. Napoleon hatte ihr ein Ende gesetzt: man ruft sie von Neuem wach. Die Völker Europas werden mehr und mehr in Gärung geraten!

---

[29] Anmerkung des Herausgebers: Die wichtigsten Bedenken wider die geschichtliche Genauigkeit einzelner Daten im „Tagebuch von St. Helena" treten an dieser Stelle auf. Es ist mehr als wahrscheinlich, dass Napoleon, dessen Entrinnen aus Rochefort nach dem Meere zu unmöglich war und der dem Augenblick entgegensehen musste, da er in die Hände seiner Feinde fiel, das Prävenire spielte und sich an Bord eines der den Hafen sperrenden englischen Schiffe verfügte. Dass er versucht hat, seinen Entschluss als einen freiwilligen hinzustellen, um dadurch seine Lage zu verbessern, ist ein Strategem, das ihm niemand verargen wird, die historische Wahrheit aber verlangt doch die Betonung solcher Umstände! Wenn aus der sehr zweifelhaften „Freiwilligkeit" der Schluss gezogen werden soll, dass seine „Behandlung als Gefangener" seitens der Engländer – die ja übrigens im Einverständnis mit den Verbündeten handelten – eine Verletzung des Völkerrechtes, eine Besudelung der englischen Flagge darstelle, so geht man allerdings etwas weit. – Napoleons Deportation nach St. Helena bleibt darum doch ein Flecken auf der Geschichte der Neuzeit.

Das englische Cabinet hatte verfügt, der gefangene Kaiser solle „General" tituliert werden und jede besondere Rücksicht für ihn unterbleiben. Wir konnten uns nicht entschließen zu glauben, dass es dem englischen Cabinet zustehe, nach Laune eine Titulatur abzuändern, die durch Verträge festgestellt, von der Religion geheiligt, allgemein in Europa Gebrauch war. Wir behielten daher den Titel „Kaiser" für den bei, der sich einige Tage zuvor selbst den Titel „Oberst" beigelegt hatte.

Unsere zwei Monate währende Überfahrt ging ruhig und ohne Zwischenfall vonstatten. Auf dem Schiffe gab es unzählige Pamphlete, Schmähschriften, Spottlieder, Karikaturen über den Charakter, die Gesichtszüge, die Manieren des Kaisers – wie erstaunte ein jeder, der diesen Lügen jetzt die Wahrheit gegenüberstellen konnte! Die Unwahrheiten verflogen wie Nebel, lichtere Farben zeigte der Horizont. Als wir uns von dem Schiffe trennten, sagte uns der Offizier, der am meisten mit dem Kaiser verkehrt hatte, er habe alle Bewunderung für dessen stets gleiche, ruhige, leutselige Stimmung. Den Morgen über hielt sich während der Fahrt der Kaiser in dem ihm angewiesenen Raum auf. Gegen 5 Uhr trat er in den Salon; er spielte, ehe er zu Tisch ging, eine Partie Schach. Während des Mittagessens sprach er nur wenig. Sie wissen, Monseigneur, dass er nie länger als 18 bis 20 Minuten bei Tisch saß: Auf dem Schiff blieb man zwei Stunden bei Tisch sitzen, das war für ihn eine unerträgliche Qual. Nach einer Stunde wurde ihm allein der Kaffee serviert, dann erhob er sich und ging an Deck. Der Großmarschall und ich folgten ihm stets. Das war die von ihm für die Öffentlichkeit bestimmte Zeit. Er pflegte den Offizier, der den Dienst hatte, zu sich zu rufen, auch den Schiffsjungen oder den Geistlichen, und unterhielt sich mit ihnen über ihre Angelegenheiten. Die Schiffsmannschaft war natürlich in der ersten Zeit neugierig, die Neugierde schlug aber bald in Teilnahme um.

Der Kaiser zog sich zeitig in sein Gemach zurück.

Wir lagen vor St. Helena zwei Tage vor Anker, ehe wir in James Town ausgeschifft wurden; es ist eine Art Dorf, bestehend aus einigen Häusern, unter denen einige ziemlich umfangreich und für die Aufnahme von Fremden bestimmt sind. Am Morgen nach unserer Ankunft kam der Admiral und führte den Kaiser in das Innere der Insel, um ihm seine zukünftige Behausung zu zeigen. Es waren Reparaturen nötig, die mehrere Tage in Anspruch nehmen mussten. Der Kaiser sollte also nach James Town zurückkehren, wo die Hitze unerträglich war: ohne von anderen, vielleicht noch schlimmeren Übelständen zu sprechen, es gehörte dazu die dreiste Neugier der Bewohner. Der Kaiser aber zog es vor, etwa drei Meilen vor James Town haltzumachen; noch an demselben Abend ließ er mich rufen. Der beengte Raum seines Domizils aber ließ die Aufnahme einer zweiten Person nicht zu. Es war eine Art Gartenhaus, etwa 50 Schritt entfernt vom Hause des Besitzers: Es hatte zu ebener Erde einen einzigen Raum, der einige Quadratfuß groß war. Der Kaiser ließ darin sein Feldbett aufstellen. Er musste in diesem einen Raum schlafen, sich ankleiden, arbeiten, speisen und promenieren; ich fand für mich in einer engen Mansarde grade darüber ein Obdach, es bot kaum Raum für mich und meinen Sohn; die Kammerdiener des Kaisers schliefen vor der Tür auf der Erde. Zur Familie des Besitzers gehörten zwei kleine Mädchen, 13 und 14 Jahr alt. In den ersten Tagen seines Aufenthaltes trat der Kaiser zuweilen bei ihrem Vater, einem braven, schlichten Mann, ein. Allein es kamen soviel Neugierige daher, dass der Kaiser auf weitere Besuche Verzicht leistete. Die übrigen Herren des Gefolges, welche in James Town zurückgeblieben waren, erschienen zu einem Besuch, so oft sie nur konnten. Es war infolge der vielfachen Vorschriften und Irrtümer der Posten oft nicht leicht. Der Kaiser war abscheulich untergebracht, noch abscheulicher, als Sie sich denken können, Monseigneur. In den ersten Tagen musste ihm das Diner aus der Stadt gebracht werden; später erst gelang es, eine Küche in seiner unmittelbaren Nähe zu improvisieren. Es war unmöglich, ihm die Gelegenheit zum Baden zu verschaffen, obgleich dies für ihn Bedürfnis ist. Er war genötigt, sein Zimmer zu verlassen, damit dasselbe gekehrt und das Bett gemacht wurde. Unsere Spaziergänge beschränkten sich auf die mit spitzen Steinen beschütteten Wege um das Haus oder auf eine Allee in der Nachbarschaft, welche wir aber erst nach Sonnenuntergang oder bei Mondenschein betreten konnten.

So brachten wir zwei Monate zu, alsdann wurden wir nach Longwood umquartiert, wo wir jetzt noch sind. Mit Ausnahme des Großmarschalls und seiner Gemahlin, welche ein etwa drei Meilen entferntes Häuschen bezogen, waren wir dort alle vereint. Longwood war ursprünglich ein Landgut, welches der Ostindischen Compagnie gehörte; man hatte es dem letzten Vize-(Unter-)Gouverneur überlassen, welcher das Haus als Landhaus benutzt hatte. Die für uns vorgenommenen Veränderungen sind in der Eile gemacht worden und versprechen keinerlei Dauer, die Räume sind ungesund und kaum bewohnbar. Das berühmte, aus Holz erbaute Palais, welches in den Spalten der englischen Presse eine Rolle spielte, existiert nicht. Es ist allerdings vor einiger Zeit eine große Menge Bauholz angekommen, da aber sieben bis acht Jahre erforderlich wären, um es zu verwenden, und wir die ganze Zeit über mitten unter den Bauleuten gesteckt, die Neubauten auch enorme Summen gekostet hätten, so liegt das Holz jetzt da und verfault.

Es gibt auf der Insel Wohnstätten, welche der von Longwood vorzuziehen sind, so namentlich Plantation House, wo der Gouverneur residiert; dort befindet sich ein hübscher Garten, schattige Plätze, überhaupt alles, was man hier erwarten kann. Dort wäre der Kaiser bedeutend besser untergebracht gewesen und man hätte große Kosten gespart. Longwood liegt an einer öden Stelle: Die Natur hat Ansiedler abgeschreckt und jede Bemühung der Kultivierung abgewiesen, Wasser ist selten, nirgends Schatten. Es gibt dort nur Heidekraut, einiges Strauchwerk, elende Gummibäume, die keinen Schatten spenden. Die Ratten- und die Mäuseplage ist schrecklich!

Ein Reisender, ermüdet von der Monotonie der Wellen, vom Blick auf das unendliche Meer, ist erklärlicher Weise entzückt, wenn er wieder ein Fleckchen Erde sieht – klettert er an einem schönen Tage zu unserem Plateau empor, erstaunt er über die drohenden Felsen, welche sich um ihn her auftürmen, über die Abgründe tief unter ihm und sieht, wie lachendes Grün die Schluchten umrahmt, so wird er gewiss sagen: O, das ist schön!

Monseigneur! Wer verurteilt ist, dies und nichts wie dies tagaus und -ein zu sehen, vergisst des pittoresken Effektes und klagt über den trostlosen Aufenthalt. Ebenso verhält es sich mit dem Klima. Vorüberpassierende mögen es für milde und unschädlich halten. Wir wissen, dass unter der Glut der tropischen Sonne die Insel die größte Zeit des Jahres in Wolken eingehüllt ist und dass es namentlich in Longwood sehr viel regnet; im Sonnenschein ist es, als sollte man verbrennen, ist er fort, als sollte man in der Feuchtigkeit ersticken. Das Klima wirkt zerstörend auf die menschliche Konstitution; farblos verläuft das Jahr, seine Monotonie drückt auf der geistigen Tätigkeit; es ist unmöglich, das dumpfe Gefühl, die schwerwiegende Pein der Langeweile zu schildern. Als der Kaiser Murats Schicksal erfuhr, rief er: „Die Kalabresen waren nicht so barbarisch, sie waren großmütiger als die Leute zu Plymouth!"

In Longwood angelangt, versuchte der Kaiser wieder auszureiten. Sie wissen, Monseigneur, wie sehr Corvisart auf dieser Leibesübung beim Kaiser bestand; allein es waren diesen Spazierritten so enge Grenzen gezogen, dass er sie bald wieder einstellte. Er pflegte wohl, wenn wir ihm Vorstellungen machten, zu sagen:

„Wenn ich ein Pferd zwischen den Beinen habe, so erfasst mich das Verlangen zu rennen, kann ich es nicht befriedigen, so ist das Reiten für mich nur eine Qual!"[30]

Die Insel hatte 25 bis 30 Meilen im Umfang. Napoleon hatte die Erlaubnis, sie in Begleitung eines englischen Offiziers zu durchstreifen; er hat keinen Gebrauch davon machen mögen und sagte, die Wohltat, welche er dadurch seinem Körper antun würde, würde weit hinter den Qualen zurückstehen, die es seiner Seele bereiten möchte, wenn er an der Gegenwart des Offiziers – „obwohl alle, die die Feuertaufe bekommen haben, demselben Bekenntnis angehören" – merken müsste, dass er Gefangener wäre. Admiral Cuckburn war eine Zeit lang aufs Liebenswürdigste bemüht, ihm Erleichterung für größere Exkursionen zu gewähren; alles das nahm bald wieder ein Ende.

Die Hauptbeschäftigung des Kaisers besteht darin, dass er in seinem Zimmer der Lektüre obliegt oder einem von uns die Hauptereignisse seines Lebens in die Feder diktiert. Die Feldzüge in Italien, der ägyptische Feldzug sind in Arbeit oder so gut wie vollendet. Der Kaiser hat die englische Sprache erlernt, ich hatte die Ehre, ihn zu unterrichten. Nach noch nicht 30 Unterrichtsstunden konnte er schon die Zeitungen lesen. Heut ist er ganz au fait.

Was das materielle Leben hier betrifft, so kann man sagen, dass es abscheulich ist; wir haben Mangel an allem Möglichen! Wir bekommen z. B. die Schlachttiere nie lebendig geliefert, der Mundvorrat trifft oft so verspätet ein, dass wir unsere Mahlzeiten oft mehrere Stunden verschieben müssen; der Wein ist häufig untrinkbar, das Brot schlecht, wenigstens nicht so, wie wir es gewohnt sind rc. Dabei kommt keine Klage über des Kaisers Lippen, er würde von der Ration eines Soldaten leben – allein er leidet, und wir leiden umso mehr, weil wir ihn leiden sehen.

---

[30] Anmerkung des Herausgebers: Napoleon war ein sehr schlechter Reiter; er konnte nur bestens zugerittene Pferde brauchen. Wenn er trabte, erzählt uns ein Beobachter, schlug er mit den Armen wie ein Vogel mit den Flügeln, die Beine hatten stets eine unvorschriftsmäßige Lage. Sein Leibstallmeister, Herr Jardin père, dressierte die Reitpferde des Kaisers in eigenartiger Weise: Sie wurden mit Peitschenhieben über Kopf und Kruppe bedacht, Petarden wurden dicht an den Köpfen abgeschossen, bunte Lappen vor ihren Augen hin und her geschwenkt, schwere, umfangreiche Gegenstände, Hammel, Schweine ihnen zwischen die Beine geworfen – von all dem durften sie keine Notiz nehmen! Der Galopp war für den Kaiser die angenehmste Gangart. Die Pferde mussten im Stande sein, in gestrecktem Galopp auf der Stelle zu parieren.

An Zerstreuungen fehlt es völlig; der Kaiser empfängt nur sehr selten noch Besuche; der Gouverneur hat in dieser Beziehung so viele Einwendungen zu machen gehabt, dass Napoleon sie fast alle abwies. Ich beschwöre Sie, Monseigneur, glauben Sie keiner von den Mitteilungen früherer Besucher in den Zeitungen. Man ist hier, was die englischen Offiziere betrifft, welche in die Umstände eingeweiht sind, über diese gedruckten Anekdoten und Lügen empört.

Der Kaiser ist immer noch der, der er war; seine Umgebung aber hat ihn nur umso lieber gewonnen, je mehr sie ihn in der Nähe kennenlernte. Se. Majestät hat nur sehr wenig Schlaf, geht früh zu Bett, oft leiste ich – da ich auch nur wenig schlafe – in der Nacht Gesellschaft, wenn der Kaiser mich rufen lässt. Gegen drei Uhr wacht er gewöhnlich auf, es wird Licht gemacht und er arbeitet bis sechs oder sieben Uhr, dann geht er wieder zu Bett und versucht zu schlafen. Um neun Uhr wird ihm das Frühstück auf einem kleinen Tisch serviert, der dicht neben dem Sofa steht. Er lässt dann zuweilen einen von uns rufen, auch liest er, arbeitet allein oder schlummert während der großen Hitze; dann beginnt das Diktieren. Lange Zeit hatte er die Gewohnheit, gegen vier Uhr auszufahren, umgeben von uns allen; allein auch das ist ihm, wie das Reiten, jetzt überdrüssig: Er geht jetzt spazieren, bis die Feuchtigkeit ihn zur Rückkehr zwingt. Wenn er zurück ist, diktiert er noch bis gegen acht Uhr, geht dann in den Salon und spielt Schach, bis er sich zu Tisch setzt. Beim Dessert, wenn sich die Dienerschaft zurückgezogen hat, liest er uns Stellen aus unseren großen Dichterwerken oder aus irgendeinem bemerkenswerten Buch vor.

Dies sind die kleinen Details unseres täglichen Lebens hier. Seit Ankunft des neuen Gouverneurs ist alles gestört. Es vergeht kein Tag, keine Stunde, die uns nicht neue Wunden schlüge: Die Wunden, deren Schmerzen ein augenblicklicher Schlummer vielleicht vergessen machte, bluten immer von Neuem. Bei unserer Ankunft befanden wir uns sehr schlecht: Wir fielen ja von einer solchen Höhe herab, dass wir auch Klage geführt hätten, wenn es uns weit besser ergangen wäre! Diejenigen Engländer, welche hochherzig genug waren, sich um unsere Lage zu kümmern, haben uns oft gesagt, sei es, dass sie uns trösten, sei es, dass sie ihre Überzeugung aussprechen wollten: „die Zustände, unter denen Sie leben, sind nur provisorisch, sie werden so, wie sie sind, nicht bleiben; die Politik forderte es, sich Ihrer Personen zu vergewissern, aber Gerechtigkeit, Edelsinn, Ehre verlangen, dass man Ihnen alle nur möglichen Rücksichten gewährt. Dem peinlichen Teil der Aufgabe ist genügt: Schiffe umringen die Küste, Soldaten stehen Posten am Gestade; Signale können sofort von allem Kunde geben. Alle Sicherheitsmaßregeln sind getroffen. Jetzt werden milde Maßnahmen zu Geltung kommen. Man schickt Ihnen einen General als Gouverneur. Er ist sein Leben lang auf dem europäischen Festlande, ist in allen Hauptquartieren, an allen Höfen gewesen; er wird wissen, was man einem Kaiser Napoleon schuldig ist. Die Wahl muss Ihnen alles sagen: Man hat einen hervorragenden Herrn von edlen Anschauungen, von eleganten Formen, die seiner delikaten Stellung entsprechen, der hohen Aufgabe für würdig erachtet. Nur noch ein wenig Geduld, und alles wird noch den Verhältnissen nach gut werden."

Er kam ... dieser Messias!

Großer Gott, Monseigneur! Man hat einen Gendarmen, man hat einen Scharfrichter geschickt! Finster und finsterer ist es um uns her geworden, von Formen der Höflichkeit keine Rede mehr: Man kennt keine Rücksichten mehr. Jeder Tag brachte eine Verschlimmerung der Zustände, brachte neue Beleidigungen. Die Freiheit unserer Bewegungen ist behindert, er hat uns mit Palisaden und Gräben umringt, die Posten vermehrt, er mischt sich in unsere häuslichen Angelegenheiten, untersagt uns den Verkehr mit den Bewohnern, mit den englischen Offizieren sogar! Der Kaiser verlässt sein Zimmer nicht mehr, will auch den Gouverneur nicht fürder empfangen.

„Ich hatte mich", so sagte er neulich, „über den Admiral zu beschweren. Allein der Herr hatte doch ein Herz; an seinem Nachfolger ist nichts Englisches, er ist ein elender sizilianischer Sbirre, weiter nichts."

Sir Hudson Lowe beruft sich bei jeder Gelegenheit auf die ihm in London erteilten und von London kommenden Instruktionen. Ist dies wahr, so muss man sagen, die Instruktionen sind barbarisch, wir aber können versichern, dass er sie auf barbarische Art durchführt.

Eine solche Behandlung kann der Kaiser unmöglich noch lange ertragen, die Ärzte können es bezeugen. Was wird einst die Geschichte dazu sagen? Sir Hudson Lowe ist sich völlig klar darüber, dass des Kaisers Leben in Gefahr ist; allein er sagt mit kaltem Blut, der Kaiser wäre selbst daran schuld.

Die letzte Unterhaltung Sr. Majestät mit dem Gouverneur war sehr lebhaft und charakteristisch. Der Kaiser ließ sich auf der Promenade vom Gouverneur, der den Vorwand eines wichtigen Gespräches machte, überrumpeln. Sir Hudson Lowe wollte nur bemerken, dass die jährlichen Ausgaben sich auf 20 000 Pfund Sterling beliefen, die Regierung jedoch nur 8 000 zur Verfügung stelle, er wolle mit ihm über das Defizit von 12 000 Pfund verhandeln. Der Kaiser wurde zornig und erwiderte, der Gouverneur möchte ihn doch mit diesem elenden Detail in Ruhe lassen; er fordere von ihm nichts. Wenn er Hunger hätte, würde er sich an die Kochtöpfe jener Braven – er wies auf das Lager der 53er – setzen; sie würden gewiss einen alten Soldaten nicht fortweisen.

Die Folge aber war doch die, dass der Kaiser Silbergerät verkaufen musste, um Monat für Monat für das, was am notwendigsten fehlte, aufzukommen. Sie hätten nicht ohne Rührung, Monseigneur, die Tränen gesehen, welche die Leute darüber vergossen haben.

Der Kaiser war empört, allein er beschwerte sich nicht – wo sollte man Worte hernehmen, ein solches Verfahren richtig zu bezeichnen?

Alles hat hier einen enormen Preis; es wird etwa das Siebenfache von dem in Italien üblichen betragen. Demnach kann man den Wert der vom englischen Cabinet bewilligten 8 000 Pfund veranschlagen. Ich behaupte, dass Leute bei uns in der Provinz, die 15 000 bis 18 000 Francs Rente haben, besser wohnen und besser verpflegt sind als der Kaiser. An die Seite unserer gerechtfertigten Klagen, die Sie, Monseigneur, nicht für übertrieben halten wollen, tritt unsere dankbare Anerkennung für die Beweise der Teilnahme, welche wir mehrfach von den Einwohnern und namentlich von einer großen Anzahl von Offizieren der Garnison erhielten. Wir müssen vor allem mit Dank der Offenheit und Geradherzigkeit des Admirals Malcolm gedenken. Dieser Herr hatte der Unterhaltung mit einem von uns entnommen, dass es bei uns kein schattiges Plätzchen gebe und dass wir bemüht wären, dem Kaiser ein Zelt zu verschaffen. – Nach einigen Tagen konnte Se. Majestät in einem geräumigen, aus den Segeln einer Fregatte von Matrosen hergestellten Zelt sein Frühstück einnehmen. Wir waren an eine solche Galanterie nicht mehr gewöhnt und ganz gerührt von der Aufmerksamkeit des Admirals Malcolm. Als der Kaiser später allzu häufigen Belästigungen ausgesetzt war, rief er eines Tages: „Man gönnt mir die Luft nicht, die ich atme – besser ist es, wir kehren zurück in unsere Höhlen!"

Die persönliche Stimmung des Gouverneurs zeigt sich vor allem darin, dass er uns Zeitungen, welche Übles über den Kaiser oder uns berichten, zustellen lässt, diejenigen aber, die Gutes sagen, uns vorenthält. Aus seiner Bibliothek schickt er uns vorzugsweise Schmähschriften.

Seine größte Aufmerksamkeit richtet Sir Hudson Lowe darauf, dass nur solche Nachrichten nach Europa gelangen, welche die Wahrheit in seinem Sinne sagen, er duldet nicht, dass die Wahrheiten, die wir kennen,

durchdringen. Er hat mir erst neulich sagen lassen, dass, wenn ich fortführe, in meinem gewohnten Ton an meine Freunde in Europa zu
schreiben, er mich aus der Nähe des Kaisers entfernen und mich von St.
Helena fortschicken würde. Ich schrieb doch nur die Wahrheit und
konnte doch unmöglich behaupten, wir würden gut behandelt und wären glücklich. Ich habe mir vorgenommen, nicht mehr an meine Familie
zu schreiben, sie mag mich für tot halten. Ich muss auch, um diesen
Brief, Monseigneur, in Ihre Hände gelangen zu lassen, nach einer geheimen Gelegenheit ausspähen. Ich hoffe, irgendeinen edelmütigen Reisenden zu finden, einen Mann, der der Wahrheit huldigt und sich mir in der
Beförderung meiner Zuschrift dienstfertig zeigt.

Sir Hudson Lowe weiß gut genug, dass man sich nur unserer Personen
hat vergewissern wollen, er aber möchte uns in Gefangenenzellen sper-
ren; man hat uns in der politischen Welt isolieren wollen, er möchte uns
lebendig begraben; man hat unsere Korrespondenzen überwachen wollen, er möchte uns mundtot machen, unsere Existenz verschwinden machen von der Erdoberfläche. Wenn seine geheimen Instruktionen dahin
gehen, so verleugnen die englischen Minister ihre eigenen Reden im Parlament, schlagen der öffentlichen Meinung ihres eigenen Landes ins Gesicht.

Wäre das alles nur der Ausdruck eines übertriebenen Eifers seitens Sir
Hudson Lowes, so würde dieser Übereifer sein Herz verurteilen, seinen
Charakter erniedrigen, sein Andenken entehren.

Sei dem, wie ihm wolle, wir seufzen hier unter der Last des Tyrannen,
der Willkür eines einzelnen Mannes, eines Mannes, der während zwanzig Jahren keine andere Beschäftigung hatte, als italienische Flüchtlinge
und Vagabunden in Regimenter zu stecken, der für Befürchtungen und
Vorsichtsmaßregeln keine Grenzen kennt; in seiner Einbildung gibt es
nur Schrecken, sein Herz ist versteinert. Diese entsetzliche Lage ist die
Folge davon, dass man uns bis ans Ende der Welt, uns in die Meerwüste
hinausjagte. Wie lange soll denn unser Todeskampf währen? Wird sich
die Wahrheit eine Bahn brechen bis zu den Ufern Britanniens? Wann
wird das englische Volk in seiner Empörung die Untaten wiedergutmachen, die es beschimpfen? Sollen wir ohne Hilfe auf unserem schrecklichen Felsen umkommen?

Vor einigen Tagen noch bemerkte der Kaiser, wie in munterer Laune:
„Bald werden wir das Geld nicht mehr wert sein, welches wir kosten
und die Mühe nicht, die man an uns wendet!"

Warum könnte man uns denn nicht zurückkehren lassen? Wäre unsere Rückkehr nicht der Beweis, dass man sich in Europa stark und sicher fühlt? Man würde dann sagen können, unser vorübergehendes Exil war eine notwendige Forderung der Politik und nicht eine gehässige Tat. Der Kaiser steht nach wie vor auf demselben Standpunkte, den er einnahm, als er an Bord der „Bellerophon" kam. Seine politische Laufbahn ist und bleibt beendet. Ruhe, gewahrt durch bestimmte Gesetze, ist alles, was er verlangt. Das Schwinden seiner Gesundheit, körperliche Gebrechen, die sich einstellen, seine Jahre, sein Widerwillen an den Dingen dieser Welt, vielleicht an den Menschen selbst, macht ihm die Ruhe wünschenswerter denn je zuvor! Was uns, seine Umgebung, anbetrifft, so können wir nur sagen, es gebe kein Gefängnis in England, das wir nicht dem Aufenthalt hier vorziehen würden. Wären wir doch dann der Willkür eines untergeordneten Agenten entrückt und könnten die Luft Europas atmen, gingen wir zugrunde, so würden unsere Gebeine in christlicher Erde ruhen.

Vor einigen Monaten sind die Kommissare der Verbündeten hier angelangt. Sir Hudson Lowe hat sie bedeutet, dass ihre Mission nur eine passive sein könne, dass sie weder etwas zu bestimmen, noch sich in etwas zu mischen hätten, was uns anginge. Darauf hat er das Übereinkommen vom 2. August nach Longwood geschickt und verlangt, die Kommissare sollten vorgelassen werden. Dies hat der Kaiser, sofern es sich um die Herren in ihrer Eigenschaft als politische Bevollmächtigte handelte, abgelehnt, aber keine Einwendungen gegen ihren Besuch als Privatleute erhoben. Die Antwort des Kaisers von zündender Beredsamkeit und klarer Logik wird wohl trotz aller Bemühungen des Gouverneurs Ihnen, Monseigneur, über kurz oder lang zu Gesichte kommen.

Ich kann Eurer Hoheit nun sagen, dass der Kaiser oft von Ihnen allen spricht. Er hat die Porträts der meisten in seinem Zimmer, welches zu einem Sanktum der Familie wurde. Er hat Ihren Brief, den von Madame Mère, den vom Kardinal Fesch und den der Prinzessin Pauline erhalten, der Gedanke aber hat ihm Schmerz bereitet, dass diese teuren Zeilen von den Blicken Unbefugter entweiht würden – er verzichtet unter diesen Bedingungen auf den Empfang weiterer Zuschriften. Er hat es versucht, durch die Vermittelung des Prinzregenten an die Seinigen zu schreiben, man hat ihm jedoch bedeutet: Man könne die Briefe nur offen befördern. Se. Majestät hat sich daher des Schreibens enthalten, und es schien als ob die Schmach, die man dem Kaiser antun wollte, sich in eine Schmach für den Prinzregenten wandle.

Wenn ich Ihnen, Monseigneur, von unseren Leiden sprach, so muss ich zugleich hinzufügen, dass sie nichts sind gegen die Freude, welche wir darin finden, dem Kaiser unsere Treue und Ergebenheit an den Tag legen zu können.

Gestatten Euer Hoheit ... gez. Graf de Las Cases.

Montag, 16. Dezember. Meine Befürchtungen. – Ein Brief des Kaisers.

Wir waren so hermetisch von allem Verkehr abgeschlossen, dass keinerlei Nachricht aus Longwood zu uns gelangte. Heute aber erschien der Gouverneur; er sagte, er habe einen Brief bei sich, den zu behalten seine Machtvollkommenheit ihm gestatte, allein er wolle mir denselben, da er meine Empfindungen für den Schreiber kenne und gelten lasse, nicht vorenthalten und mir ihn zeigen.

Es war ein Brief des Kaisers ... er rührte mich zu Tränen! Und hätte ich tausend Tode erduldet ... jetzt war ich bezahlt!

Der teure Brief hatte folgenden Wortlaut:

„Mein lieber Graf de Las Cases! Mein Herz fühlt aufs Lebhafteste, was Sie erdulden. Es sind vierzehn Tage, dass Sie von meiner Seite gerissen sind, seitdem sind Sie eingesperrt, heimlich eingesperrt, ohne dass ich von Ihnen oder Sie von mir hörten, ohne dass Sie mit irgendjemand, sei es Franzose oder Engländer, verkehrt hätten – noch dazu sind Sie eines Dieners nach Ihrer Wahl beraubt!

Ihr Verhalten auf St. Helena war, wie Ihr ganzes Leben, ehrenwert und frei von jedem Tadel; es ist mir ein Bedürfnis, Ihnen dies zu sagen.

Ihr Brief an eine Freundin in London enthält nichts, woraus Ihnen ein Vorwurf erwachsen könnte. Sie schütten Ihr Herz aus, wie es die Freundschaft mit sich bringt. Hier fehlt ein Teil des Briefes.[31]

---

[31] Ich bin in der Lage, heute das Fehlende zu ergänzen: „Dieser Brief ist acht oder zehn anderen gleich, welche Sie an dieselbe Adresse richteten und welche Sie unversiegelt einreichten. Der Kommandant dieses Ortes, der die Unzartheit hatte, Ihre Freundschaftsergüsse zu kontrollieren, hat Ihnen neuerdings darüber Vorwürfe gemacht, hat Ihnen gedroht, Sie von der Insel fortzuschicken, wenn Ihre Briefe fortfahren würden, sich in Beschwerden über ihn zu ergehen. Er hat damit eine der ersten Pflichten seiner Stellung, den ersten Paragrafen seiner Instruktionen, er hat die Grundsätze der Ehre verletzt. Er hat Sie durch sein Verhalten berechtigt, nach Mitteln zu suchen, um die Ausdrücke Ihrer Freundschaft an die Adressaten gelangen zu lassen und dieselben von dem ungerechtfertigten Verfahren des Kommandanten in Kenntnis zu setzen. Allein Sie sind nicht schlau genug verfahren. Ihr Vertrauen war leicht zu übertölpeln.
Man wartete auf einen Vorwand, sich Ihrer Papiere zu bemächtigen. Der Brief an Ihre Freundin in London war nicht der Art, dass man durch den Inhalt desselben

Ihre Gesellschaft war für mich eine Notwendigkeit. Sie allein sprechen, lesen und verstehen die englische Sprache. Wie viele Nächte haben Sie mir während meiner Krankheit Gesellschaft geleistet. Trotzdem fordere ich Sie hierdurch dringend auf, ja ich befehle es Ihnen, vom Kommandanten dieses Ortes zu verlangen, dass er Sie nach Europa zurückschickt. Er kann sich dessen unmöglich weigern, weil er über Sie keine Macht hat, es sei denn durch Ihre freiwillige Unterschrift jenes Abkommens. Es wird für mich ein großer Trost sein, Sie unterwegs in ein besseres Land zu wissen.

In Europa angelangt, sei es, dass Sie nach England gingen oder dass Sie in die Heimat zurückkehren, lassen Sie die Erinnerung fahren an die Leiden, die man Sie hat ausstehen lassen, rühmen Sie sich der Treue, die Sie an den Tag gelegt haben und der großen Zuneigung, welche ich Ihnen bewahre.

---

polizeiliche Nachforschungen hätte rechtfertigen können: Er enthält ja keinerlei Geheimnis, keinen Anschlag, nur die Ergüsse eines edlen, reinen Herzens. Das ungesetzliche und überstürzte Verfahren, welches man in der Sache einschlug, trägt den Stempel einer niedrigen persönlichen Gehässigkeit.

In den am wenigsten zivilisierten Ländern sind Verbannte, Gefangene, sogar Verbrecher unter dem Schutz von Gesetzen und Richtern. Diejenigen, denen ihre Bewachung übertragen ist, haben Vorgesetzte, seien es Verwaltungs-, seien es Justizbeamte, von denen sie wieder überwacht werden. Auf diesem Felsen hier setzt der Mann, der die absurdesten Verfügungen trifft, dieselben auch gewaltsam durch und missachtet jedes Gesetz. Niemand ist geschützt vor den Ausschreitungen seiner Leidenschaft.

Den Prinzregenten von seinem Verhalten zu benachrichtigen, ist ein Ding der Unmöglichkeit: Man hat sich geweigert, meine Briefe an ihn zu befördern und auch zugleich die Beschwerden des Grafen Montholon zurückgegeben. Man hat dem Grafen Bertrand angezeigt, man werde keine Briefe annehmen, wenn sie wie dieser Schmähungen enthielten.

Man umringt Longwood mit Geheimnissen, die man undurchdringlich machen möchte, nur um ein verbrecherisches Verhalten zu verstecken, welches noch verbrecherischere Absichten vermuten lässt.

Durch Ausstreuen von Gerüchten mochte man Offiziere, Passanten, Bewohner, selbst die politischen Agenten, welche, wie verlautet, Österreich, Russland hier am Orte halten, hinters Licht führen. Ohne Zweifel wird in derselben Art die englische Regierung durch geschickt abgefasste Berichte und Lügen getäuscht.

Man hat sich Ihrer Papiere bemächtigt, unter denen, wie man wusste, sich einige befanden, die mir gehören, mit einer Ungeniertheit ohnegleichen, einer wilden Freude. Ich wurde wenige Augenblicke, nachdem es geschehen, benachrichtigt; ich sah vom Fenster aus, wie Sie fortgeschickt wurden. Eine Menge Offiziere, ein ganzer Generalstab mit wehenden Federbüschen umringte das Haus – ich meinte, dass Südseeinsulaner um einen Gefangenen tanzen, den sie verschlingen wollen."

Wenn Sie eines Tages meine Frau zu Gesichte bekommen und meinen Sohn, umarmen Sie dieselben in meinem Namen. – Seit zwei Jahren habe ich keinerlei Nachricht von ihnen, weder direkt noch indirekt.

Hier sind wieder aus dem mir überreichten Brief einige Zeilen ausgeschnitten.[32]

Auf alle Fälle seien Sie getrost und trösten Sie auch meine Freunde. Körperlich bin ich ja freilich in der Macht meiner Feinde, sie vergessen nichts, was ihrem Rachegefühl wohltun könnte; sie töten mich durch Nadelstiche ... Allein die Vorsehung ist zu gerecht, als dass sie ihr Verhalten noch lange dulden könnte. Das ungesunde Klima, der Mangel an allem, was das Leben erhält, ich fühle es deutlich, werden meinem Dasein bald ein Ende machen ...

Es fehlen wieder einige Zeilen.[33]

Da zu vermuten ist, dass man Ihnen die Erlaubnis, mich zu sehen, verweigern wird, schließe ich Sie hiermit an mein Herz, nehmen Sie die Versicherungen meiner Hochachtung, meiner Freundschaft mit – seien Sie glücklich.

Ihr ergebener Napoleon."

Sonnabend, 20. Dezember. Meine Deportation nach dem Kap der Guten Hoffnung. – Hinterlistiges Verhalten des Sir Hudson Lowe.

Heute wurde mir die offizielle Benachrichtigung meiner Deportation nach dem Kap der Guten Hoffnung ausgefertigt, sie hatte folgenden Wortlaut:

„Nachdem der Gouverneur alles erwogen hat, was die Angelegenheit des Grafen Las Cases betrifft, ist er zu folgendem Entschluss gekommen:

Der Graf Las Cases hat in überlegter Weise und direkt den auf der Insel geltenden und in Bezug auf den General Buonaparte getroffenen Bestimmungen zuwidergehandelt, indem er einen Eingeborenen zum Treuebruch verleitete und denselben veranlassen wollte, eine geheime, für Europa bestimmte Korrespondenz mit sich dorthin zu nehmen. Er

---

[32] „Es hält sich hier seit 6 Monaten ein deutscher Botaniker auf, welcher beide im Garten von Schönbrunn gesehen hat, einige Zeit vor seiner Abreise hierher. Die Barbaren haben ihn verhindert, zu mir zu kommen und mir Nachricht zu geben."

[33] „Meine letzten Augenblicke werden als Schandflecken haften bleiben auf dem englischen Charakter. Und Europa wird entsetzt mit Fingern auf den Mann zeigen, den arglistigen Bösewicht; jeder wahre Brite wird den Briten verleugnen."

hat dadurch eine der von ihm unterzeichneten Hauptbedingungen, unter welchen es ihm gestattet war, auf St. Helena Wohnung zu nehmen, missachtet und ist infolgedessen aus der Umgebung des General Bonaparte entfernt worden. Den Instruktionen des britischen Gouverneurs entsprechend ist derselbe nach dem Kap der Guten Hoffnung zu transportieren.

Es wird dem Grafen Las Cases gestattet, seine Effekten und Papiere mitzunehmen, mit Ausnahme derjenigen Schriftstücke, die Beziehung auf den General Bonaparte haben könnten von der Zeit an, da derselbe unter Autorität der britischen Regierung steht, mit Ausnahme ferner derjenigen Briefschaften, die nicht durch die Hände der britischen Behörden gegangen sind.

Es sollen die Befehle der britischen Regierung in Bezug auf alle diejenigen Schriftstücke abgewartet werden, über die irgendwelche streitigen Anschauungen bestehen.

Plantation-House am 20. Dezember 1816

gez. Hudson Lowe." -

Begleitet war diese Verfügung von folgendem Brief an mich:

„Mein Herr! Indem ich Ihnen beigeschlossen diese Verfügung übersende, erlaube ich mir, Sie auf das aufmerksam zu machen, was ich Ihnen schon mündlich sagte, nämlich, dass ich mich Ihrem ferneren Aufenthalt auf dieser Insel nicht widersetze, falls Sie lieber hier bleiben als nach dem Kap der Guten Hoffnung zu gehen, bis weitere Instruktionen von der britischen Regierung eingetroffen sind. In diesem Falle jedoch würde ich eine schriftliche Erklärung von Ihnen, dass dies Ihr Wunsch ist und Sie sich denselben Vorschriften unterwerfen wollen wie bisher, für nötig halten.

Es steht also bei Ihnen, mein Herr, sich nach dem Kap der Guten Hoffnung zu verfügen oder hier mit Ihren unter Siegel gelegten Papieren, bis ich meine Verhaltungsbefehle erhalten habe, zu verbleiben.

gez. Hudson Lowe."

Ich meldete sofort den Eingang beider Schriftstücke an und verlangte gleichzeitig eine Bescheinigung über den Empfang aller meiner Briefe, da mir dieselbe noch nicht zugegangen war. Da ich auf das Anerbieten des Gouverneurs, mich nach Longwood zurückkehren zu lassen, eingehen wollte, bat ich, von einem beigefügten Brief an den Großmarschall Kenntnis zu nehmen und an seine Adresse befördern zu lassen.

Ich sprach in diesem Schreiben die Bitte aus, Graf Bertrand möchte beim Kaiser anfragen, ob meine Rückkehr ihm angenehm wäre. Zu meinem nicht geringen Erstaunen erhielt ich dasselbe mit zahlreichen Streichungen des Gouverneurs zurück. Herr Hudson Lowe wollte mir also diktieren, was ich einem Großmarschall schreiben sollte; er hatte den zurückgesandten Brief mit einem Begleitschreiben versehen.

Sonntag, 22. u. Montag, 28. Dezember. Fortsetzung der Korrespondenz mit dem Gouverneur.

Meine sich an den Brief des Gouverneurs anschließende Erwiderung führte zu einem längeren Hin und Her; ich erklärte zuletzt: ich verzichtete darauf, nach Longwood zu gehen. Ich ersuchte zugleich, mich nunmehr sofort zu entfernen. Dem Wunsche Sir Hudson Lowes, nach Longwood das mir gemachte Anerbieten und meine Ablehnung zu melden, entsprach ich.

Der Gouverneur hatte mir auch in einem seiner Briefe angezeigt, wir, ich und mein Sohn, könnten nur auf einem Transportschiff befördert werden, wann, könne er nicht sagen usw.

Dienstag, den 24. Dezember. Ich verlasse Balcombes Cottage und werde nach der Stadt überführt.

Auf ein sehr dringliches Schreiben an den Gouverneur, motiviert durch meine und meines Sohnes Erkrankung, antwortete Sir Hudson Lowe sofort, um mir mitzuteilen, ich solle noch heute nach der Stadt überführt und in seinem eigenen Hause untergebracht werden. Gegen Abend erschien denn auch ein Offizier und nahm uns in Empfang. Solange wir Longwood auf unserem Wege sehen konnten, blieben unsere Augen darauf haften ... Welche Trennung, welcher Abschied!

Mittwoch, 25. bis Sonnabend, 28. Dezember. Aufenthalt im Schloss des Gouverneurs.

Die Behausung des Gouverneurs, das sogenannte „Schloss", ist ziemlich umfangreich und hat eine recht hübsche Lage. „Lassen Sie es sich an nichts fehlen", sagte mir der Majordomus, „die Indische Compagnie bezahlt alles." Diese Aufmerksamkeit hatte jetzt für mich keinen Wert – ich verlangte eine Entscheidung. Diese aber wurde mir vorenthalten. Jeden Tag besuchte mich der Gouverneur, er sprach sehr höflich über gleichgültige Dinge, aber nie von Geschäften. Endlich, ich war so leidend, dass ich kaum noch zusammenhängend sprechen konnte, sagte er, in zwei Tagen sollte ich fort, ein Kriegsschiff solle mich befördern.

Sonntag, 29. und Montag, 30. Dezember. Abschied vom Großmarschall.

Ein Offizier erschien frühmorgens, um uns zu sagen, wir möchten unser Gepäck und uns selbst bereithalten, im Laufe des Tages an Bord zu gehen. Um sechs Uhr abends erst erschien der Gouverneur in Begleitung des Grafen Bertrant, dieser sagte mir im Auftrage des Kaisers einige freundliche Worte. Der Gouverneur eröffnete mir sodann, meine Abreise wäre auf den 30. verschoben. Ich händigte dem Großmarschall, der vor meiner Abreise nochmals erschien, dreizehn Wechsel auf meinen Londoner Bankier ein: Es handelte sich um 4 000 Louisd'or, die ich dem Kaiser so oft angeboten, und die er endlich anzunehmen sich entschlossen hatte. Zuletzt stellte sich auch noch General Gourgaud ein. Wir nahmen den zärtlichsten Abschied voneinander, sodann wurden in meiner Gegenwart meine sämtlichen Papiere versiegelt und mir darüber ein Protokoll behändigt; der Gouverneur überreichte mir einige Empfehlungsschreiben an Bekannte von ihm am Kap der Guten Hoffnung. – Das war mein Abschied von St. Helena!

Überfahrt von St. Helena nach dem Kap.

Am 31. Dezember lichtete das Schiff die Anker, und am 17. Januar 1817 hatten wir unser Ziel erreicht. Man begegnete uns an Bord mit der größten Zuvorkommenheit. Ich erfuhr, dass ich dem Admiral Malcolm zu Dank verpflichtet war dafür, dass ich die Überfahrt an Bord eines Kriegsschiffes anstatt einer elenden Brigg machen durfte. An Bord verfasste ich ein für Sir Hudson Lowe und den Grafen Bertrand – ich hatte mich zuvor mit den Herren darüber besprochen – bestimmtes Exposé, in welchem alle Beschwerden über unsere Behandlung in Longwood enthalten waren. Es lautete nach einigen einleitenden Worten:

Ein großer Souverän, verraten vom Glücke und den Menschen, hat Thron und Freiheit verloren; er wurde auf einen öden Felsen im Meere verwiesen. Die Ereignisse waren einander mit so rasender Geschwindigkeit gefolgt, dass ein Überlegen kaum möglich war. Auf St. Helena erst erwarteten wir daher eine Entscheidung über unser Schicksal, es schien uns jedenfalls unmöglich, dass sich unsere Lage noch verschlimmern könne!

Europa, so sagten wir uns, richtet seine Augen auf diesen Felsen, die Völker werden zu Gericht sitzen über das Verhalten ihrer Fürsten. Ohne Zweifel werden sich Rücksichten, wird sich Fürsorge einstellen als Entschädigung für das, was man als eine „politische Notwendigkeit" bezeichnet hat. Die öffentliche Meinung, die Gesetze Englands, berechtigen zu einer solchen Erwartung, die englischen Minister, als Stützen des Ruhmes ihrer Nation, werden persönlichen Gehässigkeiten nicht den Vortritt geben.

Es trifft ein Mann hier ein, ausgestattet mit den Befugnissen eines Befehlshabers – man bestimmte Sie, Herr Gouverneur – der einen hervorragenden Rang in der Armee bekleidete; sein persönlicher Verdienst, so hieß es, habe ihn befördert. Er wäre vielfach in diplomatischen Stellungen bei den Hauptquartieren der Könige tätig gewesen; er müsse sich also vertraut gemacht haben mit dem Namen, dem Range, dem Titel des Kaisers Napoleon. Er wird die Beziehungen desselben, die geheimen wie die öffentlichen, zu diesen Souveränen, die ja den Kaiser „Bruder" nannten, seine Freunde, seine Verbündeten, seine Verwandten waren, kennengelernt haben.

Er wird wissen, dass es zu Châtillon von Napoleon abhing, in Frankreich zu herrschen, sogar mit dem Einvernehmen Englands: wird wissen, dass es später noch von Napoleon abhing, sich andere Länder zu reservieren.

Dieser Mann, so sagten wir uns, auf der Höhe der Diplomatie, wird gerechte Anschauungen von Personen und Dingen haben. Wir sahen in seiner Ankunft ein günstiges Prognostikon. „Sagten Sie nicht", so wandte sich damals der Kaiser fragend an uns, „er wäre bei Champaubert, bei Montmirail gewesen? Wir hätten also Kugeln miteinander gewechselt? Das sind in meinen Augen stets hochzuhaltende Beziehungen."

In dieser Stimmung erwarteten wir Sir Hudson Lowe!

Sie treffen ein, Monsieur. Ihr erster Besuch in Longwood fand zu ungelegener Zeit statt, zu einer Stunde, in welcher der Kaiser keinen Besuch zu empfangen pflegte. Sie hatten durch keinen Adjutanten zuvor anfragen lassen, zu welcher Zeit dem Kaiser Ihr Besuch genehm wäre. Sie wurden nicht empfangen. Einige Tage später, als Sie unseren Aufenthaltsort besuchten, rühmten Sie vor einem der Unsrigen die Schönheit desselben. Es wurde Ihnen bemerkt, es fehle gänzlich an Schatten. Sie erwiderten, man würde Bäume anpflanzen – darin lag ein tiefer, uns erschreckender Sinn.

Sie brachten für uns die Verpflichtung mit, Erklärungen abzugeben dahin gehend, dass unser Aufenthalt auf St. Helena ein freiwilliger wäre und dass wir uns durchaus allen einschränkenden Bestimmungen fügen wollten, welche man uns auferlegen würde; das schien gleichbedeutend mit einem lebenslänglichen Exil. Sie stellten sich einige Tage später mit den Unterschriften des dienenden Personals ein. Sie müssten unsere Dienerschaft versammeln, sagten Sie, um mit derselben zu reden und ersuchten den Kaiser, seine Genehmigung zu erteilen. Ich antwortete Ihnen, Sie hätten ja die Macht, es zu tun, allein Ihre Höflichkeit wäre doch nur eine weitere Beleidigung, da Ihre Minister zwölf Diener, die man gar nicht von Ihnen verlangt hatte, zuließen, so handelte es sich offenbar um den Privathausstand des Kaisers. Wollte man sich zwischen den Kaiser und seine Kammerdiener schieben? Könnte die große Mission des Gouverneurs von St. Helena andere Zwecke verfolgen, als über der äußeren Umfriedung Longwoods zu wachen und die Sitten im Innern, das Asyl, unangetastet zu lassen? Sollte er eindringen in den Familienhaushalt? Sie sahen die Diener, Monsieur, um sich deren Entschluss bestätigen zu lassen, ohne zu bedenken, wie beleidigend eine solche Maßnahme für uns sein musste. Verlangten Ihre Gesetze eine Garantie von Ihnen, so hatten Sie indirekte Mittel genug, sich sicherzustellen.

Wir sahen in diesen Vorgängen den bestimmten Vorsatz, uns mit Erniedrigung und Beleidigungen zu begegnen; wir sagten, man habe uns aus England einen Kerkermeister geschickt! Es kam zu einem Austausch unangenehmer Bemerkungen.

Sie sagten uns, wir wären in Bezug auf unsere Lage in einem argen Irrtum befangen. Wieso? Fanden Sie uns zu stolz? Ist es nicht natürlich, dass man im Unglück stolzer wird? Waren Sie es nicht vielmehr, der seine Stellung verkannte? Ihr Ruhm wäre es gewesen, unserer Lage Linderung zu schaffen. Der Kaiser Napoleon ist nur seines Thrones verlustig gegangen, ein Missgeschick hat ihm denselben geraubt, er hat nur äußere Güter eingebüßt, die Erhabenheit seines Charakters ist ihm geblieben. Er ist und bleibt auch der Erwählte eines großen Volkes, geweiht durch die Religion, geheiligt durch seine Siege, anerkannt von allen Souveränen, von denen er einige sogar geschaffen hat. Seine Handlungen, seine Denkmäler bleiben der Erde, sein großer Name erfüllt die weite Welt. Seine Einrichtungen, seine Ideen sind von seinen Feinden nachgeahmt, diese schmückten sich mit denselben – er hat nur seinen Thron eingebüßt. Was übrig geblieben ist, fordert Respekt. Der Gouverneur irrt sich – von uns keiner!

Sie behaupteten, Sie hätten keine Rücksichten für uns, weil wir keine für Sie hätten. Ließen Sie uns nicht siegreich das Übergewicht Ihrer Stellung fühlen? Welche besondere Rücksicht könnten Sie denn von uns beanspruchen?

So standen die Sachen, als eine durchreisende vornehme Dame bei Ihnen eintraf. Sie nahmen dieselbe in Plantation-House auf. Um sich angenehm bei ihr zu machen und ihre Neugier zu befriedigen, schrieben Sie nach Longwood, um den General Buonaparte aufzufordern, bei Ihnen zum Diner zu erscheinen. Was dachten Sie eigentlich? Hielten Sie die Annahme der Einladung für möglich? Und in welche Verlegenheit mussten Sie dann geraten! Hätten Sie Ihren Gast als General angeredet, ein Titel, der unter den obwaltenden Umständen einer Beleidigung für ihn gleichkommt? Welchen Platz hätten Sie ihm angewiesen? Hätten Sie ihn als Divisionsgeneral oder als kommandierenden General aufgefasst?

Mit der selbstverständlichen Ablehnung des Kaisers begannen Ihre persönlichen Schikanen. Ein Fremder hatte uns in Longwood besucht und mich geradezu bestürmt, ihm Aufträge nach London, wohin er sich verfügte und von wo er in fünf oder in sechs Monaten zurückkehren zu wollen erklärte, mitzugeben. Wir hatten ja hier, wie Sie wissen, an allem Möglichen Mangel. Ich gab ihm eine Uhr mit, welche ich auf St. Helena nicht konnte reparieren lassen, und ließ ihm durch meinen Diener einen alten Schuh behändigen, als Muster für neue.

Wenn ich hier, Monsieur, von so geringfügigen Details rede, so sind zwingende Umstände daran schuld. Die ihm eingehändigten Gegenstände schickte der Mann mir nach einigen Tagen zurück und entschuldigte sich in einem überaus höflichen Schreiben. Er sagte in demselben, der Gouverneur habe ihm verboten, sich mit den Gegenständen, es sei denn, dass dieselben durch seine Hände gingen, zu befassen, und ich mich mit entsprechender Bitte an ihn wenden würde. Konnte ich einen alten Schuh einem General, einem Gouverneur einschicken?

Hinzu kam Folgendes: Einer von uns hatte seit einigen Tagen einen neuen Diener. Sie begegneten demselben vor der Tür des Hauses. Sie selbst waren es, der ihn arretierte. Glücklicherweise merkte es der Kaiser nicht, der in der Nähe promenierte.

Sie haben später angegeben, Sie hätten nicht gewusst, dass der Mann zu einem von uns gehörte – sei dem nun, wie ihm wolle, Ihre rasche Handlungsweise war abermals beleidigend für uns.

Die Gräfin Bertrand hatte einen Brief nach der Stadt abgeschickt. Sie setzten sich in Besitz desselben, schickten ihn ihr zurück und erinnerten an die Bestimmung, dass es keinem von uns gestattet sein sollte, mit Bewohnern der Insel, wer immer es sei, brieflich zu verkehren, es sei denn, wir schickten diese Briefe offen an Sie ein. Ihre Bestimmung war neu, Ihr Vorgänger, dessen Vorschriften Sie beizubehalten erklärt hatten, hat etwas Derartiges nicht befohlen. Dass wir mit den Leuten sprächen, verboten Sie nicht, nur durften wir nicht an sie schreiben. Wie lächerlich kam uns das vor! In Ihrer Inkonsequenz lag für uns deutlich Ihre Absicht ausgedrückt: uns zu quälen.

Bis dahin war der Zutritt in Longwood aufgrund von Pässen gestattet, welche der Großmarschall ausstellte. Der oberste Beamte der Polizei konnte nach Gefallen den Zutritt zum Grafen Bertrand untersagen. Sie, Monsieur, übernahmen diese Funktion selbst! Sie wollten nach Ihrem Gefallen die Personen bestimmen, denen Sie – so fassten wir wenigstens die Sache auf – Ihren berühmten Gefangenen zeigen wollten. Sie erhielten darauf ein Schreiben, in welchem Ihnen angezeigt wurde, der Kaiser verzichte darauf, fürderhin noch irgendjemand zu empfangen.

Wie lautete Ihre Antwort? Sie schrieben, Sie wären aufs Unangenehmste berührt zu erfahren, dass der General durch Besuche belästigt worden wäre, Sie würden dies für die Zukunft verhindern. Nun erfolgte unsere vollkommene Absperrung, und es wurde aus unserem Aufenthalt etwas wie ein verwunschener: um uns her herrschte nichts als Schrecken. Hatte der Kaiser früher in Bezug auf Sie erklärt: „Der Mann ist mir unverständlich. Es kann jemand eine schlechte Handlung begehen, ohne schlecht zu sein!" so sagte er jetzt: „Hudson Lowe ist ein schlechter Mensch!" Sie hätten, wären Sie in unserer Lage gewesen, mein Herr, sicherlich dasselbe Urteil gefällt.

Ich komme zu einem delikaten Punkt: die Ausgaben. Eines Tages wurde uns angezeigt, dass die ursprünglich aus 20 000 £ normierten Ausgaben auf 8 000 reduziert werden sollten, dass jedoch, wenn der Kaiser für das Fehlende aufkommen würde, alles beim Alten bleiben sollte. Der Kaiser hatte ja kein Geld! Jeder Verkehr mit Europa war ihm außerdem untersagt – die Einschränkungen traten in Kraft. Sie erklärten dabei selber, 8 000 £ wären durchaus unzulänglich. Sie sagten mir, dass Sie es auf sich nähmen, die Summe auf 12 000 £ zu steigern und haben mir gegenüber ihre Verwunderung geäußert, dass man Ihnen dafür keinen Dank zolle. Sollten wir, die wir die Ketten der Gefangenen hinter uns her schleppten, diese Existenzmittel als eine uns erwiesene Gunst ansehen? Verhandeln sollten wir über Dinge, die gegenüber den schweren Leiden, die wir ertrugen, Bagatellen waren … Mir fällt die Feder aus der Hand ... mein Blut kocht. Es handelt sich um Ihre Ehre, nicht um einige elende Geldstücke.

Dieser schändlichen Behandlungsart gegenüber stoßen Ihre Zeitungen in die Posaune, dass man es in ganz Europa hört, und sprechen von Schlössern, die hier gebaut werden.

Ist es nicht erklärlich, dass der große Dulder, mit der Hand nach dem Lager Ihrer Truppen deutend, statt aller Antwort auf Ihre Insinuationen, ausruft:

„Man lasse mich doch in Ruhe! Habe ich Hunger, so werde ich unter jene Braven treten und mit ihnen aus einem Topf essen."

Schon bei seiner Ankunft hatte der Kaiser, der sich mannigfach geniert fühlte, gesagt: Hätte ich keine Damen bei mir, die Ration des gemeinen Soldaten sollte mir genügen.

Ihre Einschränkungen, von Ihrem Belieben geleitet, bestanden zunächst darin, dass man die nötige Zahl der Diener verringerte. Es ging soweit, dass wir, in der Tat des Notwendigsten beraubt, für uns selbst sorgen mussten. Der Kaiser gab Befehl, sein Silbergerät zu verkaufen. – Sie waren entrüstet darüber, dass wir diese Gegenstände, ohne Ihre Erlaubnis einzuholen, nach der Stadt schickten. Zu derselben Zeit war viel die Rede von Briefen, welche für uns angelangt und von Ihnen, Monsieur, nach

Europa zurückgeschickt sein sollten, und zwar aus dem Grunde, weil dieselben nicht von Ihren Ministern eingesehen waren.

Es wäre nicht an dem, sagten Sie mir, Sie hätten nie Briefe zurückgeschickt. Sie beteuerten es mit Ihrem Ehrenwort, und ich schenkte demselben Glauben. Sicher ist es, dass Sie einen für mich bestimmten Brief mir 35 Tage vorenthielten, ehe Sie mir ihn einhändigten. Eines Morgens lag er auf meinem Schreibtisch, versteckt unter anderen eben angelangten Briefschaften. Sie sagten mir dann, er wäre aus Versehen in Plantation-House zurückgeblieben.

Etwas anderes trug sich zu!

Nach der Niederkunft der Gräfin Montholon stellte sich ein junger englischer, sehr glaubenseifriger Geistlicher ein, um das Kind zu taufen. Wir behielten ihn zum Frühstück bei uns; er war sehr erstaunt zu hören, wie lebhaft wir bedauerten, keinen Geistlichen unseres Bekenntnisses um uns zu haben; er hatte gehört, wir wären Renegaten. Es wäre ihm doch gesagt worden, dass vor Madeira ein katholischer Geistlicher uns seine Dienste angeboten hätte, mit einigen kräftigen soldatischen Flüchen aber seiner Wege geschickt worden wäre. Da wir ja Frauen und Kinder bei uns hatten, so hatten wir oft schon die geistliche Seelsorge vermisst, ich klagte dies dem jungen Reverend und ersuchte ihn, doch beim Gouverneur in dieser Richtung vorstellig zu werden – ich habe nie weiter etwas gehört.

Der Ton in unseren Korrespondenzen wurde immer erhitzter, und Sie erklärten zuletzt kurzerhand, sie brächen die Korrespondenz mit uns ab. Sie verlangten, dass fortan alle Klagen und Beschwerden mit der Unterschrift des Kaisers versehen sein müssten. Der Kaiser aber kann nur vor Gott und den Völkern Europas Klage führen!

Hatte man vor diesen Klagen Furcht, als man ihm nur unter der Bedingung gestatten wollte, an den Prinzregenten zu schreiben, dass der Brief dem Gouverneur zuvor zur Durchsicht vorläge? Für beide erhabenen Personen ist ein solches Verfahren beleidigend. Und was wollte der Kaiser? Keine Klage – nur auf diesem Wege versuchen, Nachrichten von Frau und Kind zu bekommen!

Nach drei oder vier unerquicklichen Unterredungen mit Ihnen hatte der Kaiser beschlossen, Sie nicht mehr zu empfangen. Dies war die Lage der Dinge, als ein Schiff von Europa eintraf; Sie erschienen mit allem Zeremoniell, umringt von Ihrem Generalstabe, in Longwood und erklärten, Sie hätten dem Kaiser besonders wichtige Mitteilungen zu machen; der

Kaiser aber blieb dabei, Ihre Besuche abzulehnen, sagte jedoch, er wolle einen Ihrer Offiziere anhören. Nun stellte es sich heraus, dass es sich um eine neue Erklärung handelte, welche man von uns verlangte. Unsere Unterschrift war die conditio sine qua non unseres Verbleibens in der Nähe des Kaisers. Verweigerten wir dieselbe, so sollten wir sofort nach dem Kap transportiert werden – wir unterzeichneten mit bebender Hand, mit blutendem Herzen in der Stille der Nacht, als der Kaiser schlief.

Neue Einschränkungen wurden getroffen, der Raum unserer Bewegung im Freien abermals verengert; unter den neuen Vorschriften befand sich auch die, der Kaiser dürfe, wenn er sich auf der Promenade mit jemand begegne, nur die gewöhnlichen Höflichkeitsphrasen gebrauchen.

Infolgedessen hat der Kaiser sein Zimmer nicht mehr verlassen: Sie machten ihm dasselbe zum Sarge. Die Ärzte erklärten, der Mangel an Bewegung und frischer Luft müsse ihn über kurz oder lang töten.

Sie erklärten, der Kaiser habe es so gewollt: Sie wüschen Ihre Hände in Unschuld ... Welcher Ruhm ist es doch für Sie, Herr Gouverneur, dass sich der Kaiser den Tod wünscht!

Ich richte nunmehr die Frage an Sie: Welche Veranlassung hatten Sie zu diesen plötzlichen und grausamen Maßnahmen? Haben Sie ein Komplott entdeckt? Haben Sie schwere Verdachtsgründe? Nichts, gar nichts von alledem. Sie wurden lediglich von der Furcht geleitet; Befürchtungen waren es, die Sie dahin gebracht haben, meine Papiere mit Beschlag zu belegen. Ich ließ dieselben nicht ohne innere Genugtuung in ihren Händen, mussten Sie doch daraus ersehen, wie hinfällig Ihre Befürchtungen, wie – mir fehlt das richtige Wort – Ihre Maßnahmen waren. Sie waren vom Hass, von persönlicher Rancune diktiert; von einer Notwendigkeit ist keine Rede!

Ich komme zu den mich persönlich angehenden Auftritten und Ereignissen. Ich war es, den Sie vor allen anderen mit Ihrem Übelwollen bedachten. In meinen Briefen habe ich das geschildert, was ich sah, was ich empfand. Meine Briefe erregten Ihr Missfallen, und Sie ließen mich wissen, dass ich aus der Nähe des Kaisers entfernt werden würde, wenn ich in diesem Tone zu schreiben fortführe. Sie beschwerten sich auch über meine Unterhaltungen mit Passanten: Ich wollte doch nur den Lügen, den Schmähungen, die diese den über uns ausgesprengten Gerüchten entnommen hatten, die Wahrheit entgegenstellen. Mein Sohn und ich hatten einen Wohnraum, in welchem gerade unsere beiden schmalen Betten Platz hatten – ich wäre in Newgate besser aufgehoben gewesen.

Dazu waren wir beide krank. Man wird fortan nicht mehr sagen können, Treue, Ergebenheit, Liebe wäre aus den Herzen der Menschen entschwunden. Wir waren arme Märtyrer.

Die Geschichte mit meinem Diener ist, da sie ja eben erst passierte, unzweifelhaft noch in Ihrem Gedächtnis; und ich brauche sie nicht zu wiederholen. Nur soviel ziemt sich zu sagen, ja ich sage es mit Vergnügen, dass Sie, als Sie mich erst ordentlich in der Gewalt hatten, mich so rücksichtsvoll behandelt haben, wie ich es nicht erwartet habe. Es schien mir, als wären Sie nicht mehr derselbe. Sie haben, mein Herr, einen allzu engen Kreis um Dinge und Personen gezogen, für die Sie vielleicht kein volles Verständnis haben. Sie sprachen von einem uns zur Last fallenden Irrtum; gestatten Sie, dass ich auf den großen Irrtum hinweise, welchen Sie begingen: Jetzt sind Sie darüber erzürnt, dass Sie keine Erfolge hatten! Sie kommen mir vor wie jener Held der Fabel, der die bei ihm vorsprechenden Fremden in ein Bett tat und ihnen, da dasselbe zu klein war, einige Gliedmaßen abhackte.

Kommen Sie mir nicht mit dem Buchstaben Ihrer Instruktionen, dieselben würden Sie ja unter Ihre Aufgabe stellen. Ihre Mission ist eine ganz ungewöhnliche, geben Sie ihr ein möglichst edles Gepräge!

Und dann – bedenken Sie die Gefahren, denen Sie sich aussetzen; Sie kennen offenbar besser als ich die Geschichte Ihres Volkes, Sie wissen, wie viel hochgestellte Männer schon den Veränderungen im Schwergewicht der Macht, der öffentlichen Meinung zum Opfer fielen. Wenn Ihnen nun etwas Derartiges zustieße und es erhöben sich Stimmen von dieser Insel her. Sehen Sie nicht den Abgrund vor sich? Sie berufen sich auf Ihr Gewissen. Ein Gewissen, das nicht mit Gott ist, sondern mit den Menschen, lässt uns gar leicht im Stich! Hören Sie mein letztes Wort: Wachen Sie über der Gesundheit des Kaisers, erhalten Sie sein Leben, und ich will Sie segnen.

Am 19. Dezember 1816. -

Das Kap der Guten Hoffnung liegt in direkter Linie 500 Meilen von St. Helena entfernt, allein man macht infolge von Strömungen und Wind 700 Meilen. Wir hatten eine sehr glückliche Fahrt, am 17. nachmittags gingen die Anker nieder. Erst nach zwei Tagen fand unsere Ausschiffung statt.

Mein Aufenthalt am Kap der Guten Hoffnung.

Sonntag, 19. bis Dienstag, 28. Januar 1816.

Der Gouverneur der Kolonie, Lord Charles Somerset, zeigt mir an, dass ich aufgrund eines Berichtes von Sir Hudson Lowe mich als Gefangener zu betrachten, und als solcher auf dem Schloss in der Kapstadt zu verbleiben hätte, bis von London zu erwartende weitere Bestimmungen über mich einträfen. So übersiedelte ich denn abermals in ein Gefängnis. Die Hitze war trotz der Jahreszeit unerträglich, das zweifenstrige, nach dem Hof gelegene Zimmer überaus düster und traurig; übrigens hatte ich die Erlaubnis, in Begleitung eines Offiziers in Stadt und Umgegend spazieren zu gehen. Infolge einer Beschwerde bei dem Gouverneur erhielt ich ein überaus höfliches Schreiben, in welchem mir, da Lord Somerset zu einer dreimonatlichen, dienstlichen Tournee soeben abgereist war, dessen Landhaus mit Dienerschaft rc. zur Verfügung gestellt wurde. Ich nahm dieses generöse Anerbieten mit vielem Dank an.

Mittwoch, 23.Januar bis Sonnabend, 5. April. Newlands. – Kleine Ereignisse.

Heute zu früher Stunde wurde ich durch einen Adjutanten des Gouverneurs in einem vierspännigen Wagen abgeholt und nach Newlands, dem Landhaus Mylord Somersets, gebracht: Es wurden uns die größten Artigkeiten erwiesen. Wir erhielten Besuch von nah und fern: wenn auch die Neugier eine Rolle spielte, auch der aufrichtigen Teilnahme darf ich gedenken.

Ich war unter so günstigen Verhältnissen sogleich darauf bedacht, einige Gegenstände, an denen man in Longwood besonders Mangel litt, dorthin zu befördern, wobei mir General Hall, der Vertreter Lord Somersets, an die Hand ging. Es war namentlich Wein, den ich im Auge hatte; er ist denn auch wirklich trotz anfänglichen Sträubens vonseiten Sir Hudson Lowes an seine Adresse befördert: Der Kaiser hat ihm den Namen „Las Cases-Wein" gegeben.

Nach Verlauf einiger Monate erhielt ich vom Kolonialsekretär einen Besuch, und es wurde mir angezeigt, dass Lord Amerset auf seiner Rückkehr von dem Gesandtschaftsposten in China eine Zeit lang Newlands bewohnen und mir ein anderes Domizil angewiesen werden würde; bestimmt wurde nach einigem Hin und Her die acht bis zehn Meilen vom Kap entfernt gelegene Besitzung eines Privatmannes.

Sonntag, 6. April bis Dienstag, 19. August. Aufenthalt in Tygerberg. – Das „Manuscrit de St. Hélène."

Tygerberg, unser neuer Aufenthaltsort, gehört einem Herrn Baker, welcher aus Koblenz oder Nachbarschaft stammt; er und seine Familie waren die Liebenswürdigkeit selbst; es war dies die dritte Etappe unserer Gefangenschaft in der Kapkolonie. Die erste im Schloss der Kapstadt hatte glücklicherweise nur zehn Tage in Anspruch genommen, die zweite in Newlands mehr als 2 Monate, voll angenehmster Erinnerungen; in Tygerberg, das in einer Wüste liegt, sollte ich 4 Monate bleiben – allein ich sollte meine Ketten noch weiter schleppen.

In Tygerberg kam mir das berühmte „Manuscrit de St. Hélène" in die Finger, das in der ganzen Welt damals soviel Aufsehen machte. Niemand wusste, woher das Werk eigentlich stamme, wer es geschrieben hatte; ich war erstaunt, wie sich neben unumstößliche Wahrheiten, die es enthält, ein Wust von Lügen, Trivialitäten und Irr-tümern drängte. Ich fand Äußerungen Napoleons darin wortgetreu so wie sie in meinem Tagebuche, welches Sir H. Lowe mit Beschlag belegt hatte, verzeichnet waren. Demnach schien es ja keinem Zweifel zu unterliegen, dass das Werk aus Longwood stammte: Es waren jetzt zwischen sechs und sieben Monate seit meiner Entfernung von Longwood verflossen. Wie kamen aber mitten unter diese Sammlung von unzweifelhaft echten und wirklich gefallenen Aussprüchen des Kaisers diese zahllosen Irrtümer? Mir fehlt die Lösung des Rätsels: Einen Missbrauch mit den Aufzeichnungen in meinen mit Beschlag belegten Papieren mochte ich niemandem zutrauen.

Tage, Wochen und Monde verstrichen – das Ende meines Exils war noch immer nicht abzusehen. Aus London schienen Nachrichten und Verfügungen auszubleiben. Schon mehrmals hatte ich, und zwar in immer dringenderer Form meine Bitten an den Gouverneur erneuert, mich doch endlich freizugeben, mich reisen zu lassen oder wenigstens mir den Aufenthalt in der Stadt zu gestatten, um mich und meinen Sohn unter die uns so notwendige ärztliche Behandlung zu stellen – Lord Somerset aber blieb stumm.

Er hatte mir mancherlei übel genommen und nun grenzte sein Verfahren mir gegenüber an Unmenschlichkeit. Endlich wurde mir gestattet, in die Stadt zu übersiedeln und nahm mich der Arzt Dr. Leisching in Pflege und Wohnung. Bald darauf traf die Nachricht ein, dass ich frei wäre. Der Gouverneur hatte mir sagen lassen, es böten sich zwei Gelegenheiten für meine Heimreise; ich antwortete unverzüglich, dass mir die erste auch als die beste erscheinen würde: Ehe ich weitere Mitteilungen erhielt, ging das erste Schiff schon in See. Das zweite abgehende Schiff, ein Transportschiff, sollte in St. Helena anlegen: Ich durfte es nicht benutzen. Eine kleine abscheuliche Brigg lag noch seefertig im Hafen; ich wurde mit dem Kapitän in Bezug auf die Überfahrt für hohen Preis einig. Der Mann erhielt Befehl vom Gouverneur: mich in England nicht eher an Land zu setzen, als bis seitens der Regierung die nötigen Befehle eingetroffen waren. Noch immer hatte meine Gefangenschaft kein Ende – allein ich war gottlob unterwegs nach Europa!

Überfahrt nach Europa.

Mittwoch, 20. August bis Freitag, 15. November. Die Überfahrt. – Ankunft in England. – Meine Landung wird verboten. – Deportation nach Ostende.

Trotz der abscheulichen Verpflegung und trotz des Mangels an Komfort an Bord erholten wir beide uns von Tag zu Tag mehr, und die beinahe 100 Tage während Überfahrt bekam uns recht gut. Am 7. September passierten wir in einer Entfernung von etwa 15 Meilen St. Helena ... ich hätte ja können dort bleiben, wenn ich gewollt hätte ... bald war die Insel am Horizont verschwunden! Stürme brachen aus, wir schwebten tagelang in Gefahr, liefen jedoch schließlich wohlbehalten in die Themse ein.

Vor Gravesend, wo ein Kontrollschiff der Regierung vor Anker lag, wurde unser Schiff angehalten; ein Beamter erklärte, ich hätte mich sofort mit meinen Effekten an Bord des „Alien Ship" – des Quarantäneschiffes für Fremde – zu verfügen. Dies geschah; meine Papiere wurden versiegelt und mir wurde bedeutet, ich hätte die weitere Verfügung über meine Person abzuwarten. Mitten in der Nacht wurde ich geweckt und erhielt die Benachrichtigung:

Auf Verfügung des Prinz-Regenten hätte ich sofort England zu verlassen. Bei Tagesanbruch wurden wir ans Land gesetzt, eine Postchaise erwartete uns und fort ging es nach Dover. Hier wurden wir in ein Wirtshaus eingesperrt, in welchem wir zwei Tage zuzubringen hatten, ehe unsere Einschiffung an Bord des Postschiffes nach Ostende erfolgte. Unser Hüter stand unter dem direkten Befehl des Lord Sidmouth, damaligen Ministers des Innern; der Mann legte, nachdem er alle meine Effekten durchwühlt hatte, Beschlag auf meine Papiere: auch nicht ein Blättchen blieb in meinen Händen. Auf meine eindringliche Beschwerde bei Lord Sidmouth erhielt ich keine Antwort, da inzwischen meine Weiterspedierung nach Ostende erfolgte.

Reise nach Frankfurt a. M.

Vom 19. November bis zum 11. Dezember. Verfolgungen in Belgien und Preußen. – Angenehme Zwischenfälle. – Frankfurt.

In Ostende, wo ich sehr auf meine Freigebung rechnete, traf mich eine weitere überraschende Nachricht: In meinem Hotel angelangt, erhielt ich den Besuch eines Polizeibeamten, der mir mitteilte, er habe Auftrag, mich zu überwachen. Im Laufe der Unterhaltung richtete der etwas zutraulich gewordene Herr die Frage an mich: ob es denn wahr wäre, was allgemein erzählt würde, dass Napoleon auf St. Helena in einem derartig gereizten Zustande wäre, dass niemand mehr mit ihm auskommen könne. Ich setzte den Mann in gebührender Weise zurecht und er verkündete mir, es wäre sofort nach meiner Ankunft eine Stafette an den Gouverneur der Provinz abgeschickt und innerhalb 24 Stunden würde ich wissen, was mit mir geschehen solle. Die Erlaubnis zur Weiterreise traf denn auch ein und nach drei Tagen war ich in Brüssel, um sofort ausgewiesen zu werden. Ich führte Beschwerde beim französischen Gesandten, erhielt jedoch keine Antwort.

In Aachen betrat ich preußisches Gebiet, die niederländischen Beamten, welche mich bis dahin eskortiert hatten, verabschiedeten sich, dafür nahmen mich sofort preußische Polizisten unter ihre Fittiche, um mich durch das Preußenland nach Frankfurt zu geleiten, welches ich nunmehr zu ihrer nicht geringen Freude als Ziel meiner Reise bezeichnete. Ich darf, mitten heraus aus dem Jammer meiner Lage und dem Wust von Beschwerden, nicht unterlassen, mit tiefem Dank der Teilnahme zu gedenken, die mir von vielen Seiten an den Tag gelegt wurde, und mit Rührung zitiere ich hier einen Ausspruch Napoleons auf St. Helena:

„Meine lieben Freunde", sagte er eines Tages, „wenn Ihr nach Europa zurückkehrt, werdet Ihr finden, dass ich noch von hier aus Kronen verteile."

In den Wirtshäusern, auf der Landstraße tönten viele mich fast berauschende Worte der Teilnahme an mein Ohr. Postillone, Gendarmen waren es namentlich, die mich mit ihren schlichten, treuherzigen Worten beglückten. Der eine sagte stolz, er wäre erst unlängst aus der alten Kaisergarde ausgetreten, ein anderer, er wäre französischer Gendarm, ein Dritter, er wäre „Soldat unter Napoleon" gewesen.

In Köln hatte ich einen Aufenthalt von 24 Stunden, denn ich war zu unwohl, um weiterzureisen – wer schildert meine freudige Überraschung, als ein Kellner ins Zimmer stürzt und mir den Besuch der Gräfin Las Cases, meiner Frau, anzeigt – welches Wiedersehen!

Aufenthalt in Deutschland.

Fünfzehn Monate. In Frankfurt a. M. – Briefe an Marie Louise und die verbündeten Souveräne. – Brief an Lord Bathurst. – Verhandlungen im englischen Parlamente. – Meine Beziehungen zu den Gliedern der kaiserlichen Familie. – Reise nach Baden – Aufenthalt in Mannheim. – Der Aachener Kongress, neue Bemühungen. – Ein Brief von Madame Mère. – Mein Brief an die Souveräne. – Meine offiziellen Dokumente aus Longwood, die ich den Souveränen einreiche. – Die öffentliche Meinung. – Ankunft der Brigg „Musquito." – Das badische Cabinet entfernt mich aus Mannheim. – Ich gehe nach Offenbach.

Das Erste, was ich nach meiner Ankunft in Frankfurt tat, war, dass ich an den dort akkreditierten französischen Gesandten schrieb und Beschwerde über die mir widerfahrene Behandlung führte; ich erhielt ebenso wenig wie damals in Brüssel eine Antwort auf meine Eingabe. Es entstand jedoch ein Streit zwischen den beteiligten Mächten. Frankreich forderte vom Senat meine sofortige Auslieferung, der preußische Offizier, welcher mich in den höflichsten Formen bis hierher begleitet hatte, lehnte es, gestützt auf seinen Auftrag, ab, sich mit seiner Bürde von Neuem zu beladen, und verlangte die Verwendung seiner Gesandtschaft dahin, dass ich in Frankfurt zurückbehalten würde. Während die Sache noch schwebte, wandte ich mich auch noch an den österreichischen Gesandten, Baron Wessemberg, um ihm anzuzeigen, dass ich mich an den Kaiser Franz mit dem Ersuchen gewendet hätte, in seinen Staaten ein Asyl zu finden und dass es mir lieb wäre, wenn ich in Frankfurt die Antwort abwarten dürfte. Baron Wessemberg erklärte sofort, dass ich bis auf Weiteres unter seinem Schutz stünde. Nun trat eine allgemeine Beruhigung ein: Der Senat der freien Stadt duldete meinen Aufenthalt, Fürst Hardenberg, bei dem ich mich über meine Eskortierung durch den Preußischen Staat beschwerte, kam und entschuldigte sich, von Wien aus traf die Nachricht ein, mir wäre ein Asyl in Österreich bewilligt. Der Herzog von Richelieu, unser Minister des Auswärtigen, hatte an den Gesandten nach Frankfurt Ordre gegeben, mich in Ruhe zu lassen.

So war ich denn endlich frei und durfte über mich selbst verfügen. Zunächst schrieb ich an Marie Louise und legte meinen Brief offen in einen an den Fürsten Metternich, österreichischen Premierminister, gerichteten, ein.

Brief an Marie Louise.

Mein Brief an die Kaiserin, den ich bereits während meines Aufenthaltes in der Kapkolonie abgefasst hatte, lautete:

Kaum fort von der Insel St. Helena, drängt es mich, zu Füßen von Ihro Majestät Nachrichten über den Kaiser niederzulegen. Ich bin ganz unerwartet und plötzlich aus seiner Nähe entfernt worden, ohne jedes vorherige Anzeichen: Es ist mir, als wäre ich jählings an seiner Seite vom Tode ereilt worden. Daher kommt es, dass ich mit keinem Auftrage für Ihre Majestät beehrt wurde. Aus den täglichen Unterhaltungen des Kaisers mit mir muss ich das schöpfen, was ich mir erlaube, Ihrer Majestät hiermit zu unterbreiten.

Gern ruhte der Kaiser bei den Erinnerungen an seine Familie aus. Es kränkte ihn tief, dass er, obwohl er offiziell diejenigen, die ihn bewachen, darum ersucht hatte, keine Nachrichten erhielt. Ihre Majestät werden den lebhaften Ausdruck dieses Kummers in dem Briefe finden, mit dem der Kaiser mich beehrt hatte, nachdem ich von ihm getrennt worden war; ich nehme mir die Freiheit, eine Kopie desselben beizulegen.[34]

Die Gesundheit des Kaisers ließ bei meiner Abreise zu wünschen übrig; ja, er befand sich recht übel, weil er soviel entbehrte und es ihm an Zerstreuungen durchaus fehlte; seine Seelenstärke triumphierte glücklicherweise bisher über alles, und Ruhe und Gleichmut verließen ihn nicht.

Ich habe bemerkt, dass er genötigt war, jeden Monat einen Teil seines Silberzeuges zu verkaufen, um für die täglichen Bedürfnisse aufzukommen; er war genötigt, eine kleine Summe anzunehmen, über welche ein Diener verfügte.

Madame! Als treu ergebener Diener nehme ich mir die Freiheit, zu Ihrer Majestät Füssen in der Hoffnung, Höchst ihnen angenehm zu sein, eine Haarlocke vom Haupte des Kaisers niederzulegen, in deren Besitz ich mich seit längerer Zeit befinde. Ich füge auch eine Skizze von Longwood bei, die mein Sohn für seine Mutter gezeichnet hatte. Ihre Majestät werden gewiss gern die Einzelheiten dieses in weiter Ferne gelegenen traurigen Aufenthaltes einsehen.

Es würde die Pflicht mir gebieten, sofort bei meiner Ankunft in Europa mich zu Ihrer Majestät Füssen zu werfen, allein es hält mich in England eine heilige Pflicht zurück: Ich muss jeden Augenblick vom Rest meines

---

[34] Der Brief ist weiter oben wörtlich mitgeteilt worden.

Lebens dazu verwenden, auf Wegen, welche die englischen Gesetze gestatten, einigen Trost nach dem öden Felsen gelangen zu lassen, auf welchem ich mein Herz, meine Erinnerungen zurückließ. Die Minister Englands werden meinem von der Religion diktierten Vorhaben keine Hindernisse bereiten.

Ich habe die Ehre ... Graf de Las Cases.

Nachschrift: Madame! Bei meiner Ankunft in Europa wurde ich von England fortgewiesen. Auf dem Festlande bemächtigte man sich meiner; schwer erkrankt wurde ich in Frankfurt zurückgehalten und erhielt in diesem Augenblicke ein Asyl angewiesen in den Staaten Ihres erhabenen Herrn Vaters. Ich benutzte den ersten Augenblick wiedergewonnener Freiheit, um Ihrer Majestät diese Zeilen, die ich in Südafrika schrieb, zu übermitteln. Ich bitte untertänigst, Ihre Majestät möchten dieselben in Gnaden annehmen, worin ich einen teilweisen Trost für meine Leiden erblicken würde.

Brief an den Fürsten Metternich, welchem der eben mitgeteilte beigefügt war.

Monsieur! Ich beeile mich, Ihnen für die Gewährung eines Asyls in den Staaten Sr. kaiserlichen Majestät meinen Dank auszusprechen. Zugleich nehme ich mir die Freiheit, einen Brief an die Kaiserin Marie Louise beizulegen. Gestatten Sie mir, ich beschwöre Sie, in diesem Falle zu Ihnen als einem Privatmanne zu sprechen und von Ihrer hohen Stellung abzusehen. Ich möchte am liebsten, ehe ich etwas tue, mir Ihren Rat einholen – ich war ja so lange von Europa fort – ich vertraue vollkommen in diesem Falle der Stimmung Ihres Herzens und übergebe den einliegenden Brief offen Ihrer Diskretion. Ich bitte hinzufügen zu dürfen, dass der Kaiser Napoleon sich auf seinem weltfernen Felsen dem persönlichen Hass einiger Feinde preisgegeben sieht, dass ich selbst nur noch der Hoffnung lebe, ihm einigen Trost von hier aus spenden zu können. Napoleon spricht von den Ereignissen seiner Zeit, als lägen dieselben Hunderte von Jahren hinter ihm, nur die Liebe für die Seinigen scheint ihn noch in die Gegenwart zurückzurufen. Wie könnte ich, ohne die Konvenienz oder ohne Anschauungen zu verletzen, zu Nachrichten, vor allem von seiner Gemahlin und seinem Sohne, gelangen?

Während unseres Aufenthaltes auf St. Helena haben wir keinen Verkehr mit dem österreichischen Kommissar gehabt, noch haben können. Waren die österreichischen und russischen Kommissare auf der Insel erschienen, um darüber zu wachen, dass dem Kaiser Napoleon jene Rücksichten, jene Behandlung zuteil würde, die man ihm schuldete, so hatte der Gouverneur mit seiner Erklärung: diese Herren seien weder berechtigt noch bevollmächtigt, sich in irgendetwas einzumischen, veranlasst, dass sie nicht empfangen wurden. Gestatten Sie usw. Graf de Las Cases.

Brief an den Kaiser von Russland.

Sire, mich führt ein pietätvolles Gefühl an die Stufen Ihres Thrones. Der treue Diener eines schwer geprüften, zur Opferbank geschleppten Souveräns erhebt seine klagende Stimme – werden Ew. Majestät ihr das Ohr verschließen?

Plötzlich von der Seite Napoleons gerissen, irre ich seitdem umher wie in einer andern Welt, das Bild der Leiden mit mir tragend, denen mein erhabener Gebieter preisgegeben ist; so trete ich vor Eurer Majestät glückumstrahlten Thron.

Eurer Majestät Abkommen vom 2. August 1815 mit Dero hohen Verbündeten bestimmt, dass Napoleon Ihr Gefangener sein soll und überträgt auf England den Besitz seiner Person, alle Maßregeln für seine Inhafthaltung rc. Ich lasse alle Rücksichten der Politik beiseite und gebe meinem Herzen das Wort. Ich beschwöre Eure Majestät, wie ich es auch Dero hohen Verbündeten gegenüber getan habe, unterstützen Sie in Gnaden mein an die englische Regierung gerichtetes Gesuch, dass es mir gestattet werde, in London für den berühmten Gefangenen und die Milderung seiner Lage Sorge zu tragen.

Indem Ew. Majestät anderen die Bewachung des Gefangenen übergaben, haben dieselben gewiss nicht Verzicht geleistet, danach zu sehen, dass an der Rücksicht und der Achtung festgehalten werde, die man dem hohen Gefangenen schuldet. Indem Ew. Majestät auf jede politische Einmischung Verzicht leisteten, haben Sie doch gewiss nicht sich selbst verbieten wollen, zu den Tröstungen beizutragen, zu welchen Ihre persönlichen Empfindungen Sie veranlassen mussten.

An jedem Tage, Sire, wird auf St. Helena in Ihrem Namen mit Ketten gerasselt. Unmöglich können Sie Ihre Einwilligung dazu gegeben haben, dass Ihr Name dorthin gelange, nur um abscheulichen, unerträglichen Maßnahmen als Bürge zu dienen. Der, Sire, an dem diese Untat begangen wurde, ist derselbe, den Sie einst Bruder nannten. Das kann Ihre Fürstenseele nicht vergessen haben, Ihr Herz dafür nicht unempfindlich bleiben: Ich rufe hier Ihre Teilnahme an, ich erinnere Sie an Ihren fürstlichen Rang. Ihre edle Seele, Sire, hat sich zu oft offenbart, als dass ich verzweifeln sollte. Erwirken, bewilligen Sie mir die Gunst, dass ich von hier aus mich mit der Sorge um den teuren Verbannten befassen und tragen darf. Ist nicht der, für den ich bitte, einst „Freund" von Ihnen genannt worden? Die Jahre Ihrer Regierung sind des Ruhmes voll, fügen Sie Ihren Großtaten eine Tat der Freundschaft hinzu.

Ew. Majestät werden ohne Zweifel wissen, dass Napoleon seinerzeit vom Gouverneur von St. Helena aufgefordert worden ist, Ew. Majestät Kommissar sowie den Österreichs zu empfangen, dies jedoch abgelehnt hat. Der Kaiser Napoleon begründete seine Absage, indem er erklärte, dass, wenn die Kommissare beauftragt wären, darüber zu wachen, dass auf einer entlegenen einsamen Insel im Ozean die Rücksichten nicht verleugnet werden sollten, die man ihm schulde, er wohl die guten Absichten der beiden Fürsten anerkenne; da jedoch der Gouverneur der Insel erklärt habe, die beiden Herren hätten sich nicht in die Vorgänge auf der Insel zu mischen, so wäre deren Mission in seinen Augen eine illusorische und hätte er mit den Herren nichts zu verhandeln. Seine Erklärung, die Herren als Privatpersonen empfangen zu wollen, hatte keinerlei Folgen.

Wenn ich es wagte, Sire, meine Stimme zu erheben, so schöpfte ich den Mut dazu aus meiner treuen Ergebenheit für meinen unglücklichen Herrn. Ich bin usw. der

Graf de Las Cases.

Hier möge auch mein Brief an Lord Bathurst Platz finden. Ich würde die Veröffentlichung unterdrücken, allein der Unterstaatssekretär, Herr Goulborn, hat vor dem Unterhause falsche Angaben gemacht, die mir richtigzustellen obliegt.

Brief an Lord Bathurst.

Mylord! Würde ich, ohne etwas zu sagen, die willkürliche und tyrannische Handlungsweise, die Gesetzesverletzungen, denen ich seit mehr als einem Jahr ausgesetzt bin, ruhig hinnehmen, so könnte eines Tages mein Stillschweigen als Einverständnis und Unterordnung gelten, ich würde unrecht an mir selbst, an der Gesellschaft handeln.

Wenn ich, Mylord, so lange Anstand nahm, Ihnen meine Beschwerden vorzutragen, so liegt der Grund in Ihnen und Ihren Verfolgungen. Es scheint fast, als hätte man für mich eine neue Strafe erfunden: die Hetze auf den großen Verkehrsstraßen! Ich bin wie ein Verbrecher von Stadt zu

Stadt geschafft worden, ohne Auskunft über dies Verfahren zu erhalten, ohne dass man mir, der ich todkrank war, eine Ruhepause gewährte.

Ich bin einer von den Vieren, denen Sie gestatteten, dem berühmten Helden, welcher der Gastfreiheit der Bellerophon zum Opfer fiel, zu folgen. Von der großen Zahl derer, welche diese hohe Ehre nachsuchten, gestatteten sie nur Vieren die Erfüllung ihrer Wünsche. Ich habe, so gut ich konnte, in Longwood den übernommenen heiligen Pflichten genügt und mich bemüht, der härtesten Gefangenschaft, die es wohl je gab, Linderung zu verschaffen. Ich bin dann plötzlich durch den Gouverneur von St. Helena entfernt worden. Vielleicht war derselbe im Recht: Ich hatte ja seinen Verhaltungsbestimmungen keine Folge geleistet; ich war jedoch nur insofern schuldig, als ich von dem Recht jedes Gefangenen, die Aufmerksamkeit seines Kerkermeisters zu täuschen, Gebrauch gemacht hatte.

Die bei mir beschlagnahmten und Ihnen vermutlich bekannten Papiere sahen ja ihrer Beförderung durch des Gouverneurs Hände entgegen, als derselbe mir sagen ließ: Die Art, in welcher ich schriebe, wäre so, dass, wenn ich in diesem Stil meine Korrespondenzen fortsetzte, er mich von dem entfernen müsse, dem ich mich angeschlossen hatte – der Inhalt der Papiere war zu nichtssagend, als dass er die gegen mich ergriffenen Maßnahmen hätte rechtfertigen können.

Meine Gefangenschaft auf St. Helena, Mylord, war eine freiwillige, Sie hatten befohlen, dieselbe solle ein Ende haben, wenn ich es wünschte. Ich habe daher Sir Hudson Lowe angezeigt, dass ich, sobald ich von Longwood getrennt war, einer persönlichen Abhängigkeit von ihm enthoben wäre, und dass ich zurückträte unter den Schutz der üblichen Gesetze. Ich verlangte von ihm, dass, falls mich eine Schuld träfe, er mich vor Gericht stelle – dass er, falls er in meinen Papieren irgendetwas Gefährliches entdeckt habe, dieselben an Sie, Mylord, einschicke und mich mit ihnen. Was geschah nun?

Ich wurde fast sechs Wochen zunächst auf der Insel gefangen gehalten, dann, dem Buchstaben des Regulativs entsprechend, nach dem Kap der Guten Hoffnung geschafft. Sir Hudson Lowe hat alle diejenigen meiner Papiere einbehalten, welche seinen Verdacht erregten. Entschied ich mich für eine Rückkehr nach Longwood, die Sir Hudson Lowe mir freistellte, so sollten mir darum doch meine Papiere nicht zurückgestellt werden. Andere Gründe missrieten die Rückkehr: War ich nicht unter den Augen des Kaisers verhaftet worden, an diesen ihm zugefügten Schimpf musste der Kaiser erinnert werden, sowie er mich sah. Ich reiste ab. Was Sir Hudson Lowe nicht zu tun gewagt hatte, tat der Gouverneur der Kapkolonie, ich war nun erst recht – allen Gesetzen, dem Völkerrecht zuwider – ein Gefangener. Weshalb? Eine genügende Antwort zu geben, dürfte niemand imstande sein. Meine „Gefangenschaft" am Kap währte beinahe acht Monate!

Ohne Zweifel habe ich es, Mylord, Ihren endlich eingetroffenen Befehlen zu danken, dass ich nunmehr auf meine Kosten nach England reisen konnte – dabei aber blieb ich nach wie vor ein Gefangener und wurde als solcher behandelt. Als die Brigg, mit der ich die Überfahrt bewerkstelligt hatte, in die Themse eingelaufen war, bemächtigte man sich abermals meiner Person und meiner Papiere.

Woher diese Behandlung? Welcher Grund lag vor, einen unbescholtenen Mann wie einen Verbrecher, einen Vagabunden zu behandeln? Ich frage Sie, Mylord. Ich habe in drei Zeitungen die Antwort gelesen, welche Sie auf den Antrag Lord Hollands, St. Helena betreffend, im Parlament gaben: Beinah jede Zeile enthielt einen Irrtum; Sie müssen mit falschen Nachrichten versorgt werden, Mylord. Sie sagten u. a., kein Verwandter des Kaisers, mit Ausnahme seines Bruders Joseph, hätte nach St. Helena geschrieben. Ich selbst habe dem Kaiser drei oder vier Briefe überreicht, welche von ihnen kommen und durch Sir Hudsons Freunde ausgeliefert wurden. Die an und für sich unbedeutende Sache sollte Ihnen doch die Augen öffnen. Ich fasse das Gesagte endlich in drei Bitten zusammen: Ich verlange erstens Gerechtigkeit und Genugtuung für den Missbrauch von Gewalt, der dem Lord Somerset zur Last fällt, welcher mich unter Verletzung der Landesgesetze solange gefangen hielt; zweitens verlange ich Gerechtigkeit und Genugtuung für die ungesetzliche Beschlagnahme meiner Papiere vor Gravesend; drittens verlange ich Gerechtigkeit und Genugtuung dafür, dass ich als Gefangener nach dem Kontinent geschafft und infolge erteilter Anweisung gezwungen wurde, wie ein Verbrecher Belgien und die angrenzenden Länder zu passieren; ich verlange viertens eine sofortige Durchsicht und Herausgabe meiner mir vor Gravesend abgenommenen Papiere. Den größeren Teil derselben hatte Sir Hudson Lowe unbeanstandet gelassen. Viele darunter sind, da sie häusliche Angelegenheiten betreffen, auch Vermögensverhältnisse rc. für mich von fast täglicher Notwendigkeit; ich verlange fünftens die Herausgabe meiner Papiere von St. Helena, deren Verzeichnis sich unter den auf der Themse mir abgenommenen befindet. Die Papiere von St. Helena bestehen eigentlich nur aus einem einzigen Manuskript, d. h. meinem 18 Monate lang geführten Tagebuch. Ich habe daraus Herrn Hudson Lowe soviel mitgeteilt, dass er sich von der Harmlosigkeit des

Inhaltes überzeugen konnte; sechstens verlange ich die Herausgabe des Briefes, welchen der Kaiser Napoleon während meiner Gefangenschaft geschrieben hat; es ist in demselben von Politik keine Rede, Sir Hudson Lowe hat sich davon überzeugt; mein Eigentum darf mir, besonders nach den Gesetzen zivilisierter Staaten, nicht ohne Weiteres entrissen werden: Der Brief aber ist mein Eigentum und mir teurer als alles andere.

Ohne Lärm zu schlagen, Mylord, fordere ich Sie auf, Geschehenes wiedergutzumachen. Sollten Euer Lordschaft meinen Brief ignorieren, erst dann würde ich Veranlassung finden, die Gerichte Ihres Landes anzurufen.

Ich habe die Ehre rc.

Graf de Las Cases.

Petition an das englische Parlament.

Ein bescheidener Privatmann, ein Fremdling im Lande, wagt es in Ihrer Mitte, Vertreter des englischen Volkes, seine Stimme zu erheben. Er appelliert an die Humanität, an das Rechtsgefühl, an Ihren Ruhm – Sie werden ihn anhören.

Mit Gewalt von St. Helena, aus der Nähe eines Mannes entfernt, der als eines der denkwürdigsten Opfer irdischer Wechselfälle dasteht, schleppe ich mich vor Sie, um Ihnen seine Lage, seine Qualen zu schildern. Plötzlich von seiner Seite gerissen, ohne jedes Vorgefühl, jeden Verkehres beraubt, sind meine Worte, meine Gedanken ganz mein eigen, sie haben keinen anderen Ursprung als mein Herz! Vielleicht würde die stolze Seele dessen, dem sie gelten, sich wider den Schritt, welchen ich tue, auflehnen, weil es Gott allein ist, den er anrufen möchte. Vielleicht würde er mich fragen, wer mir die Fürsorge für sein Wohlergehen übertragen hätte. Gleichviel. Meine Liebe zu ihm wäre ja die Wurzel meiner Torheit. Dem Einfluss seines heroischen Geistes entrückt, ist mein Herz nicht mehr imstande, die Geschichte seiner Leiden in sich zu verschließen, es muss sich Luft machen in einem lauten Aufschrei. Sie haben den in die Wüste des Weltmeeres verbannt, der in hochherzigem Vertrauen und aus freiem Entschluss sich bei Ihnen einstellte, um unter dem Schutz Ihrer, von ihm für unantastbar gehaltenen Gesetze zu leben. Sie haben unzweifelhaft mit dem, was sie taten, nur das gewollt, was Ihnen nützlich erschien; es lag Ihnen weniger daran, gerecht zu sein. Sonst müsste man Sie fragen: Wer hatte ihn denn in Ihre Gewalt gebracht? Wer hatte Ihnen das Recht gegeben, ihn abzuurteilen? Was war der Grund, weswegen sie ihn verurteilt haben? Wen haben Sie zu seiner Verteidigung gehört? Ich muss mich bescheiden ... Sie machten ein Gesetz ... ich respektiere es. Ich bin nicht geeignet dafür, über das Prinzip zu streiten; ich will meinen Unwillen bändigen, kein Protest soll über meine Lippen kommen. Sie werden hier nur von den Übeln hören, welche mit Ihren Entschließungen zugleich – und sicherlich gegen Ihren Willen – auftraten.

Vertreter Großbritanniens! Sie sagten, Sie wollten sich nur der Person des Kaisers Napoleon vergewissern und die Garantie für seine Festhaltung übernehmen. War dieses Ziel erreicht, so wollten Sie zugleich, dass alles geschehe, um das zu mildern und erträglich zu machen, was Sie als ein Gebot der Politik bezeichneten; dies war der Geist, der Buchstabe Ihres Gesetzes, dies war der Ausdruck Ihrer Beratungen, war der Willensausdruck Ihres Volkes.

Nun denn hören Sie: Dem weltberühmten Gefangenen ist auf seinem schändlichen Felsen nichts geboten worden, als der harte und strenge Teil Ihrer Absichten – Ihre Strenge ist in der Anwendung noch gesteigert worden! Die düsteren Wolken, welche die Insel umlagern, sind weniger düster als die moralischen und physischen Qualen Ihres Gefangenen.

Unter dem Vorwande von allerhand Befürchtungen, die in der Einbildung lagen, brachte jeder Tag neue einschränkende Bestimmungen; der stolzen Seele des Gefangenen brachte jeder Tag eine neue erniedrigende Zumutung; die Bewegung im Freien war ihm unmöglich gemacht; Besuche, Unterhaltung wurden fast völlig verboten. So gesellten sich den tödlichen Einflüssen des Klimas, dem ewig farblosen Einerlei des Himmels die traurigsten Eindrücke – ja, man tötet den Gefangenen!

Haben Sie es also gewollt? Nein, gewiss nicht. Welche Gründe hatten diese grausamen Maßregeln? Was dient ihnen zur Entschuldigung? Ist es die Furcht vor einer Entweichung des Gefangenen? Möge man doch der vorgefassten Meinung eines Einzelnen nicht zu viel Gewicht einräumen, der sich von Befürchtungen leiten lässt, der sich tagtäglich damit befasst, eingebildeten Übeln zu begegnen und eine völlige Beseitigung derselben wohl nur im Tode seines Gefangenen erblickt. Eine Entweichung aus Longwood aber ist ein Ding der Unmöglichkeit, und niemand denkt daran. Gewiss, ein jeder würde unter Aufopferung seines Lebens den Versuch gern wagen, allein, wie könnte wohl die stete Wachsamkeit von Offizieren, Soldaten, Matrosen usw. getäuscht werden, die in dichtem Kranz die Ufer umstellt haben, während vor ihnen noch Schiffe in zwei Reihen – die äußerste ist von Kriegsschiffen gebildet – die sichere Umgürtung vollenden? Noch nicht genug, auch kreuzende Schiffe umschwärmen die Insel. Mit solchen Vorsichtsmaßregeln ist dieselbe das sicherste Gefängnis, welches man sich nur denken kann. Auch steht der Kaiser Napoleon noch auf dem nämlichen Standpunkt wie damals, als er sich an Bord der Bellerophon verfügte; seine Zuflucht suchend trat er mitten unter Sie, Ruhe unter Ihren Gesetzen oder denen Amerikas ersehnend.

Wenn die Insel St. Helena durch ihre natürliche Beschaffenheit kein genügend sicheres Gefängnis ist, wenn sie nicht den Vorteil bietet, dass die Sicherheit mit der Rücksicht und Nachsicht konkurrieren kann, hat man Sie in Ihrer Wahl, in Ihren Absichten getäuscht. Wozu die starke Garnison? Wozu die großen Ausgaben? Es gibt in Ihren europäischen Besitzungen Plätze genug, an denen Sie uns hätten ohne Kosten halten, bewachen können und an denen wir nicht so elend gewesen wären. Wenn diese Insel durch ihre natürliche Beschaffenheit und mit Hilfe von Vorsichtsmaßregeln alles, was menschliche Klugheit als notwendig erdenken kann, darstellt – sind da nicht erschwerende Zutaten nichts als unnötige Quälereien, tyrannische, barbarische, gegen ihren Willen sich auflehnende willkürliche Verfügungen? Sie haben nicht gewollt, dass man Napoleon foltere, dass man ihn mittels Nadelstichen töte – leider aber ist es eine unumstößliche Wahrheit, dass er den ihm täglich, stündlich, ja jeden Augenblick beigebrachten Verletzungen erliegen muss.

Wenn Sie in ihm nichts erkennen wollten als einen einfachen Gefangenen und nicht den Fürsten, der dem Ostrazismus von Fürsten unterstellt ist – wenn sie ihm nur ein gewöhnliches Gefängnis zudachten und nicht einen Ort auszuwählen wünschten, an welchem man das Unrecht seines Exils ausgleichen könnte – wenn Sie ihn nur einem Kerkermeister übergeben wollten und nicht einem Offizier von hervorragendem Range, welcher, gestützt auf seine Welterfahrung, es verstehen musste, das, was die Sicherheit der Gefangenschaft erfordert, mit den Rücksichten und der Achtung zu vereinigen, welche dem Gefangenen zustehen – wenn Sie lediglich dem Hass, der Rache, überhaupt gemeinen Empfindungen Raum geben wollten – wenn Sie dem Klima die Fällung des Todesurteils über den berühmten Gefangenen zuweisen wollten – dann – ja dann hätte ich nichts mehr zu sagen, hätte ich schon zu viel gesagt!

Aber ich glaube den Sinn Ihrer Bill recht zu verstehen: Sie wollten Ihren politischen Akt mit allen eines edlen, hochherzigen Volkes würdigen Beigaben ausstatten – deshalb kann ich fortfahren! Sie wollten alles Gute, das die Umstände nur irgend gestatteten, Sie hatten alles Böse untersagt, das nicht eine Forderung der eisernen Notwendigkeit war. Sie haben nicht gewollt, meine Herren, dass dem Gefangenen die nötige Bewegung entzogen oder dieselbe von Schranken umgeben werde, welche die Erholung in eine Qual verwandeln mussten. Sie haben nicht gewollt, dass er sich auf sein Zimmer beschränke, weil er die Palisaden nicht sehen wollte, mit denen man lächerlicherweise den kleinen Garten umfriedigt hatte.

Diese Übelstände bestehen, diese Einschränkungen, obwohl völlig überflüssig und von Ihren eignen Landsleuten verworfen, sind eine der andern gefolgt.

Sie haben nicht gewollt, meine Herren, dass er zum Schaden seiner Gesundheit in ein kleines, unbequemes, elendes Domizil verwiesen wurde, während die Vertreter der Autorität geräumige schöne Häuser in der Stadt und auf dem Lande bewohnten – es wäre ja die Übersendung des

„berühmten Palais"[35], oder sage ich richtiger der ungeheuren Masse von Holzblöcken, die jetzt verfaulend am Ufer liegt, unnötig gewesen! Für die bauliche Verwertung hätten sieben bis acht Jahre kaum genügt. Es lag nicht in Ihrer Absicht, dass alles, was nach Longwood geliefert wurde, das Allernötigste mit inbegriffen – abscheulich war, während es doch besser zu haben war. Nein! Sie haben nicht gewollt, dass die Schmach, die man dem Kaiser zufügte, auch darin ihren Ausdruck finde, dass man von ihm verlangte, er solle sich um das kleinlichste Detail der Ausgaben kümmern, dass man ihn aufforderte, zu den Erhaltungskosten einen Zuschuss zu zahlen, über den er doch nicht verfügte. Sie haben nicht gewollt, dass Napoleon auf diese Weise gezwungen würde, sein Silbergeschirr zu veräußern, und das anzunehmen, was treue Diener zu seinen Füssen niederlegten.

Briten! Ist es möglich, dass in Eurem Namen der, der über Europa geherrscht, über Kronen verfügt, Könige geschaffen hat, einer solchen Behandlung ausgesetzt ist? Fürchtet Ihr nicht den Aufschrei der Geschichte? Wie? Wenn sie auf ihre ehernen Tafeln die Worte verzeichnete: „Sie haben ihn getäuscht, um sich seiner zu bemächtigen und haben dann um sein Dasein geschachert."

Man hat uns Tag für Tag vorgehalten, wir wären in einem großen Irrtum in Bezug auf unsere Lage; man untersagte uns respektvolle Formen, man entzog uns gewisse für uns eintreffende Zeitschriften und legte uns nur die vor, die einen möglichst unangenehmen Eindruck machen mussten; endlich wurde uns in zuvor bestimmtem Wortlaut eine Erklärung abgefordert, in welcher wir für das Glück, dem zu dienen, den wir über alles verehren, mit Sklavenketten zu bezahlen hatten. Nein! Das haben Sie unmöglich gewollt! Was hatten diese grausamen Maßnahmen mit der Sicherheit unserer Gefangenschaft zu tun?

Man wird es kaum glauben, dass Napoleon, als er zu erfahren wünschte, ob er an den Prinzregenten schreiben könne, von maßgebender Seite aus bedeutet wurde: Dies könne nur geschehen, wenn er sein Schreiben unversiegelt zur Beförderung einreiche. Man sollte denken, der gesunde Verstand müsse sich gegen ein Verfahren auflehnen, welches für die beiden erhabenen Personen gleich beleidigend ist.

---

35 Anmerkung des Herausgebers: Viele englische Blätter und ihnen nacherzählende französische und deutsche waren damals voll von einem „prächtigen Palais", welches den „klimatischen Verhältnissen und den dringenden Umständen entsprechend," in aller Eile aus Holz auf St. Helena für Napoleon erbaut worden wäre. Dies ist nur ein vereinzeltes Beispiel von den zahllosen Lügen, welche wie Staub um den umstürzenden Koloss emporwirbelten.

St. Helena war für uns auserwählt – so hatte man uns gesagt – damit wir uns einer gewissen Freiheit und einiger Nachsicht erfreuen könnten: Wir dürfen zu niemandem sprechen, an niemanden schreiben, man setzt uns Schranken in Bezug auf die geringfügigsten häuslichen Details. Gräben, Schanzen umgeben unser Domizil, eine keiner Kontrolle unterstellte Autorität gebietet über uns – man hatte doch St. Helena gewählt, um uns einige Milde zugutekommen zu lassen? Gibt es in England ein Gefängnis, welches elender wäre als das unsrige?

Es ist Ihren Offizieren untersagt worden, mit dem in Berührung zu treten, dessen Wächter sie waren; allen Briten ist es untersagt worden, sich uns zu nähern und sich mit uns zu unterhalten, ohne gewisse Formalitäten zu erfüllen – geschieht dies aus Furcht, wir möchten ihnen von der elenden Behandlung erzählen, der wir preisgegeben sind? Wollte man verhindern, dass die Wahrheit ans Licht käme?

Unmöglich geschah es mit Ihrem Willen, meine Herren, dass man uns sagte, wenn wir fortführen, uns in unseren Briefen frei auszusprechen, man uns aus der Nähe Napoleons entfernen und von der Insel deportieren würde. Und doch war dieses von mir nicht innegehaltene Verbot die Veranlassung zu meiner Deportation.

Unmöglich können Sie Ihre Zustimmung dazu geben, dass mir geheime Papiere, trotzdem ich die Durchsicht derselben zuließ und sie nichts enthalten, was Anstoß erregen könnte, abgenommen wurden; Sie können nicht einverstanden damit sein, dass man mich in St. Helena gefangen setzte, dass man mich nach dem Kap der Guten Hoffnung sandte, um ein Gefangener zu bleiben. Weshalb? Was hatte ich getan? Wo sind meine Richter? Ist es in Ihrem Lande erlaubt, dass jemand, und wäre es der niedrigsten einer, sieben Monate gefangen ist, ohne Verhör, ohne Richtspruch!?

O Briten! Wenn solche Handlungen ohne Sühne blieben, so wären fortan Eure schönen Gesetze nur ein Buchstabe. Ihr würdet Schrecken erregen über die ganze Welt hin: Es gebe bei Euch weder Freiheit mehr noch Gerechtigkeit!

Ich frage nun, welches können die Gründe zu einem solchen Verhalten sein? Wodurch kann man es rechtfertigen? Wir wissen es nicht!

Auf eins muss ich Sie noch aufmerksam machen, meine Herren: Napoleon ist eine außergewöhnliche, eine schicksalsmächtige Erscheinung in der Weltgeschichte. Er ist der Mann des Ruhmes, der Heros der Jahrhunderte. Sein Name ist auf aller Menschen Lippen, seine Taten beleben die Fantasie der Menschen, seine Laufbahn ist ohne Gleichen. Als Cäsar daran dachte, der Herrscher seines Landes zu werden, zählte Cäsar schon durch seine Geburt zu den Ersten, als Alexander sich zur Unterjochung Asiens anschickte, war er König und der Sohn eines Königs, der ihm vorgearbeitet hatte. Napoleon aber erhob sich aus der Volksmasse, um Beherrscher der Welt zu werden, er tritt allein auf, ohne andere Unterstützung als die seines Genies: Die ersten Schritte auf seiner Laufbahn grenzen ans Wunderbare, es schmückt ihn ewig grüner Lorbeer, er beherrscht alle Geister, ist der Abgott seiner Soldaten, deren Ruhm er bis zu den Wolken trägt; er ist die Hoffnung des Vaterlandes, das in seiner Not in ihm den Befreier herbeisehnte – die Erwartung ist nicht getäuscht worden; Napoleon vernimmt an den fernen Ufern des Nil die ersterbende Stimme, er eilt herbei, Freiheit und Ruhm aufs Spiel setzend, landet allein an der französischen Küste. Alle erbeben, als sie ihn wiedersehen, Zurufe begleiten ihn, der Triumph führt ihn in die Hauptstadt. Es fügen sich die Parteien, Freund und Feind schmelzen zusammen – die Revolution ist gebändigt: Er befiehlt!

Alles das schaffte der Einfluss eines einzelnen Menschen. Es war nicht nötig zu kämpfen, kein Tropfen Blut ist vergossen – solcher Wundertaten aber gibt es noch mehr in seinem Leben.

Ideen, welche die Auflösung der Gesellschaft im Auge hatten, wurden verscheucht vom Klange seiner Stimme, alte Wunden vernarbten, Schmutz und Schlamm sanken in die Tiefe – es entstieg dem Chaos eine neue Welt!

Aus war es mit den Tollheiten der Revolution, es blieben nur große, unumstößliche Wahrheiten. Napoleon kennt keine Parteien, kein Vorurteil haftet seiner Verwaltung an. Alle Meinungen, alle Bestrebungen, alle Talente scharen sich um ihn: Es beginnt eine neue Ordnung der Dinge.

Die Nation atmet wieder auf, sie segnet ihn. Die Völker bewundern ihn, die Könige zollen ihm ihre Hochachtung: Man ist zufrieden, man fühlt sich wieder als Franzose.

Alsbald wurde der Befreier auf den Thron gehoben – er wurde Kaiser. Alles Übrige ist bekannt; man weiß, welchen Glanz, welche Machtfülle seine Krone ausstrahlte. Souverän durch den Willen des Volkes, gesalbt vom Oberhaupt der Kirche, geweiht von der Hand des Sieges – hatte jemals ein Souverän ein so starkes, so edles, so unantastbares Recht an die Herrschaft?

Alle Fürsten Europas sind mit ihm verbunden, sei es durch Verwandt-
schaft, sei es durch Traktate. Alle Völker haben ihn anerkannt. Wenn Ihr,
Briten, allein eine Ausnahme macht, so hing diese Ausnahme mit Eurer
Politik zusammen; sie war nur formeller Art; Ihr gerade seid es, die in
Napoleon geheiligte Anrechte achtet. Die anderen Mächte haben vielleicht nur im Drange der Notwendigkeit gehandelt. Ihr aber wäret nur
Euren Grundsätzen, Eurer Überzeugung gefolgt. Eure Doktrinen sind so,
dass Napoleon, der viermal Erwählte eines großen Volkes, in Euren Herzen als Souverän gelten musste. Fragt Euer Gewissen.

Nur seinen Thron hat Napoleon verloren, ein Unglücksfall hat ihm denselben entrissen, der Erfolg hätte ihm denselben für immer gesichert.
Elfhunderttausend Soldaten rückten gegen ihn ins Feld. Ihre Generäle
und Fürsten haben überallhin erklärt, sie wollten nur ihm zu Leibe gehen – er unterlag, allein verloren hat er nur die Macht, seine erhabenen
Eigenschaften blieben ihm und gebieten Ehrfurcht. Tausend ruhmreiche
Erinnerungen bleiben seiner Krone für alle Zeiten; das Unglück hat ihn
heiliggesprochen und es gibt keinen, der ein Herz im Leibe hat, dem er
nicht auf seinem einsamen Felsen noch viel erhabener erschiene als an
der Spitze von 600 000 Mann.

Vergebens mögen beschränkte, engherzige Menschen ihn beschuldigen,
die Ursache aller Leiden, aller Wirren zu sein, von denen wir heimgesucht wurden. Vorüber ist die Zeit der Schmähschriften, die Wahrheit
gelangt zu ihrem Recht; schon verschwinden die Nebel der Lüge, der
Tag bricht an, der der Zukunft gehört. Ja, es wird die Zeit kommen, die
ihm Gerechtigkeit zollt, die Zeit, da die Leidenschaften der Zeitgenossen
verdampft sind – seine Taten werden leben mit den kommenden Generationen.

Schon heute erschließen sich viele der Einsicht, dass Napoleon, trotz seiner großen Macht, nicht über sein Schicksal bestimmen konnte; dass er in
Waffen stand, nur um sich zu verteidigen, nicht um andere zu schädi-
gen, dass er seine Vernichtung, seinen Untergang nur dadurch hinaus-
schob, dass er kämpfte: Dieser Kampf ist ihm aufgenötigt worden, er
musste ihn führen um der großen nationalen Ziele willen. Haben Sie,
meine Herren, nicht vor versammeltem Parlament erklärt, sie würden
Napoleon bekämpfen, solange er existierte? Kann man da noch von dem
Ehrgeiz Napoleons – ein Wort, das so vielen unter Ihnen stets auf den
Lippen schwebt – sprechen! Diejenigen, die vor dem Kampf von nichts
sprachen als von Gerechtigkeit, was taten sie denn nach dem Kampf: Auf
welche Art zogen sie Nutzen aus ihrem Sieg? Man höre doch jetzt endlich auf mit solchen Unterschiebungen, Napoleons angeblicher Ehrgeiz

wäre jetzt doch nur ein jämmerlicher Versuch der Rechtfertigung – möge man doch zufrieden sein gesiegt zu haben.

Sie, meine Herren Vertreter des britischen Volkes, ziehen Sie die gegenwärtige Lage der Dinge in Betrachtung: Gerechtigkeit, Menschlichkeit, Ihre Ehre, Ihr Ruhm fordern Sie dazu auf. St. Helena ist ein unerträglicher Aufenthalt, es ist der Tod – der sichere, vorbedachte Tod. Sie werden die Verantwortung vor der Nachwelt nicht übernehmen wollen. Napoleon war zwanzig Jahre hindurch Ihr gefährlicher Feind; erinnern Sie sich Hannibals und der Nichtswürdigkeit der Römer – Sie werden mit einer solchen Tat die schönen Seiten Ihrer Geschichte nicht beschmutzen. Vergegenwärtigen Sie sich die Beispiele der Geschichte, die uns mit Grauen erfüllen. Man kann es voraussehen, dass Napoleon, wenn er nicht mehr lebt und man an die Vollbringung des Verbrechens glauben kann, den Völkern zum Idol werden wird; man wird in ihm nur das Opfer sehen, den Märtyrer der Fürsten – so ist es bestimmt durch den Gang der Ereignisse, solche Wendungen kennt das Herz der Menschheit. Retten Sie, ich beschwöre Sie, die Annalen der modernen Geschichte vor einem solchen Skandal und vor seinen gefährlichen Folgen.

Befreien Sie das Königtum von seiner Erblindung. Retten Sie die heiligen Interessen großer Monarchen, in deren Namen das Opfer fällt. Wahren Sie der königl. Majestät teuerstes Attribut: die Unverletzlichkeit. Wenn die Könige selbst Hand anlegen an die Repräsentanten Gottes auf Erden, wie wären sie dann imstande, den Attentaten ihrer Völker zu begegnen! Es gibt kein unter dem Schutz der Zeit stehendes Gedeihen, ein Kreis von Wechselfällen umschließt jeden Thron. Hier handelt es sich um eine wichtige Sache. Ein Gottgesalbter, degradiert entwürdigt, gemartert, vernichtet – mögen die Könige zittern!

Rufen Sie Napoleon zurück in Ihre Mitte, lassen Sie ihn kommen und Ruhe finden unter dem Schutze Ihrer Gesetze, bringen Sie dieselben nicht um ihren schönsten Triumph – und wer könnte Sie hindern?

Wäre es Ihr erster Entschluss? Sie würden nur dartun, dass Sie damals unter der Macht der Umstände den Gesetzen der Notwendigkeit folgten.

Wären es Rücksichten auf die Ruhe im Innern? Unmöglich! Dieselben würden eine beleidigende Voraussetzung enthalten. Sie würden damit Ihren staatlichen Einrichtungen, Ihren Sitten, dem Geiste der Nation Schaden zufügen.

Wäre es die Sicherheit Europas, die Sie verhinderte? Wohl mochte Napoleon auf dem Gipfel seiner Macht der Schrecken Europas sein; er, isoliert auf einsamer, weltferner Insel, ist nur noch ein Gegenstand, der Erstaunen erweckt.

Konnten Sie deshalb so handeln, wie Sie es tun, weil Sie der Meinung sind, Napoleon habe allerhand Hintergedanken? Napoleon will heute nichts mehr als Ruhe; seine Laufbahn ist beendet, ja seine Zeit, wie er selbst sagt, scheint ihm Jahrhunderte zurückzuliegen, er glaubt, er wäre nicht mehr auf der Welt; für eine hochfliegende Seele, wie die seinige, hat die Macht nur den Wert, dass sie zum Ruhme führt. Welcher Sterbliche hätte je eine höhere Ruhmesstaffel erreicht! Finden Sie in der Geschichte ein Ereignis, welches Sie mit der Rückkehr von der Insel Elba vergleichen könnten? Welche herrlichere Apotheose gäbe es für ihn als die Vorwürfe und die Reue eines großen Volkes. Viele von Ihnen, meine Herren, haben unsere Departements durchstreift und kennen die Geheimnisse in der Stimmung unseres Volkes. Was könnte er noch mehr wünschen? Von vorgeschrittenen Jahren, körperlichen Leiden, voll Widerwillen an den Dingen dieser Welt – an den Menschen vielleicht -sehnt er sich nach Ruhe, nach einem stillen Asyl. Und das fordert er von Ihnen, und Sie, meine Herren, sind es ihm schuldig, sind es seiner großherzigen, heroischen Entscheidung schuldig, da er Ihnen den Vorzug vor seinen übrigen Feinden gab.

Rufen Sie ihn zurück, und Sie werden einen Ruhmestitel mehr in der Geschichte Ihres Volkes haben. Die Bewunderer, die Freunde Ihrer freien staatlichen Einrichtungen erwarten es von Ihnen. Oder soll man sagen: Diese Unantastbarkeit der Prinzipien, diese öffentliche Moral, diese Macht der öffentlichen Meinung, die sich höher erheben soll als der Thron, diese ganze freie Konstitution Englands ist doch nur Spiegelfechterei? Vor der Furcht, die Ihnen ein einzelner Mensch einjagte, vor dem Hass, vor der Rachgier haben die Briten all diese schönen Dinge in Scherben geworfen.

Ich für meinen Teil, trotz meiner zweijährigen traurigen Erfahrungen, setze noch immer das vollkommenste Vertrauen in die Zuverlässigkeit Ihrer staatlichen Einrichtungen: Ich zähle auf Ihr Gerechtigkeitsgefühl. Nur mein Herz zog ich zurate, als ich vor Sie trat und bin sicher, es werden sich aus Ihrer Mitte Verteidiger der großen, der heiligen Sache finden. -

Ich war in Frankfurt sogleich mit den dort in Verbannung lebenden Franzosen in Verbindung getreten. Auch hatte ich das Glück, mit der

Gräfin Survillers zusammenzutreffen, die die Güte selbst gegen mich war. Die Frankfurter Kaufleute kamen pekuniären Bedürfnissen zu Hilfe; ich erfuhr auch den Aufenthalt sämtlicher Glieder der kaiserlichen Familie und trat sofort mit jedem einzelnen in Korrespondenz. Ich hatte es mir außerdem zur Regel gemacht, alle Monate einmal an den Großmarschall zu schreiben, um durch ihn Nachrichten von St. Helena zu erhalten. Ich hatte meinen ersten Brief offen an den Unterstaatssekretär für die Kolonien nach London geschickt, der sich auch desselben annahm.

Von der kaiserlichen Familie war Prinz Lucian der erste, der mir antwortete. Es wurde sogleich die jährliche Zahlung einer Summe von 150 000 Francs, welche die nötigen Auslagen in Longwood decken würde, verabredet.

Meine Gesundheit ließ immer mehr zu wünschen übrig, sodass ich mich entschloss, die Bäder von Baden-Baden aufzusuchen. Ich hatte die Ehre, vom Großherzog und seiner Gemahlin in liebenswürdiger Weise empfangen zu werden. Obwohl ich in tiefster Verborgenheit lebte, so wurde ich doch bald aufgestöbert und mit Anträgen – oft der abenteuerlichsten Art – bestürmt: Es bot sich sogar jemand an, Napoleon von St. Helena zu entführen. Näher und näher aber rückte der Termin zur Eröffnung des Kongresses in Aachen.

Ich hatte auf diese Zusammenkunft hoher Herren große Hoffnungen gesetzt; man sträubt sich gegen die Annahme, Souveräne könnten gegen die Qualen unempfindlich sein, denen Napoleon ausgesetzt war. Napoleon, den einer um den anderen einst seinen Freund, Bruder, Sohn genannt hatte: es sollte ihnen ein authentischer Bericht über die Zustände auf St. Helena nicht vorenthalten bleiben! Ich hatte an Marie Louise geschrieben; ich war beauftragt, den Fürsten einen Brief von Madame Mère vorzulegen; ich hatte direkt an jeden der Herren geschrieben, ja sogar Lord Castlereagh als Repräsentant des Königs von England nicht vergessen. Ich bringe einige dieser Briefe in ihrem Wortlaut, indem ich Wiederholungen zu entschuldigen bitte.

Brief an die Kaiserin Marie Louise.

Ihrer Majestät glaube ich mitteilen zu sollen, dass ich die Versammlung der verbündeten Fürsten benutzen möchte, um zu deren Füssen meine Bitten um Milderung in der Behandlung des hohen Gefangenen von St. Helena niederzulegen, denen Sie, Madame, die Sie dem Kaiser ja noch weit näher stehen als ich, die ihrigen gewiss anschließen wollen: sind

Ihre Rechte doch heilige Rechte, hochgehalten von allen Völkern der Erde.

Machen Sie dieselben geltend, Madame, und die Nachwelt, die Geschichte, die ja auch Kronen austeilt, werden Ihr Haupt mit einem Diadem schmücken, welches unvergänglich ist, wie die Seelen entzückende Tugend.

Ich verharre usw. Graf de Las Cases.[36]

Madame Mère an die verbündeten Fürsten zu Aachen.

Sires! Eine unaussprechlich tief bekümmerte Mutter hofft seit Langem, dass die Zusammenkunft Eurer Majestäten ihr die Zufriedenheit wiedergeben würde.

Es ist unmöglich, dass die sich in die Länge ziehende Gefangenschaft des Kaisers Napoleon Ihnen nicht Gelegenheit böte, über dieselbe zu verhandeln, dass Ihr Edelsinn, Ihre Macht, die Erinnerung an jüngste Ereignisse Sie nicht veranlassten, sich für die Freigabe eines Fürsten zu interessieren, der soviel Anrecht an Ihre Teilnahme – an Ihre Freundschaft hat.

Könnten Sie einen Souverän sterben lassen unter den Qualen des Exils, der, vertrauend auf die Großmut seines Feindes, sich ihm in die Arme warf? Mein Sohn hätte den Kaiser, seinen Schwiegervater, um ein Exil bitten können, er hätte sich dem edlen Charakter des Kaisers Alexander, dessen Freund er war, anvertrauen können, er hätte Zuflucht bei Sr. Majestät dem König von Preußen suchen können, der, darum ersucht, sich seines einstigen Alliierten freundlich erinnert hätte – kann England ihn für das Vertrauen bestrafen, das er ihm an den Tag gelegt hat?

Zu fürchten ist der Kaiser Napoleon nicht mehr: er ist gebrochen. Wäre er in voller Gesundheit, hätte er noch die Mittel, welche die Vorsehung einst in seine Hände legte – er würde vor dem Bürgerkriege zurückschrecken.

Sires! Ich bin die Mutter, und das Leben meines Sohnes ist mir teurer als mein eigenes. Verzeihen Sie meinem Schmerz die Freiheit, die ich mir nehme, an Eure Majestäten diesen Brief zu richten. Machen Sie meinen Schritt nicht unnütz. Es ist die Mutter, die gegen die Grausamkeiten protestiert, die schon seit langem dem Sohne zugefügt werden.

---

[36] Es ist anzunehmen, dass dieser Brief, der in Wien zur Post gegeben wurde, nie in die Hände der hohen Adressatin gelangt ist. (Las Cases.)

Im Namen dessen, der die Barmherzigkeit selbst ist und dessen Ebenbild Eure Majestäten sind, sorgen Sie dafür, dass die Qualen meines Sohnes ein Ende haben, veranlassen Sie seine Freigebung. Ich erflehe sie von Gott, von Ihnen, die Sie die Unterbefehlshaber des Allmächtigen auf Erden sind.

Die Staatsinteressen haben ihre Grenzen; die Nachwelt, die für die Unsterblichkeit Sorge trägt, bewundert vor allem des Siegers Milde!

Ich bin usw. Madame Mère.

Auf diesen Brief ist keine Antwort erfolgt. Es wurden andere Schritte zugunsten Napoleons von anderen Gliedern der Familie getan; diese Eingaben sind ihrem Wortlaut nach nie zu meiner Kenntnis gelangt.

Meine Eingabe an die verbündeten Souveräne. Kongress zu Aachen im Oktober 1818.

Sires! Die königliche Majestät hat auf Erden keine Richter. Da jedoch die Fürsten selbst sie ihres heiligsten Attributes berauben und sie ihrem Tribunal unterstellt haben, so nahe ich mich mit ehrfurchtsvollem Vertrauen, um zugunsten eines Monarchen zu sprechen, der einst von Ihnen anerkannt, jetzt von Ihnen gestürzt und in Ihrem Namen gefangen sitzt, der in diesem Augenblick von der Welt als ein Beispiel der unerhörtesten Wechselfälle dasteht.

An seiner Würde festhaltend, größer als sein Unglück, erwartet er vom Tode allein das Ende seiner Qualen. Ich, der ich ganz unerwartet dem öden Felsen entrissen bin, auf dem es mir für ihn zu sorgen vergönnt war, will ihm auch in der Ferne meine Dienste, den Rest meines schwindenden Lebens weihen, versuchen will ich, seine Leiden, die ich nicht mehr teilen kann, zu lindern.

Es ist eine hohe Mission, die ich mir selbst gab, ich nahm sie auf mich in treuer Ergebenheit für seine Person, in Liebe zu dem, der mein Herr war.

Der Politik stehe ich fern; es dient mir als Führer jene geheiligte Moral, die den Fürsten und sein Volk aneinanderkettet, sie ist meine Stärke, ist mein Recht, ist meine Entschuldigung.

Napoleon auf der fernen Felseninsel ist Entbehrungen, Qualen aller Art ausgesetzt, einer schlechten Behandlung, dem Verderben des Klimas. Das ist heute ein notorisches Faktum, es ist hinlänglich durch Dokumente erwiesen, von denen ich einige hier vorzulegen mir erlaube.

Wenn um des Friedens der Welt willen das Völkerrecht und das Recht des Krieges wie man sagt hintangesetzt werden müsste, so dürfte darum doch die Humanität nicht auch alles Recht verlieren.

Seit drei Jahren ist überall der Friede dem Kriege gefolgt, die Leidenschaften haben sich beruhigt, die Völker, die Individuen haben sich ausgesöhnt, Regierungen und Parteien haben entwaffnet, das gemeine Recht gebietet wieder. Nur einer war von diesen Wohltaten ausgeschlossen, er ist ausgestoßen aus der Gesellschaft, auf nacktem Felsen einem langsamen Tode, allem Hass, allen Gewalttaten preisgegeben. Welch Ende setzt man diesen Todesqualen? Wenn er zu leben verurteilt ist, ist dieser Zustand alsdann nicht eine Grausamkeit? Mehr noch, wenn er zu sterben verurteilt ist. Und welches sind die Verbrechen, die er begangen hat? Wer hat ihn gehört, welches Gericht ihn verurteilt? Wie lautet der Richterspruch? Wer sind die Richter? Ist man nicht sicher vor ihm? Muss er in einem Gefängnis sitzen, in Ketten liegen? Muss er sterben, damit die Welt Ruhe hat? Will man behaupten, man könne sich auf sein Wort, seine Versprechungen, seine Schwüre nicht verlassen und die Rückkehr von Elba als Beweis anführen? Er war dort der Souverain; man hatte Verträge mit ihm abgeschlossen – hat man sie gehalten? Diesmal, als er Europa verließ, hat er aller Souveränität entsagt, er hat erklärt, seine politische Laufbahn wäre beendet. Die Verhältnisse sind diesmal also ganz andere. Aber gesetzten Falles, Tod allein könne Hass und Befürchtungen beruhigen, warum hat man es nicht offen gesagt? Der Tod, ohne dass er gerechter wäre, wäre doch menschlicher, er würde zur Wohltat. Das hat er selbst gesagt, niedergeschrieben und oft wiederholt.

Welche Gründe gäbe es, schwerwiegend genug, um eine so unerträgliche Lage zu entschuldigen?

Hat man ihn für seine früheren Eroberungen bestrafen wollen? Die Völker haben im Siege ihr Rachegefühl erschöpft, sie verhalten sich still.

Wollte man Wiedervergeltung üben? Hat Napoleon so gehandelt? Man denke doch an Austerlitz, an das Bivouac in Mähren, an Wien, an Tilsit, an die Dresdner Beratungen. Carl IV., als Gefangener in seinen Händen, durfte Compiegne, Marseille oder Rom zum Aufenthaltsort wählen, er blieb stets „der König." Ferdinand wurde zu Valençai mit größter Rücksicht behandelt, konnte haben, was er wollte. Ein Prinz, der ihm den Thron streitig macht, fällt in seine Hände – welchen Gebrauch macht Napoleon von seinem Siege? Die Infreiheitsetzung seiner Gefangenen gibt Zeugnis von seinem Großmut: Diese Tat wird die Geschichte Seite an Seite mit der unwürdigen Behandlung stellen, der man ihn preisgibt.

Glaubte man, man müsse um seinetwillen den Ostrazismus der Alten erneuern? Die Alten, die aus ihrer Mitte Talente ausstießen, die sie für gefährlich hielten, vernichteten nicht ihr Opfer, schmiedeten es nicht an einen nackten Felsen, schleppten es nicht unter die Glut der Tropensonne.

Sollte man etwa fürchten, der Name wirke nach? Verfolgungen erwecken stets die Teilnahme der Völker, sie setzen die Massen in Bewegung. Was bezwecken in aller Welt diese außerordentlichen Maßnahmen? Warum diese Nichtachtung aller Gesetze?

Bei zivilisierten Völkern schwindet vor dem entwaffneten Feind jede Wut, den Wilden selbst ist er heilig.

Warum kämpft man mühsam gegen das an, was das menschliche Gefühl fordert, was Gerechtigkeit, Religion, Moral vorschreibt? Warum gibt man sich nicht lieber dem hin, was die Großmut eingibt, was von wahren Interessen diktiert wird? Ich wage es zu sagen: Die seltenen Beispiele von Königen, welche Qualen, welche dem Tode geweiht wurden, sind stets von der Geschichte verunstaltet, die Geschichte soll abscheuerregend auf die Völker, auf die Könige erschütternd wirken.

Seit ich von St. Helena entfernt bin, weiß ich nichts von Änderungen, die in Bezug auf die Behandlung Napoleons eingetreten wären: Sie war bis zu meiner Abreise unerträglich. Hätte man auch inzwischen mildere Seiten aufgezogen, so könnte man doch den mörderischen Einfluss des Klimas nicht steuern, die schauerlichen Eindrücke des Ortes selbst nicht verwischen. Es gibt kein Gefängnis in Europa, das nicht vorzuziehen wäre, es gibt kein menschliches Wesen und hätte es die größte Seelenstärke, die größte körperliche Widerstandskraft, das so verderblichen Einflüssen auf die Dauer widerstehen könnte.

Schon ist das Opfer von einem Übel befallen, welches es sicher dem Tode zuführt – die Ärzte erklären es unumwunden; ich aber in meiner Herzensangst wage es, vor den erhabenen Fürsten die Umstände so darzulegen, wie sie wirklich sind und überlasse das Weitere ihrer Humanität, ihrem Herzen, ihrer Weisheit, ihrer Macht.

Sicherlich kann man mich nicht eines Mangels an Ehrfurcht zeihen, an Untertänigkeit der Souveränität gegenüber. Die Beweise, die hierüber mein Leben liefert, mögen die Kühnheit meines Schrittes entschuldigen. Das Interesse, die Würde, die Ruhe der Fürsten lag mir stets am Herzen. Graf de Las Cases.

Brief an den Kaiser von Österreich.

Möchten Ew. Majestät mir ein hochgeneigtes Gehör schenken: ich bitte für den, der Ihr Bruder war, den Sie zu Ihrem Sohne machten: ich füge meinem Schreiben einige authentische Dokumente bei. Sire, meine Hoffnungen, meine Entschuldigungen stehen im Zusammenhang mit den erhabenen Tugenden, die Ew. Majestät von der ganzen Welt zuerkannt werden; man nennt Sie den redlichsten, den humansten, den religiösesten aller und doch – in Ew. Majestät Namen martert man zu Tode denjenigen, dem Sie ihre geliebte Tochter vermählten, denjenigen, den Ihre Wahl zum Sohne bestimmt, den die Religion zu Ihrem Sohne gemacht hat.

Sire! Zittern Sie, denn man wird Ihnen eines Tages vielleicht sein blutiges Hemd bringen. – Wäre dann der Tag des Gerichtes, zu welchem die Könige, wie alle anderen Menschen sich vor dem Richter der Ewigkeit zu gestellen haben, da, und es würde die Frage an Sie gerichtet: Was hast du mit deinem Sohne gemacht? Was ist aus ihm geworden? Warum hast du die Gattin vom Gatten getrennt? Wie konntest du lösen den Knoten, der in meinem Namen geschlungen war? Ich verleihe den Sieg dem, dem ich ihn geben will – wehe dem, der ihn missbraucht, der meiner ewigen Gesetze spottet.

Sire! Ich halte ein – hätte ich schon zu viel gesagt? Mögen Ew. Majestät Verzeihung üben: Es sind Empfindungen, denen ich nicht Schweigen gebieten kann, es ist der Aufschrei, den mir die Ermordung meines Herrn erpresst, der Mord, der sich vor meinen Augen vollzieht. Ich umfasse Ihr Knie, ich bin außer mir, ich flehe zu Ihnen, Sie möchten eingreifen ... ich rufe um Hilfe, weil eine Mordtat geschieht. – O! Verschließen Sie mir Ihr Ohr nicht.

Graf de Las Cases.[37]

Als der Aachener Kongress eröffnet war, verfügte ich mich zurück nach Frankfurt, woselbst ich an demselben Tage eintraf wie Czar Alexander. Die Gelegenheit, mich ihm persönlich vorzustellen, war günstig; die bekannte Leutseligkeit des hohen Herrn, die Leichtigkeit, zu ihm zu gelangen ließen die Bewilligung einer Audienz wahrscheinlich erscheinen: darum zu bitten wurde mir allseitig geraten – und doch tat ich es nicht. Ich sagte mir nämlich: Was hätte ich im Falle eines günstigen Bescheides erreicht? Durfte ich erwarten, durch meine Beredsamkeit das Herz dieses Fürsten zu rühren? Hätten meine Worte auf ihn als Menschen vielleicht

---

[37] Briefe ganz desselben Inhalts gingen an den Zaren und den König von Preußen ab.

auch Eindruck gemacht, die schließliche Entscheidung hing doch vom Zusammenwirken mehrerer ab. Hätte ich in den wenigen Minuten einer Unterredung mich ausdrücken können, wie es mir schriftlich leicht von der Hand ging? Ich zweifelte keinen Augenblick daran, dass der Czar für mich der wichtigste unter den sich in Aachen versammelnden Fürsten war; hatte mir doch Napoleon selbst eines Tages gesagt:

„Wenn ich hier sterbe, so ist der mein Erbe in Europa."

Ich expedierte durch die Gesandtschaften meine für den Kongress bestimmten Schriftstücke, verließ Frankfurt und reiste nach Mannheim zurück. Dort traf endlich der lang erwartete Brief Bertrands ein; er vervollständigt meine Aufzeichnungen um einen Bericht über weitere 18 Monate auf St. Helena.

Brief des Grafen Bertrand an den Grafen Las Cases: Longwood, 18. Januar 1818.

Ich habe, mein lieber Las Cases, Ihren Brief, datiert vom 15. Januar d. J., am 7. Juni erhalten; Ihre späteren Briefe vom 15. Februar, 15. März und 15. April trafen am 18. d. M. ein. Ich habe dieselben dem Kaiser vorgelegt, und der Kaiser hat mir befohlen, Ihnen zu schreiben. Hier hat sich seit Ihrer Abreise vieles geändert. Die Quälereien des Kaisers haben einen Ausdruck gewonnen, dass man sie als ein Attentat auf sein Leben bezeichnen kann. Sie haben wohl jedenfalls in den Zeitungen vom Monat März die Glossen zu den Reden des Lord Bathurst im Parlament gelesen. Seitdem ist es noch viel schlimmer geworden; der Rachedurst des hiesigen Gouverneurs kennt keine Schranken mehr.

Seit Sie fort sind, ist der Kaiser kein einziges Mal zu Pferde gestiegen – er wurde von den Schildwachen auf Befehl beleidigt, auch die Spaziergänge hat er deswegen eingestellt. Nur während der Monate März und April ist er manchmal ausgegangen, um meine Frau zu besuchen. Zuweilen auch setzte er sich für eine halbe oder eine ganze Stunde auf die 50 Schritt vom Hause entfernt gelegene und Ihnen wohl noch erinnerliche Bank: auch von dort ist es gelungen, ihn zu verscheuchen und ihn zu nötigen, sein Zimmer nicht mehr zu verlassen. Es wurde als Gärtner ein Soldat vom 66. Regiment kommandiert: bei mir wurde ein Sergeant von der Arbeiter-Abteilung stationiert; beide Leute konnten sich nützlich machen, um faulendes Kraut zu entfernen oder das Haus auszubessern, welches ganz zerfällt und dem Regen an manchen Stellen freien Zutritt gewährt, allein der Gouverneur hat beiden Soldaten das Recht gegeben, jeden Beliebigen zu arretieren, an der Tür, vor den Fenstern des Kaisers.

Das Klima, der völlige Mangel an Bewegung, die elende Behausung haben seine Gesundheit derart geschädigt und sein Äußeres so verändert, dass Sie ihn gar nicht wiedererkennen würden. Seit Ende September 1817 hat er die ersten Symptome eines chronischen Leberleidens verspürt, das, wie Ihnen bekannt, unter den hiesigen klimatischen Verhältnissen tödlich ist. Er hatte zu seiner Behandlung den guten O'Meara, dem er, wie Sie wissen, Vertrauen schenkt. Was tat Sir Hudson Lowe? Im April, gerade zu einer Zeit, als Napoleon des Arztes ganz besonders bedurfte, zwang er O'Meara, seine Entlassung einzureichen, um an seine Stelle den Ihnen bekannten Dr. Baxter zu stellen. Der Kaiser hat es infolgedessen abgelehnt, irgendeinen Arzt zu empfangen. Vom 10. April bis zum 10. Mai war er ganz ohne Arzt; endlich haben der russische und der österreichische Kommissar, welche hier waren, dem Gouverneur bemerklich gemacht, dass, wenn unter diesen Umständen der Kaiser stürbe, sie nur erklären könnten, dass er getötet wäre. Es scheint, dass daraufhin der Gouverneur den früheren Arzt wieder zugelassen hat; es gibt keine Misshandlung, die der Gouverneur dem Kaiser ersparte. Sie haben den Arzt vom Tisch der Offiziere des 66. Regimentes verscheuchen wollen. Die wackeren Herren aber haben sich dagegen aufgelehnt, und nun hat der Oberst Befehl erhalten, dem Herrn O'Meara zu bedeuten, er dürfe nicht mehr mit den Offizieren speisen. Sir Hudson hat nach London geschrieben, und es ist wahrscheinlich, dass man den Arzt fortjagen wird. Ein anderer wird dem Kaiser nicht zur Verfügung gestellt werden, und wenn der Prinzregent oder Lord Liverpool die Sache nicht in die Hand nehmen, so wird Napoleon unfehlbar seiner Krankheit erliegen. In den letzten zwei Monaten pflegte er um 11 Uhr aufzustehen und um 2 Uhr bereits wieder zu Bett zu gehen. Vor einigen Tagen trat eine heftige Krisis auf, hervorgebracht durch die Quecksilberpräparate, welche O'Meara verordnet hat. O'Meara, ganz von seiner Verantwortlichkeit durchdrungen, schlug mir vor, den Schiffsarzt Baxter von der „Conquérant" zum Assistenten zu nehmen. Sie wissen, wie unsympathisch dieser Baxter dem Kaiser ist, war er doch Stabsarzt in dem italienischen Regiment, welches Hudson Lowe kommandierte. Dieser Widerwille hat sich seither noch gesteigert, weil Baxter vom Oktober 1817 bis zum März 1818 falsche Bulletins, durch welche seine Regierung in Europa getäuscht werden sollte, abfasste. Aber Napoleon war bereit, obwohl er es mit einer gewissen Gleichgültigkeit tat, einen Herrn Stokoc zuzulassen, der sich auch schon an demselben Tage gegen Abend in Long-

wood einfand, aber nicht beim Kaiser eintreten wollte, weil er befürchtete, seine Stellung zu verlieren. Ich war erstaunt und erfuhr nun von dem
sehr ehrenhaften Herrn, dass er nur in Gegenwart eines Ordonanzoffi-
ziers seines Amtes walten könne. Hiergegen habe ich Protest erhoben.
Dieselbe Geschichte spielte vor einigen Tagen mit einem aus England
eingetroffenen Herrn Fowler, mit dem ich über eine Rechnung im Betrage von einigen Hundert Pfund Sterling für in London angefertigte Kleider zu verhandeln hatte. Sie können sich das kaum vorstellen, früher
kam Derartiges nicht vor, jetzt ist alles anders, noch viel strenger, sodass
ich davon abraten möchte, dass ein Glied der kaiserlichen Familie hierher käme. Die Erniedrigungen, Quälereien, die Ausbrüche von Hass,
denen Napoleon preisgegeben ist, würden das Maß des Erträglichen
übersteigen, wenn Madame Mère oder irgendein Glied der kaiserlichen
Familie des Zeugen wären. Sogar den Grafen Montholon und mich, die
wir allein noch um Napoleon sind, jagt er meist fort, um allein den Insulten die Stirn zu bieten; seine Todesqualen würden weniger bitter sein,
sagte er neulich, wenn wir nicht darunter zu leiden hätten.

Sie wissen ja, dass schon seit langem die englischen Offiziere nicht mehr
zu mir kamen; allein auf der Straße, wenn wir uns begegneten, verfehl-
ten sie nie, mit meiner Frau zu plaudern. Dies ist Ihnen nicht gerade
untersagt worden, allein man hat sie darauf aufmerksam gemacht, dass
es nicht gern gesehen würde; jetzt wenden sie sich stets hinweg, wenn
sie uns des Weges kommen sehen.

Es ist soweit gekommen, dass die schmutzige Wäsche mehrere Tage liegen bleibt, um von dem Ordonanzoffizier, zuweilen sogar von Offizieren
des Generalstabes nachgesehen zu werden: ein recht widerwärtiger und
die Herren entwürdigender Vorfall. Sein Zweck? Zu verletzen, zu beschimpfen!

Im Juni 1816 brachte ein Frachtschiff, „Store Ship" eine Marmorbüste des
kleinen Napoleon mit. Sir Hudson Lowe erließ Befehl, dieselbe ins Wasser zu werfen. Er hat dies allerdings später in Abrede gestellt, aber wir
besitzen eine rechtlich beglaubigte Mitteilung. Der Vorfall hat Empörung
hervorgerufen bei Lady Malcolm, welche sich noch hier aufhielt, und bei
den Kapitänen der vor Anker liegenden anderen Frachtschiffe.

Im vorigen Februar brachte das Store Ship „Cambridge" zwei Kupfersti-
che des kleinen Napoleon mit, die von der Mannschaft auf den Londoner
Quais angekauft waren. Sir Hudson hat sie seinerseits kaufen lassen
unter dem Vorgeben, er wolle sie dem Vater schenken; als es einen Monat später an Bord der „Cambridge" bekannt wurde, dass es nur gesche-

hen war, damit Napoleon nicht in den Besitz käme, hat die Mannschaft ihrer Empörung darüber, dass ein „Englishman" so handeln könne, Luft gemacht.

Es ist unmöglich, dass der englischen Regierung die Aufführung des Gouverneurs unbekannt blieb. Wenn man sich in London das hat wiedersagen lassen, was Napoleon Lord Amherst gegenüber hat verlauten lassen: wenn man den Kapitän Popleton, den Sie ja kennen, der zwei Jahre lang hier Ordonanzoffizier war, befragt: wenn man den Oberst Nichols von den 66ern, den Oberst Fehrzen von den 53ern und noch viele andere aushorchte, so wird man doch wohl zur Genüge wissen, wie es hier hergeht und welch unwürdiges Betragen man sich hier erlaubt.

Gibt es in Europa Feinde des Kaisers, die es gebilligt hätten, wenn derselbe an Bord der Bellerophon öffentlich umgebracht wurde, so wird keiner darunter sein, der nicht von tiefster Empörung darüber ergriffen wird, dass man ihn in so schimpflicher, feiger Weise sterben lässt.

Wie kann ich das mit dem zusammentun, was Sie mir schreiben? Vielleicht liegt eine gefälschte, spitzfindig untergeschobene Korrespondenz vor. Wir haben seit zwei Jahren ohne Rücksicht und offen Klage geführt, und man muss – man muss in London unterrichtet sein von der verbrecherischen Art, wie man hier vorgeht.

Sie werden erstaunt sein, wenn ich Ihnen von den Kommissaren, die hier sind, spreche; von dem französischen sowohl wie dem österreichischen und dem russischen. Während Ihres Aufenthaltes haben wir sie nie bemerkt. Auch heute haben sie noch vom Kaiser nichts gesehen, auch waren sie nicht bei uns. Allein wir sind ihnen mehrmals auf den Wegen innerhalb der Enceinte begegnet: eine etwas lächerliche Art sich kennenzulernen. Wenn der Kaiser sie nicht als Kommissare anerkennt, so hat er es nie von der Hand gewiesen, sie als fremde Besucher zu empfangen.

Den Gouverneur hat der Kaiser seit April 1816 nicht mehr gesehen, Ihnen sind ja die Gründe bekannt, weshalb Napoleon ihn nicht mehr sehen wollte. Dass sich jetzt Sir Hudson Lowe dafür rächt, ist kein Zeichen eines edlen Charakters, allein man findet es erklärlich. Erstaunlich aber ist es, dass die englische Regierung zwei Jahre lang einem Manne ihr Vertrauen schenkt, der dasselbe in unerhörter Weise missbraucht.

Ich bitte Sie inständig, bitte auch im Namen des Kaisers, die Lage der Dinge zur Kenntnis seiner Familie zu bringen; es ihnen nachdrücklich einzuschärfen, dass keiner hierherkommt, denn es würde nur um so schlimmer werden.

Sie schrieben uns, dass die Regierung uns den „Morning Chronicle" zustellen ließe, wir erhalten von diesem Blatt wie von der „Times" nur diejenigen Nummern, die man uns vorzulegen für gut hält. So hat man mir nur einige Nummern vom Februar zugestellt. Hat man nicht die ganze Serie, so ist die Sache nichts wert ...

Wie aber sollen uns die Bücher zugehen, von welchen Sie sprechen? Sowie ein Store Ship anlangt, so beeilt sich der Gouverneur, alle Bücher aufzukaufen, welche dasselbe mitbringt, namentlich die französischen, um uns am Ankauf zu hindern. Was die Broschüren anbetrifft, so haben wir nur eine Kiste erhalten, den Rest hat man vermutlich behalten.

Ich habe diesen meinen Brief dem Kaiser vorgelegt, er billigt den Inhalt, findet aber, dass ich mich in Bezug auf die feige Art, wie man ihn behandelt, zu sanft ausgesprochen habe. Er wünscht, dass ich zweierlei hinzufüge; woraus Sie entnehmen wollen, was er von dem Offizier hält, den man als Gouverneur dieser Insel anstellte. Bis jetzt hat die Behandlung mit Calomel sein Leberleiden nicht gebessert, sondern andere Beschwerden hervorgerufen.

Empfangen Sie, mein lieber Las Cases usw. -

Der Graf Bertrand.

Randbemerkungen (geschrieben vom Kaiser, gerichtet an Bertrand) zu einem Briefe Hudson Lowes vom 18. November 1817 und einem Briefe Sir Thomas Reades an den Grafen Bertrand vom April 1818.

Es sind dies die Bemerkungen, welche Napoleon dem obigen Briefe Bertrands beigefügt zu sehen wünschte.

ad 1. (Es handelt sich hier um den Brief Sir Hudsons.) Dieser Brief sowie die beiden anderen vom 24. Juli und 26. Oktober sind voller Lügen. Ich habe mich auf mein Zimmer beschränkt seit 18 Monaten, um mich gegen das schmachvolle Betragen dieses Offiziers zu schützen. Jetzt ist meine Gesundheit erschüttert, mein Zustand erlaubt mir nicht mehr, diese ekelhaften Schreibereien zu lesen; lassen Sie mir keine mehr zustellen. Sei es, dass dieser Offizier sich für berechtigt hält, aufgrund mündlicher oder geheimer Instruktionen seines Ministers, wie er zu verstehen gibt, sei es, dass er nach eigenem Ermessen handelt, worauf man schließen sollte aus der Mühe, die er sich gibt, sich aus der Affaire zu ziehen – ich kann ihn nicht anders als meinen Mörder behandeln.

Hätte man hierher einen Mann von Ehre geschickt, so hätte ich einige Qualen weniger zu erleiden gehabt und man hätte sich die Vorwürfe

Europas und der Geschichte erspart, welche durch das Geschmier dieses arglistigen Menschen sich nicht täuschen lässt. gez, Napoleon.

ad 2. (Es handelt sich um einen Brief Reades an den Grafen Bertrand, auf welchen Napoleon eigenhändig folgende Bemerkungen schrieb):

Erstens habe ich Ihnen[38] gestern, als Sie mir diesen Brief vorlegten, gesagt, ich wollte von dem Inhalt nichts wissen, und dass Sie ihn mir nicht zu übersetzen brauchten, weil er nicht der seit drei Jahren üblichen Form entsprach. Zweitens ist dieser neue Schimpf nur schimpflich für den Narren selbst. Der König von England allein hat das Recht, mich als seinesgleichen zu behandeln. Drittens hat dieses arglistige Betragen ein bestimmtes Ziel, nämlich das zu verhindern, dass Sie das verbrecherische Komplott, das schon seit zwei Jahren gegen mein Leben besteht, bekannt machen. Viertens gibt man sich den Anschein, als begegne man unseren Reklamationen, und lässt es dabei bewenden. Fünftens hat man dementsprechend drei Jahre lang getan, als ob man irgendein Bauwerk für mich herrichten wolle, während ich die ganze Zeit in der ungesunden Spelunke verbleiben musste. Sechstens hat man sich auch den Anschein gegeben, als stünde es mir frei auszureiten, während man mich auf indirektem Wege daran verhinderte. In diesem Mangel an Bewegung liegt der Hauptgrund meiner Erkrankung. Siebtens greift man zu denselben Mitteln, um mich am Empfangen von Besuchern zu verhindern. Man bedarf der Hinterlist. Achtens hat man aus demselben Grunde meinen Arzt veranlasst, seine Entlassung zu fordern; man hält ihn gefangen in Longwood, indem man glauben machen will, ich bediente mich des Arztes zu allerhand Zwecken, dabei ist er mir seit vierzehn Tagen nicht mehr unter die Augen gekommen, und ich will ihn auch nicht sehen, es sei denn, dass er freigelassen würde und man ihn der freien Ausübung seines Berufes zurückgebe. Neuntens macht man sich einer Täuschung schuldig, indem man Bulletins von einem Arzt abfassen lässt, der mich nie gesehen hat, weder meinen augenblicklichen Gesundheitszustand noch meine Krankheit kennt. Dies ist darauf berechnet, den Prinzen zu täuschen, das englische Volk und Europa. Zehntens spottet man mit wilder Schadenfreude der neuen Leiden, die mir die Entbehrung des ärztlichen Beistandes verursacht. Elftens fordern Sie, dass diese Schrift dem Lord Liverpool eingeschickt werde, damit der Prinzregent meine Leiden kennenlerne und eine öffentliche Strafe vollziehe. Zwölftens erkläre ich, dass, wenn der Prinzregent es nicht tut, ich die Schmach meines Todes dem regierenden Hause von England hinterlasse.

---

[38] Bertrand ist gemeint.

Longwood, 17. April 1818. gez. Napoleon.

Die an den Gouverneur gerichteten Proteste.

A. Vom 22. Juli 1818. Im Namen des Kaisers Napoleon bin ich (Bertrand) beauftragt, Einspruch zu erheben:

1. Gegen das Übertreten der Grenze von Longwood durch Dienstboten, Arbeiter rc., die Sie heimlich mit öffentlicher Autorität ausstatteten.

2. Gegen die dem Doktor O'Meara zugefügten Beleidigungen, um ihn dadurch von hier zu verscheuchen; ebenso gegen die Maßnahmen seien dieselben offenkundig oder geheim, welche verhindern sollen, dass Napoleon einen englischen Arzt konsultiere, in welchen er Vertrauen setzt.

3. Gegen die Berichte und Zeugenaussagen des Milizoffiziers Hyster, der in Longwood als Werkzeug der Rache und des Hasses benutzt wird. Der Graf Bertrand.

B. Vom 25. Juli 1818. Herr Gouverneur, ich habe die Ehre, Ihnen einen Brief zuzustellen, den ich soeben erhielt: „Der Greis scheint dem Wahnsinn verfallen! Er kann nur Kenntnis von meiner offiziellen Korrespondenz haben, wenn Sie es so verfügten. Ich antworte ihm nicht, werde ihm nie antworten. Er ist nur ein Beauftragter und wenn sein Vorgesetzter Auskunft von mir haben will, so bin ich dazu bereit. gez. Napoleon."

Ich habe die Ehre rc. Der Graf Bertrand

Brief des Gouverneurs an Graf Montholon.

Plantation-House, 25. Juli 1818.

Mein Herr!

Ich nehme mir die Ehre, Ihnen zur Benachrichtigung an Napoleon Buonaparte zur Kenntnis zu bringen, dass laut mir von Lord Bathurst zugegangener Instruktion (16. Mai 1818) ich den H. O'Meara[39] aus der Nähe des Genannten zu entfernen habe und dass ich dementsprechend Befehl erteilt habe, dass O'Meara Longwood sofort zu verlassen habe. Der Contre-Admiral Plampin hat gleichzeitig von den Lords der Admiralität die Anweisung erhalten, den pp. O'Meara zum Verlassen der Insel anzuhal-

---

[39] Anmerkung des Herausgebers: O'Meara war Arzt an Bord der Bellerophon; er erhielt die Erlaubnis, auf St. Helena als Leibarzt des Verbannten Aufenthalt zu nehmen. Er gab nach des Kaisers Tode sein daselbst geführtes und berühmt gewordenes Tagebuch heraus. Es führt den Titel „Napoléon en exil" und erschien 1822. O'Meara, ein Mann von edlem Charakter, starb 1836 in London.

ten. Nach Entfernung desselben soll laut Bestimmung des Lord Bathurst der Dr. Baxter die ärztliche Behandlung Napoleon Bonapartes übernehmen, sobald er gerufen wird, und soll Mr. Baxter besonders darauf aufmerksam gemacht werden, dass das Wohlbefinden Napoleon Bonapartes sein Hauptaugenmerk ist. Ich bin zugleich beauftragt zu bemerken, dass, falls Napoleon Buonaparte Veranlassung hätte, mit dem ärztlichen Beistände des Dr. Baxter unzufrieden zu sein, oder er einen anderen auf der Insel ansässigen Arzt vorziehe, ich durchaus einverstanden bin, dass jeder andere Arzt die Behandlung übernähme, vorausgesetzt, derselbe hält sich strikt an die bestehenden Vorschriften.

Dem O'Meara ist demgemäß Befehl zur Abreise erteilt und sind dem Doktor Baxter die nötigen Instruktionen zugegangen. Ich werde, bis mir die Wünsche Napoleon Bonapartes bekannt sind, anordnen, dass in Longwood ein Arzt auf den ersten Ruf zur Verfügung ist. Ich habe die Ehre rc. gez. Hudson Lowe.

Brief des Grafen Montholon an den Gouverneur.

Herr Gouverneur! Der Doktor O'Meara hat gestern Longwood verlassen und war genötigt, seinen Patienten mitten in der von ihm geleiteten Behandlung im Stich zu lassen. Heute Morgen hat die Behandlung aufgehört. Von diesem Morgen an ist eine große Missetat in ihren Anfängen zu verzeichnen!!! Die Briefe des Grafen Bertrand lassen zu sagen nichts mehr übrig. Der Kaiser wird nie einen anderen Arzt empfangen als Herrn O'Meara, weil dieser sein Arzt ist. Ich habe Ihren Brief von gestern mitgeteilt, was ich Ihnen schreibe ist die Substanz der Antwort, welche ich Ihnen zu geben habe. Ich habe die Ehre rc. Der Graf Montholon.

Brief des Grafen Bertrand an den Kardinal Fesch.

Monseigneur! Cypriani, der Oberkoch des Kaisers, ist am 27. Februar in Longwood gestorben; er ist auf dem protestantischen Kirchhof dahier beerdigt worden, die Geistlichen haben ihres Amtes gewaltet, als wäre der Verstorbene ihres Glaubens.

Cypriani ist an einer Unterleibsentzündung gestorben. Das Kind eines Dieners vom Grafen Montholon ist einige Tage vor ihm beerdigt worden. Ein Dienstmädchen ist an derselben Krankheit unlängst gestorben. Das ist der Einfluss dieses ungesunden Klimas, nur wenige Menschen werden hier alt. Leberkrankheiten, Dysentrie und Unterleibsentzündungen kommen häufig, namentlich bei den Europäern, vor. Wir haben unter diesen Verhältnissen einen katholischen Priester hier dringend nötig und wünschten sehr, Ew. Eminenz schickten uns einen französischen oder italienischen, der kein fanatischer Gegner der anglikanischen Kirche wäre. Pierron, der an die Stelle von Cypriani trat, und der Koch sind beide krank. Es wäre sehr zu wünschen, dass Sie oder Prinz Eugen oder die Kaiserin einen französischen oder italienischen Ober- und Unterkoch hierher schickten, die bereits dem Haushalt irgendeines Gliedes der kaiserlichen Familie angehört haben.

Ich füge die Papiere bei, die Cypriani hinterließ und einige in seinem Besitz gefundene Wertgegenstände. Der Verstorbene scheint in Genua nicht unbedeutende Kapitalien untergebracht zu haben, sodass das Schicksal seiner beiden Kinder, die sich in Ihren Händen befinden, gesichert erscheint.

Ich will Sie nicht bekümmern, indem ich von der Gesundheit des Kaisers spreche, die viel zu wünschen übrig lässt. Trauen Sie den falschen Gerüchten nicht, die man allem Anscheine nach in Europa verbreitet. Sie mögen wissen, dass schon seit 22 Monaten der Kaiser seine Wohnung nicht verlassen hat: es wäre denn, um meiner Frau einen Besuch zu machen. Er hat mit Ausnahme von zwei Franzosen, die sich hier aufhalten, und dem englischen Gesandten in China, seit langem niemanden mehr gesehen. Ich bitte Ew. Eminenz rc, Graf Bertand.

Brief des Grafen Las Cases an den Grafen Bertrand.

Den ersten freien Augenblick, über den ich verfüge, weihe ich Ihnen. Nun ist es bereits ein Jahr her, dass ich von Longwood fort bin. Sie werden aus den Zeitungen schon das Wichtigste, was mich betrifft, entnommen haben; ich will Ihnen hier nur die Beweise meiner Sorge um Sie geben. Mir ist in Österreich das Asyl zuteilgeworden, um welches ich gebeten hatte. Ich werde, sobald meine Gesundheit es zulässt, und ich das Reisen vertragen kann, mich nach Linz verfügen. Meine Frau, die mich hier glücklich aufgefunden hat, geht nach Paris, um die anderen Kinder zu holen, ich hoffe, durch sie Nachrichten über Ihre, über Montholons und Gourgauds Familien sammeln und an Sie weitergeben zu können.

Ich habe mich überzeugen können, dass Ihre Majestät Marie Louise sich in Parma ganz wohl befindet, dass ihr Sohn, der in Schönbrunn weilt, vollkommen gesund ist und sich eines sehr gefälligen Äußeren erfreut. Die Gräfin Survilliers ist hier durch ihren leidenden Zustand zurückgehalten worden, sie bekommt ab und zu Nachrichten von ihrem Gemahl, der glücklich in Amerika angekommen ist. Ihre beiden Töchter sind sehr wohl, die älteste hat eine frappante Ähnlichkeit mit Napoleon. Die Prinzessin Borghese, Madame Mère, der Fürst von Canino, der Kardinal Fesch und Prinz Louis sind in Rom und wohlauf. Die Prinzessin Elisa, Graf Monfort und Prinzessin Murat halten sich in Österreich an verschiedenen Plätzen auf. Ich hoffe, Ihnen mit der Zeit noch Näheres mitteilen zu können. Es war mir sehr ärgerlich, dass ich in England nicht landen und nicht dort bleiben durfte.

Sorgen Sie alle für Ihre Gesundheit, denken Sie an Ihre Freunde, die um Sie trauern, die Sie lieben, die Sie bewundern. Der Graf Las Cases.

Zweiter Brief des Grafen Las Cases an den Grafen Bertrand.

Frankfurt, 15. Februar 1818.

Genau ein Monat ist seit meinem vorigen Briefe verflossen. Madame de Las Cases hat mir, obwohl sie schon einen Monat fort ist, noch nicht geschrieben. Ich weiß nicht, wie es zusammenhängt. Ich bin von Herrn Goulborn in sehr liebenswürdiger Form benachrichtigt worden, dass, wenn es dem Kaiser angenehm wäre, mir seine „Geschichte der italienischen Feldzüge" zukommen zu lassen, Sir Hudson Lowe den Auftrag hätte, das Manuskript nach England zu schaffen, und es solle mir dann den in Longwood getroffenen Bestimmungen entsprechend sofort zugestellt werden. Meine mir vor Gravesend abgenommenen Papiere sind mir, wie ich gleichfalls höre, unerbrochen zugesandt; wenn ich sie noch nicht hätte, so müsse es an der Nachlässigkeit der Beförderung liegen.

Ihre Majestät Marie Louise ist im allerbesten Wohlsein und nach wie vor in Parma. Ihr Sohn ist, nach erst vor einigen Tagen hierher gelangter Nachricht, ein sehr hübscher Knabe, die Freude von ganz Wien; er ist ein leidenschaftlicher Tänzer, er soll sehr gut tanzen. Alle Glieder der kaiserlichen Familie haben mich mit teilnahmsvollen Zuschriften beehrt. Der Prinz Jerome (Graf Montfort) hat mir sagen lassen, seine Sorge für mich finde nur Grenzen im Unmöglichen. Die Prinzessin Hortense teilt mit, sie wäre arg verfolgt worden; wenn der Grund dazu in ihrer treuen Ergebenheit für den Verbannten zu suchen wäre, so wäre sie stolz darauf. Sobald meine Gesundheit es nur einigermaßen zulässt, mache ich der Gräfin Survilliers (Prinzessin Joseph) meine Aufwartung, die infolge ihres leidenden Zustandes sehr zurückgezogen lebt und viel im Bett liegt. Wir sprechen viel von St. Helena, die Töchter sind sehr hübsch.

Prinz Joseph ist den letzten Nachrichten zufolge auch wohl und munter. Er hat zwei Diener Napoleons, welche von Longwood fortgeschickt sind, zu sich genommen. Prinz Lucian gab mir Nachricht von allen in Rom weilenden Gliedern der Familie, d. i. Madame Mère, dem Kardinal Fesch, dem Prinzen Louis und der Fürstin Borghese; sie sind alle wohl und senden die besten Wünsche nach St. Helena. Prinz Lucian sagt, er fühle sich ganz glücklich in Rom; er hat jetzt seine drei Töchter vorteilhaft verheiratet; sein Herz, seine Gedanken sind fortwährend in St. Helena, er kann es sich gar nicht vorstellen, dass der Bruder in St. Helena verkommen soll. Er hat mich ausgefragt, ob Napoleon ebenso glücklich sein würde, ihn zu sehen, wie er selbst sich über ein Wiedersehen freuen würde. Ich soll bei der englischen Regierung anfragen, ob sie ihm gestatten würde, sich nach St. Helena zu verfügen, um dort zwei Jahre zu bleiben – oder auch für immer, wenn der Bruder ihn nicht zurückschicke: er wolle mit Frau und Kindern hinüber.

Mein lieber General, ich möchte es nicht unterlassen, Sie noch einmal zu bitten anzufragen, ob der Kaiser geruhen wollte, mir die Geschichte der italienischen Feldzüge anzuvertrauen, hernach würden Sie mir die des Feldzuges in Ägypten zugehen lassen; zwei unschätzbare historische Werke, völlig abgesondert von aller Politik, also völlig einwurfsfrei. Ich habe alle Danksagungen der Gräfin Bertrand nach London übermittelt. Wäre es mir möglich gewesen, in England zu bleiben, so hätte ich mich an Ort und Stelle über alles unterrichtet, was den Damen mitzuteilen mir Freude gemacht hätte. Meine besten Wünsche für Sie und für alle – ich denke fortwährend an das abscheuliche Felseneiland. Mit meiner Gesundheit geht es nach wie vor schlecht. Möge Gott sie mir wiedergeben, damit sich der einzige Wunsch meines Lebens, ihm und Ihnen zu dienen, erfülle.

Ich verbleibe usw. Der Graf de Las Cases.

Dritter Brief an den Grafen Bertrand.

Frankfurt. 15. März 1818. Endlich habe ich Nachricht von meiner Frau, die im Begriff ist, Paris zu verlassen und mit den Kindern für immer zu mir zu kommen. Sie hat die Familie Gourgand gesehen und gesprochen. Mutter und Schwester sind wohl. Ihre Familie, Herr Großmarschall, war in der Provinz, abwesend von Paris; seit langem hat man von ihr dort nichts gesehen und nichts gehört. Auch von den Montholons hat meine Frau niemanden aufgefunden. Die Mitglieder der kaiserlichen Familie sind sämtlich wohl, sie sehnen sich begreiflicherweise alle nach Nachrichten aus St. Helena. Ich will die englische Regierung bitten, mir jede Nachricht, die ihr über das Befinden des Kaisers zugeht, wissen zu lassen, damit ich sie an seine Familie weitergeben kann. Prinz Jerome beabsichtigt, wenn sich im nächsten Jahre die Lage des Kaisers nicht gebessert hat, bei der englischen Regierung um die Erlaubnis einzukommen, sich mit Gemahlin und Sohn nach St. Helena verfügen zu dürfen. Die Königin, seine Gemahlin, ist voller Heroismus und teilt die Gesinnung des Prinzen. Der Kardinal Fesch schreibt mir in seinem und dem Namen von Madame Mère, ich möchte ihnen ja alles mitteilen, was möglicherweise die Lage des Kaisers mildern könnte. Die Gräfin Survilliers ist sehr krank, ihr Zustand gibt Veranlassung zu Befürchtungen, ihre Töchter, die Prinzessinnen, dagegen sind sehr wohl.[40] Ich kann von mir dasselbe nicht behaupten, mein Zustand verschlechtert sich; ich bleibe in Frankfurt, wo ich mich im Zentrum verschiedener Heilquellen befinde.

Vierter Brief an den Grafen Bertrand.

Frankfurt. 15. April 1818.

Ich erhalte fortlaufend Nachrichten von den Gliedern der kaiserlichen Familie. Die Kaiserin soll, wie ich höre, sehr mager geworden sein; der Sohn ist gesund, schön wie immer. Ich habe kürzlich jemanden gesprochen, der die Prinzessin Murat gesehen hat, sie ist in großer Sorge um den Bruder. Von Prinzessin Elisa erhielt ich einen Brief mit den zärtlichsten Ausdrücken der Teilnahme; sie wohnt in Triest. Sie habe, schreibt sie, fünfmal nach St. Helena geschrieben; Kardinal Fesch macht seinerseits die nämliche Mitteilung. Prinz Jerome ist im Begriff, den Prinzregenten persönlich um die Erlaubnis zu bitten, nach St. Helena zu gehen und will dann sofort mit Gemahlin und Sohn abreisen. Die Prinzessin Hortense lebt sehr zurückgezogen in Augsburg, wo sie von Zeit zu Zeit den Besuch ihres Bruders empfängt; sie ist mit der Erziehung ihres zweiten

---

[40] Anmerkung des Herausgebers: Der Prinz Joseph Bonaparte, der älteste Bruder Napoleons, war vermählt mit einer geborenen Clary aus Marseille, der Tochter eines Kaufmanns, deren Schwester, Gemahlin Bernadottes, später Königin von Schweden wurde. Joseph war nach der Schlacht bei Belle Alliance nach Amerika entflohen, ging dann nach England, später nach Italien und starb in Florenz 1844. Zehn Jahre später folgte ihm im Tode seine Gemahlin, die ihn während der Ehe mit zwei Töchtern beschenkt hatte. Die ältere, Zenaide Charlotte Julie, heiratete ihren Vetter, den Fürsten von Canino, Sohn Lucians, die zweite, Charlotte Napoleone, den älteren Bruder Napoleon III, Ludwig Napoleon, welcher Großherzog von Berg war und 1839 starb. Über seinen Tod findet man interessante und noch wenig bekannte Mitteilungen in „La Reine Hortense" von Turquan, deutsch bei Schmidt u. Günther, Leipzig 1898.

Sohnes beschäftigt, auch der ältere ist mehrere Monate bei ihr gewesen; er lebt in Rom beim Vater, der sich dorthin zurückgezogen hat. Wein, Kaffee, Öl in erheblicher Menge nach St. Helena ist unterwegs. Lord Holland hat auf Ersuchen der Prinzessin Borghese sich an den Sendungen beteiligt. Man glaubt, dass mit dem Schluss des Jahres sämtliche in der Verbannung lebende Franzosen, deren es auch hier viele gibt, die Erlaubnis erhalten werden, nach Frankreich zurückzukehren.

Geduld und Mut sind Heldentugenden, Sie besitzen dieselben – das ist mein Trost. Leben Sie wohl usw.

Graf de Las Cases.

Brief Las Cases an Mr. Goulburn.

Frankfurt, 19. Mai 1818.

Ich entnehme soeben den Zeitungen die unerwartete Rückkehr des General Gourgaud: ich bin außer mir vor Schmerz, dass der Kaiser wiederum einer Stütze beraubt ist und bitte Sie inständigst, meine Bitte, mit meiner Familie nach St. Helena zurückkehren zu dürfen, bei Lord Bathurst zu befürworten. Ich glaube nicht, dass ich zuvor die Erlaubnis des Kaisers einholen sollte. Ich möchte mein Grab zu Füssen dessen finden, den ich verehre, dem mein letzter Atemzug gehört. Gestatten Sie usw.

Der Graf de Las Cases.

Ich habe noch einmal an die in Aachen versammelten Fürsten geschrieben und sie gebeten, dem berühmten Gefangenen ihre Teilnahme zuzuwenden.

Wenige Tage nur noch – so sagte ich in meiner Eingabe – und es wird zu spät. Der Arzt, den man ihm weggenommen hat, hat öffentlich in London erklärt, dass ein längerer Aufenthalt auf der unwirtlichen, ungesunden Insel ihn töten müsse. Ich bat, die hohen Herren möchten mir gestatten, bis zu ihnen zu gelangen. Ich schrieb an jeden, von dem mir gesagt wurde, er habe Einfluss auf den einen oder den andern unter den Fürsten. Namentlich bat ich Herrn de la Harpe[41] um seine Fürsprache beim Zaren. Leider ging der Kongress zu Ende und nichts war für Napoleon geschehen, keine einzige Antwort erfolgte auf meine Briefe. So war alles

[41] Anmerkung des Herausgebers: Ein geborener Schweizer, war Lehrer der beiden russischen Großfürsten Alexander und Constantin, wurde 1814 russischer General; er hatte großen Einfluss auf den Zaren, den zu missbrauchen sein edler Charakter ihn verhinderte.

umsonst! Trug auf diesem Kongress die Furcht den Sieg davon über Edelsinn und Recht? Nicht unmöglich ist es, dass die öffentliche Meinung in Deutschland, die sich, geleitet von einigen hervorragenden Geistern, missbilligend über die Behandlung Napoleons aussprach, Veranlassung zu der starren Haltung der Fürsten wurde: Es ist gerade, als hätte es das Schicksal Napoleons bestimmt, dass die Teilnahme der Deutschen im Unglück ihm ebenso gefährlich werden sollte als ihre Feindschaft auf der Höhe seines Glückes. Unter den Anstrengungen, welche von anderer Seite gemacht wurden, um diese abscheuliche Gefangenschaft fortbestehen zu lassen, ist viel die Rede von Ränken der englischen Minister. Es heißt, diese Herren hätten den in ihren Entschlüssen wankend gewordenen Fürsten die erlogene Geschichte eines Entweichungsanschlages Napoleons unterbreitet.

So kam das Frühjahr von 1819 heran. Der gütige Großherzog von Baden war gestorben. Diejenigen, die uns nicht wohlwollten, kamen mehr und mehr zu Ansehen und Einfluss; ich erhielt unter der Hand die Benachrichtigung: es wäre gut, wenn ich das badische Land verließe – vielleicht wusste der neue Souverän gar nichts davon. Ich erhielt denn auch einen allerdings nur mündlichen Befehl, mich fortzumachen. Als Grund wurde mir das Verlangen, mit Frankreich in gutem Einvernehmen zu leben, angegeben. Ein lächerlicher Vorwand! Ich verschmähte es, den Herren klar zu machen, dass das französische Cabinet für gut befunden habe, mich in Ruhe zu lassen. Man war so gütig, mir einige Tage Frist für die Reisevorbereitung zu gönnen, aber mir ging es beinah ebenso wie dem griechischen Philosophen, der seine ganze Habe mit sich herumtrug, und ich wäre sofort abgereist, wäre meine Frau nicht zurzeit gerade krank gewesen: In einigen Tagen erfolgte meine Abreise nach Offenbach, wohin meine Frau nach ihrer Genesung mir folgen sollte. Asyle waren mir mehrere mit der Zeit angeboten; ja es wurde mir gesagt, ein deutscher Fürst habe sich geäußert: „Gewiss! Man nehme Las Cases nur auf und behandele ihn gut. Ein Fürst, der Bescheid weiß, sollte seine Hofleute mit den Tugenden dieses Mannes impfen lassen." Weniger liebenswürdige Äußerungen gingen mir aus anderen Kreisen zu. So sollte ein vornehmer Herr gesagt haben: ich wäre ja einer von den Elenden, welche den König in Varennes gefangen hätten; ein anderer: es wäre ihm endlich gelungen, festzustellen, wer eigentlich dieser Graf und Staatsrat Napoleons wäre, der jetzt so viel von sich reden mache. Es wäre der Koch von St. Helena; da Napoleon ihm seinen Lohn nicht habe zahlen können, habe er ihn zum Grafen und Staatsrat gemacht. Ich will hier gleich eine andere Geschichte erzählen, die mir anfänglich viel Kummer gemacht hat. Nach dem Aachener Kongress fand Jemand Gelegenheit, dem Zar Alexander gegenüber von der abscheulichen Lage Napoleons auf St. Helena zu sprechen und hatte sich dabei auf meine Beweisstücke berufen. Der Zar bemerkte: „Man muss dem aber auch nicht alles glauben, was er uns hier in Europa auftischt: Es ist ein Intrigant!"

Von der Ankunft in Offenbach bis Rückkehr nach Frankreich.

Aufenthalt in Offenbach. – Einzelheiten. – Ankunft der Frau von Montholon in Europa. – Reise nach Brüssel, Aufenthalt in Lüttich, Chaude Fontaine, Sohan bei Spa, in Antwerpen und Mecheln. - Der Tod Napoleons. – Rückkehr nach Frankreich. – Schluss.

Offenbach ist ein hübsches, am Main, zwei Meilen von Frankfurt entfernt liegendes, zum Großherzogtum Hessen Darmstadt gehöriges Städtchen. Mein Übelbefinden hatte derartig zugenommen, dass ich den Verwandten des Kaisers geschrieben hatte, sie möchten doch jemanden bestimmen, der die von mir bisher geführten Geschäfte übernehmen möchte. Die Wahl fiel auf Oberst Planat, früheren Ordonanzoffizier, der uns bis Plymouth gefolgt war und zuletzt die Erlaubnis erhielt, sich nach St. Helena zu verfügen. In meiner kleinen Behausung hatte ich die Ehre, drei frühere Königinnen zu empfangen! Auch die Expedition, welche Kardinal Fesch für St. Helena ausgerüstet hatte, sprach bei mir vor; sie bestand aus einem Almosenier, einem Chirurgen, einem Arzt und einem Kammerdiener: die Absendung des Ersteren hatte der Papst selbst bei der englischen Regierung vermittelt. Von Offenbach aus war ich auch in der glücklichen Lage, zwei reizende Porträts nach St. Helena zu schicken; das eine stellte den König von Rom dar und war eine Gabe des Königs Jerome; das andere stellte die Kaiserin Josephine vor und war von Sain gemalt; die Königin Hortense war die Geberin. Das Bild des Knaben ist angekommen und hat dem Kaiser große Freude gemacht; was aus dem der Kaiserin Josephine geworden ist, weiß man nicht; nach England ist es, wie aus dem Steuerzertifikat zu ersehen war, gelangt.

Der Sommer ging zu Ende, als ich mich noch zu später Kur in Schwalbach einstellte; sie war kaum beendet, als ich mich zur Abreise aus Deutschland rüstete. Ich hatte nämlich aus den Zeitungen die Rückkehr von Frau von Montholon erfahren, man hatte sie, wie mich, in England nicht landen lassen, sondern nach Ostende geschickt. Ich konnte dem Verlangen nicht widerstehen, sie aufzusuchen und von ihr die lang vergeblich ersehnten Nachrichten zu erlangen. Ich traf die Gräfin in Brüssel; sie war seitens der Behörden mit aller Höflichkeit behandelt und ihr der Aufenthalt unter der Versicherung gewährt worden: Belgien wäre das Land der Gastfreiheit. Ich sah darin eine Aufforderung, auch meinen Aufenthalt von nun an in Belgien zu fixieren und wählte Lüttich – ich habe dies nie bereut.

Es war um diese Zeit, als mein Sohn nach St. Helena zurückzukehren wünschte; Lord Bathurst aber lehnte unsere Bitte ab. Später war es der Fürstin Borghese gelungen, für sich die Erlaubnis der Übersiedelung nach St. Helena zu erwirken, sie wollte meinen Sohn mitnehmen – zu spät! Trotz meiner Krankheit war ich an keinem Ort lange: von Lüttich ging ich nach Chaude Fontaine, nach Justlanville, nach Sohan unweit Verviers; den zweiten Winter war ich in Antwerpen, im Frühjahr in Mecheln. Während der Zeit kam es zum Kongress von Laibach,[42] ich ließ ihn nicht vorübergehen ohne neue Bemühungen zum Besten von Longwood und schrieb an jeden der anwesenden Fürsten. Mein Brief an Czar Alexander lautete:

Sire! Es bietet sich eine neue Gelegenheit, einige ehrerbietige Worte an Ew. Majestät zu richten; meine Entschuldigung liegt in Ihrem Edelsinn, Sie werden mir verzeihen. Wenn ich in diesem Augenblick Ihre und Ihrer hohen Verbündeten Aufmerksamkeit für den hohen Gefangenen erbitte, welchen Sie solange Ihren Bruder, Ihren Freund nannten, – wenn ich Ihre Gedanken hinlenke auf das unglückliche Opfer, dessen grausamer Todeskampf mir unverwischbar vor der Seele schwebt, so heißt das soviel – ich verhehle es mir nicht – als mit der Totenglocke läuten inmitten des Festjubels. Allein ich glaube, nach Ew. Majestät eigenen Auffassung einer ehrenvollen, einer heiligen Pflicht zu entsprechen, die erfüllt zu haben, und wäre dies auch gefährlich, mir stets zur Befriedigung gereichen wird.

Ich beschränke mich darauf, wörtlich das zu wiederholen, was ich während Ihres Aufenthaltes in Aachen Ihnen vorzutragen mir erlaubte; an dem Bilde, welches ich Ihnen entwarf, an den Ereignissen, an den damals ausgesprochenen Wahrheiten hat sich nichts geändert.

Allerdings lebt der Gefangene wider Erwarten noch, falls ihn nicht inzwischen der Tod abgerufen hat; aber ist dieser Umstand nicht vielleicht eine Wohltat, welche das Schicksal Ew. Majestät erweist … Noch ist es Zeit, Sire. Allein der kostbare Augenblick kann entfliehen und alle Ihre Macht wird ihn nicht zurückrufen können. Eine späte Reue wird Ihrem Herzen den Frieden nicht wiedergeben, keine edle, hochherzige Tat Ihre Erinnerung bleiben. Es wird für Sie kein Vergessen der ihm zugefügten Beleidigungen, der an ihm verübten Racheakte geben. – Auch er ist ein Gesalbter des Herrn!

Sire, seit meiner Rückkehr nach Europa, mit den schweren Leiden behaftet, die mir mein Aufenthalt auf St. Helena zuzog, gehöre ich mehr schon

---

[42] Monarchenkongress 1821 zur Beilegung der Bewegung in Italien,

einer anderen Welt an als der unsrigen, täglich erhebe ich meine Hände flehend zum Allmächtigen: Er möchte Ew. Majestät Herz rühren und Aufklärung schaffen in Bezug auf Ew. Majestät wahren Ruhm.

Ich verharre rc. der Graf de Las Cases.

Diese Zeilen hatten kaum ihre Bestimmung erreicht, als alles vorbei war ... er hatte zu leben, zu leiden aufgehört. Obgleich die Nachricht mich nicht überraschte, ich in Kürze den Tod voraussehen konnte, so machte sie mir das Blut erstarren, als handle es sich um ein Ereignis, welches nie hätte geschehen sollen!

Am Tage, nachdem ich die Anzeige im „Moniteur" gelesen hatte, erhielt ich aus London einen Brief mit ausführlichen Einzelheiten. Der Brief schließt mit den Worten:

„Es ist der 5. Mai. Gegen 6 Uhr Abends, gerade als der übliche Kanonenschuss den Untergang der Sonne anzeigte, verließ seine große Seele die irdische Hülle." -

Als ich in Napoleons Nähe war, hatte ich es mir angewöhnt, über die Ereignisse jeden Tages ein Verzeichnis zu führen. Er hat mir oft gesagt, er bereue, dass er es nicht ebenso gemacht habe.

„Nur eine Zeile genügt", sagte er, „nur ein Paar Schlagwörter."

Seitdem aber hatte ich das Begonnene fortgesetzt und ich suchte unter meinen Aufzeichnungen nach dem Datum des Todes, dem 5. Mai, um zu wissen, wo ich damals war, was ich tat, was ich dachte. Was fand ich? Folgende kurze Bemerkung:

„Plötzliches Gewitter; Schutz in einer Scheune, furchtbare Donnerschläge."

Ich ritt über die Felder bei Mecheln: Es war prachtvolles Wetter, plötzlich zog ein Gewitter herauf; es goss derart vom Himmel, dass ich mich mitsamt meinem Pferde in eine Scheune flüchten musste. Nicht weit von mir, dass ich fast betäubt umgefallen wäre, schlug der Blitz ein!

Jeder Bewohner von Mecheln kann meine Angabe bestätigen.

Bei der Kunde vom Tode Napoleons ging ein Aufschrei durch die Welt. Überall dasselbe Gefühl: auf der Straße, in den Läden, auf den öffentlichen Plätzen, in den Wohnzimmern, in den Salons das Wort: er ist tot. In den Cabineten aber seufzten die Herren tief und erleichtert auf: endlich!

Während Lebzeiten, zur Zeit des Höhepunktes seiner Macht war Napoleon von Schmähschriften förmlich zerfetzt worden, nach seinem Tode hörte man nichts mehr als Lobeserhebungen. Hunderte von Bildern, von Gedichten, von Sachen und Sächelchen der Erinnerung kamen zum Vorschein und zeigten, wie tief sein Bild sich eingeprägt hatte in die Seelen der Menschen, wie lebhaft überall die Empfindungen der Teilnahme waren.

Ein Geistlicher in einem Ort am Rhein, dem der Kaiser einige Wohltaten zugewendet hatte, versammelte seine Gemeinde und ließ sie für den Dahingeschiedenen beten.

In einer großen Stadt Belgiens trat die Bürgerschaft zusammen, um eine Totenfeier zu veranstalten. Ich erinnerte mich mit tiefer Rührung folgender Worte des Dahingeschiedenen:

„Mit der Zeit wird man nichts für so schön halten, wird nichts die öffentliche Meinung so sehr beschäftigen, als das Bedürfnis, mir gerecht zu werden ... Jeden Tag werde ich in den Augen der Völker gewinnen ... Mein Name wird eine Leuchte für ihre Rechtsforderungen, er wird ein Ausdruck ihres Kummers, ihres Bedauerns werden."

Sagte nicht vor versammeltem Parlament ein englischer Peer:[43]

„Selbst diejenigen, welche diesen großen Mann verabscheuten, haben zugeben müssen, dass innerhalb von zehn Jahrhunderten auf der Welt kein so außerordentlicher Mensch erschienen ist. Ganz Europa hat Trauer angelegt um diesen Heros! Und diejenigen, welche die Hand boten zu dieser großen Missetat (Redner meinte die Umstände des Exils), sind der Verachtung der lebenden, wie der der nachfolgenden Geschlechter verfallen."

Zwei deutsche Professoren, sei es, dass dieselben von vornherein seinen Charakter richtig erkannt haben, oder dass sie später durch Beobachtungen und Erfahrungen ihrer vorgefassten Meinung entsagten, erklärten, es fiele mit dem Tode Napoleons ein Trauerschleier über die Rechte der Völker und die Fortentwickelung der Zivilisation. -

Ich konnte nun nach Frankreich zurückkehren und traf auch bald mit einem oder dem anderen meiner Leidensgefährten von Longwood zusammen. Ich erfuhr, dass die Behandlung eine immer schlechtere geworden war – ich las Napoleons letzten Willen ... mein Name, von seiner eigenen Hand geschrieben, kam drei- oder viermal darin vor.

Die Papiere, welche man mir auf St. Helena abgenommen hatte, erhielt ich endlich vollzählig zurück – und konnte an die Arbeit gehen.

---

[43] Es war Lord Holland.

Nachschrift.

Meine großen körperlichen Leiden einerseits, meine Verpflichtung, der wohlwollenden Ungeduld, welche an mich herantrat, zu entsprechen, bitte ich andererseits als Entschuldigung für die Mängel dieser Veröffentlichung gelten zu lassen.

Ich hätte sehr gewünscht, das Testament Napoleons veröffentlichen zu dürfen; es ist von ihm eigenhändig in den neun letzten Tagen seines Lebens niedergeschrieben worden. Es sind dem eigentlichen Testamente noch sechs Codicille beigefügt; die Kenntnis der Schriftstücke habe ich auf vertraulichem Wege erlangt und ist mir aus diesem Grunde die Veröffentlichung untersagt. Auch habe ich geglaubt, es würde mir möglich sein, eine historische, treue Schilderung der letzten Augenblicke Napoleons dem Publikum vorlegen zu können: Ein Bericht war mir von einem, der dem Toten die Augen schloss, zugedacht, im letzten Augenblick aber hat derselbe beschlossen, alles selbst zu veröffentlichen. Auch steht ja die Herausgabe vom Werke des Doctor Antomarchi bevor. Die Aufzeichnungen dieses Gelehrten umfassen die beiden letzten Lebensjahre Napoleons.

Noch möchte ich über den Lakaien Santini einiges hinzufügen, was an richtiger Stelle zu tun mir nicht gelingen wollte. Wir hatten Santini seit langer Zeit ganz aus den Augen verloren, wir glaubten, er wäre tot oder eingesperrt. Dieser Santini war ein Korse und früher Türlakai im Ankleidezimmer des Kaisers gewesen. Er war dem Kaiser treu ergeben und hatte sich uns nach St. Helena angeschlossen.

Eines Tages – es war Ende Juli 1816 – bei Tisch wandte sich der Kaiser plötzlich zu unserem nicht geringen Erstaunen an Santini mit den Worten:

„Wie? Du Mordgeselle, Du wolltest den Gouverneur umbringen? Du elender Wicht! Lass Dir das noch einmal in den Kopf kommen und Du wirst etwas erleben! Du wirst Dich wundern, wie ich Dich fasse!"

Dann wandte sich der Kaiser mit einigen erläuternden Worten an uns:

„Ja, dieser Santini, denken Sie nur, meine Herren, wollte den Herrn Gouverneur töten – er hätte uns da eine hübsche Bescherung gemacht, der Narr. Ich musste alle meine Autorität, meinen Zorn aufbieten, um ihn abzuhalten."

Santini, von Temperament ein echter Korse, fühlte sich wegen der Behandlung, der sein Herr, der Kaiser, ausgesetzt war, einer Empörung preisgegeben, der er nicht mehr Herr werden konnte, zumal er die Gesundheit seines über alles geliebten Gebieters dahinschwinden sah. Er hatte seit einiger Zeit den Dienst im Hause aufgegeben und streifte in der Nachbarschaft herum, um, wie er sagte, Vögel für die kaiserliche Tafel zu schießen. In Wahrheit aber, die geladene Doppelflinte im Arm, lauerte er in irgendeinem Versteck dem Gouverneur auf, um ihn niederzuschießen.

Cypriani, ein anderer zum Dienstpersonal gehörender Korse, war in der Befürchtung, es könne zu den schrecklichsten Unannehmlichkeiten kommen, zum Verräter an seinem Landsmann geworden; so wurde das Attentat vermieden.

„Nur durch meine kaiserliche und „hohepriesterliche" Autorität", sagte der Kaiser später noch, „konnte ich dem Burschen Raison beibringen. In welche abscheuliche Lage hätte er uns nicht bringen können: Ich wäre doch unbedingt des Mordes beschuldigt worden!"

Santini also tauchte plötzlich bald nach Napoleons Tode wieder auf. Seine Erlebnisse sind so interessant, dass ich sie im Anschluss an seine eigenen Mitteilungen hier noch in Eile erzählen möchte.

Aus England war er entwischt und glücklich nach München gelangt, wo er eine sichere Unterkunft gefunden zu haben glaubte; allein dort war es, wo er verhaftet wurde, um über die Grenze nach Württemberg geschafft zu werden. Durch dieses Land ließ man ihn frei passieren und er gelangte in die Lombardei und nach Como: Dort stellte er sich selbst auf der Polizei. Er wurde verhaftet und nach Mailand transportiert, auch dort wurde er nicht geduldet und nach Mantua geschafft. In Mantua wurde er hinter Schloss und Riegel gesteckt und von der Außenwelt völlig abgeschlossen. Man schien auf seine Absperrung großen Wert zu legen. Marie Louise nämlich passierte die Stadt und hielt sich ein bis zwei Tage auf. Nicht zufrieden mit der Einsperrung Santinis, hielt man es auch noch für nötig, einen Polizeibeamten in seine Zelle zu kommandieren, der ihn keinen Augenblick aus den Augen lassen durfte – man mag daraus ersehen, mit wie peinlicher Vorsicht man verfuhr, um jeden Verkehr zwischen Marie Louise und ihrem Gemahl zu verhindern.

Endlich, infolge seiner zahlreichen Beschwerden, traf der Befehl ein, Santini nach Wien zu schaffen. Dies geschah wiederum unter scharfer Bewachung. In Wien wurde er zu seinem nicht geringen Erstaunen abermals eingekerkert. Seinen energischen Beschwerden begegnete man mit der Erklärung, man hätte ihm durchaus nichts vorzuwerfen, allein es wären vielerlei Gründe vorhanden, welche seine Infreiheitsetzung verböten.

Von Wien schaffte man ihn nach Brünn und hier musste er vor der Behörde den Schwur ablegen, dass er sich jeder Korrespondenz mit dem Auslande enthalten wolle! Nun begegnete man ihm mit dem größten Wohlwollen. Zweimal hatten die Bewohner Bekanntschaft mit Napoleon gemacht, allein sie waren ihm wohlgewogen, ja es zeigte sich eine gewisse Verehrung für den Kaiser. In Brünn hat Santini drei, wie er sagt glückliche Jahre verlebt. Es wurde ihm ganz besonders eingeschärft, dass er keine Eingabe an den Kaiser Franz machen dürfe. Als Kaiser Franz sich zum Kongress nach Troppau verfügte, nahm er kurzen Aufenthalt in Brünn. Es fand während der Zeit wiederum eine scharfe Überwachung Santinis statt – so stand denn das Herz des Kaisers ebenso unter der Kontrolle der Behörden wie das Marie Louises? Trotz aller Vorsichtsmaßregeln gelangte doch eine Klageschrift Santinis in die Hände des Kaisers Franz; dieselbe war begleitet von seinen vorzüglichen Dienstzeugnissen und einer Pensionsanweisung Napoleons. Diese Anweisung richtete an die Mitglieder der kaiserlichen Familie und an Freunde die Aufforderung, die ausgeworfene Summe zu zahlen.

„Aber wie ist das möglich", rief Kaiser Franz nach Einsicht in die Anweisung, „er ist Gefangener auf St. Helena und fährt fort, Befehle zu erteilen, als ob nichts vorgefallen wäre?" Trotzdem aber ließ er Santini eine gewisse Summe behändigen. -

Ich habe noch der vielen Zuschriften zu gedenken, welche mir zugingen, namentlich einer vom Grafen Siéyes und einer vom General Jomini, sie haben sich in der letzten Zeit so gehäuft, dass ich nicht imstande bin, wie ich anfänglich wollte, sie als Anhang meinem Werke beizugeben. Ich behalte es mir vor, später auf diese Zuschriften zurückzukommen, benutze aber die Gelegenheit, um zu versichern, dass, wenn mir gegen irgendjemanden eine ungerechtfertigte Äußerung entschlüpfte, ich bereit bin, dieselbe wiedergutzumachen, falls ich überführt werde. Jedenfalls kann ich die Zusicherung geben, dass ich mit peinlicher Gewissenhaftigkeit und ohne auf irgendwelche Rücksichten und Bedenken einzugehen, das verzeichnet habe, was ich Napoleon habe sagen hören – zahllose Zuschriften bescheinigen die Korrektheit meiner Niederschrift: Auch sie wollte ich veröffentlichen, allein es fehlt an Raum. Zu nicht geringer Freude gereicht es mir, in den Werten O'Mearas, des Baron Fain, des Generals Rapp dieselben Äußerungen Napoleons, die ich verzeichnet habe, wiederzufinden.

Ich erinnere zum Schluss an des Kaisers unvergessliche Worte:

„Die Erinnerung an mich wird gewinnen mit jedem Jahre ... Jede Stunde wird mir die Haut des Tyrannen abstreifen ... Wenn Schriftsteller oder Redner etwas recht Erhabenes sagen wollen, so werden sie mir Gerechtigkeit widerfahren lassen – werden mir Lob spenden!

Der Graf Las Cases.

www.ingramcontent.com/pod-product-compliance
Lightning Source LLC
Chambersburg PA
CBHW030809100426
42814CB00002B/60